中公新書 2117

北岡正三郎著

物語 食の文化

美味い話、味な知識

中央公論新社刊

まえがき

豊食の時代である。飽食とも書く。二〇世紀の後半、工業先進国は未曾有《みぞう》の豊かな社会を実現し、巷《ちまた》にたべものが溢《あふ》れた。社会の隅々の庶民に至るまで、たっぷりのたべものが日常的に手に入り、好きなものを好きなだけ食べられる時代になった。人類の歴史始まって以来のことである。これまで一握りの権力階級や豪商、金持ちを別として、世の大多数の庶民は十分な食料が得られず、毎日総じて粗末な食事を繰り返し食べ、生きて来た。二〇世紀後半は正に古来人々が夢見た地上の楽園であった。幸いにしてわが国もこれに加わった。

この時代は情報と旅行の時代でもあった。国内、海外のたべものが、ごくローカルな土地のものに至るまで、いろいろなメディアによって紹介され、人々は現地に旅行してそれらを食べ、また大都市では郷土料理店やエスニック料理店で味わい、また食材を手に入れて自ら作ることもできた。また歴史を遡《さかのぼ》り昔の料理を再現する試みも多々あった。今は豊かな食文化の時代でもあり、我々は多彩な食文化の海に浮かんでいるといえる。

食文化についての出版物はおびただしく刊行され、学術的なものから解説書、レシピ集、食べ歩き案内、食にまつわるエッセイなど、全部集めると、おそらく図書館が優に一軒できるほどである。しかし食文化全体を一冊の本で解説した本はない。食文化は多岐にわたるので小さな本一冊では説きつくせないことによると思われるが、食の文化の全部を広く概観することは食文化の理解に有用である。日常何気なく口にしているたべものに秘められた祖先の知恵と苦労や、外国との比較の上でのわが国の食文化の特徴などを知ることは、味わい深い食生活の実践に重要なことである。本書はこのような趣意から作られた。年配の方ならとっくにご承知のことでも若い人の知らないことはたくさんある。本書は基礎的なことから食文化全般を広くカバーした。

本書は多数の出版物から恩恵を得ている。これら先人の労作に深く感謝するものである。また挿絵は物語性があり興味深い図像を選んだ。

本書のような著作を書くことを勧められた後藤昌之氏、元稿を小分けして三年余にわたり「食の文化散稿」の表題で『食生活研究』誌に連載して下さった高木良吉氏、そして本書を中公新書に採択して下さった郡司典夫氏に深甚な謝意を表するものである。

表記について◎食材となる動植物名を生物種として記載するときはカタカナで表記した。食材、料理の中国名は、それぞれの資料の表記をそのまま用い、統一は図っていない。

物語　食の文化◉目次

第Ⅱ部　料理・食事・食文化小史——157

デザイン＆組版◉山田信也（スタジオ・ポット）
図版◉関根美有

後藤昌之氏に捧げる

第Ⅰ部

たべもの・のみもの

1　始まり

1・1　人類の食性

❶旧石器時代

森を出る◉人類はおよそ六〇〇万年くらい前にアフリカの東部で誕生したといわれる。それまで我々の祖先は、他のサルたちの祖先とともに、猛獣の脅威の及ばない森の樹上に住み、枝にぶら下がって移動し、果実、木の実、木の芽、若葉など と、トカゲや青虫、アリなどを食べていた。森は快適な生活環境であったが、一五〇〇万年前頃から食料が不足し始め、我々の祖先はやがて森を出て地上に降り立った。新しい世界を求めた勇気ある行動で、今日我々人類が地球を制覇する第一歩であった。しかし我々の祖先は草食動物のように草を消化する能力を持たず、また肉食動物のように鋭敏な聴覚と嗅覚や、獲物《えもの》を殺傷する鋭い爪や歯を持たなかった。人類は獰猛《どうもう》な肉食動物から逃げ回りながら、果実、漿果《しょうか》、根茎などと、昆虫やミミズなどのほかに、新しく、幼弱の小動物や病気の動物などを殺して食べた。人類は二本足で立って歩行し、自由になった手で石や木の枝を持って武器とし、未熟な肉食もする動物になったのである。

Homo◉森を出た頃の我々の祖先は猿人と呼ばれ、分類学上はまだ類人猿であった。一五〇〇万年ほど前に現生人類と同じヒト属に属する「原人」(*Homo erectus*)が現れた。原人は発達した脳を持ち、知能を武器として強力な肉食動物になった。彼らは鋭利な石器を使い、火の使用を始め、獲物の肉を焼いて食べた。約二〇万年前に原人に替わった旧人は現生人類と同じ種の「ホモ・サピエンス」(*Homo sapiens*)に属し、高度な知能を有していた。ネアンデルタール人である。旧人は原人に引き続いて地球の各地に移動、拡散したが、彼らは厳しい氷河期を乗り切ることで脳の機能を飛躍的に発達させた。約四万年前にクロマニョン人と総称される新人が出現した。やがて最後の氷期(ヴュルム期)が終わりに近づくとマンモスなどの大型獣は氷とともに北方に去り、地球の温帯には草木が繁茂し、多くの草食動物が現れた。新人たちは弓矢を発明し、集団で戦略的な狩猟を行った。彼らは陸路を通り、また丸木船に乗って海に乗り出し、地球のほぼ全域に人類が居住するようになった。人々は地域によって比重は異なるが、狩猟による鳥獣と採集による植物性食料を食べて生きた。海や河川、湖沼《こしょう》からの魚介類も重要な食料であった。かくて人類は他の動物に見られない、高度な雑食動物になった。

❷農耕の始まり

麦◉約一万二〇〇〇年前にヴュルム氷期が終わると温帯では気候が温暖になり、およそ一万年前頃、「肥沃《ひよく》な三日月地帯」と呼ばれたメソポタミアでイネ科のオオムギやコムギなどの栽培が始まった。人々はそれまでの経験から、これらの植物の種実が栄養に富むたべものであることを認知していた。しかし麦類を安定な食料にするにはいくつもの困難があった。野生の麦類は穂の出る時期がばらばらで、穂が熟すると種子がすぐに地に落ち、まとまった種子の採集は困難であった。しかし麦類は一年生植物で毎年種子をつけ、遺伝的変異の機会が多く、常に多様な品種が生まれた。人々は長い間かかって都合のよい品種を見つけ、出穂期《しゅっすい》がそろい、脱粒性のない品種を選んで栽培した。収穫した種子は殻を外し、胚乳《はいにゅう》を熱した石や砂で煎《い》るか、臼石で粉にして水と練り、熱した石で焼いて食べた。その後土器が発明されると煮て粥《かゆ》や団子《だんご》汁にした。麦類の栽培は中近東からエジプト、地中海沿岸に広がり文明を支えた。

イネ科●熱帯から亜熱帯にも多くのイネ科植物が繁茂した。アフリカ原産の雑穀がアフリカやインドに広がり、さらに中国に伝わって黄河流域でアワやキビなどの栽培が始まった。また東南アジア原産のイネの栽培が揚子江《ようすこう》の流域で始まった。いずれもやはりほぼ一万年くらい前のことである。

ユーラシア大陸の西方から東方にかけて主食となったイネ科植物の種実は微細であるが、でんぷん質でカロリーが高い上に毒性がなく、貯蔵も容易であった。イネ科の種実を食べる動物は人類のほかには小鳥とネズミの類だけであるが、主要な食料としてイネ科の栽培を始めたことは人類にとって賢明な選択であった。人類の大きな文明は北半球では地中海沿岸からヨーロッパ、中近東、中国とその周辺およびインドと東南アジアに興ったが、すべてイネ科植物の微細な種実を主食とした人々によるものであった。中南米のマヤ、アステカ文明もやはりイネ科植物のトウモロコシが支えた。

穀物と同時に野菜や果実の栽培も始まった。農耕の始まりは人類が毎日の食料を、不安定な採集や狩猟によってでなく、計画的作業によって取得するようになったことで、人類史上画期的な事件であり、人類を他の動物から区別する決定的な事象であった。農耕が始まって世界各地で人口が飛躍的に増えた。

❸牧畜の始まり

おとなしい草食動物◉近東では農耕の始まる少し前頃から動物の飼養が始まった。ヴュルム氷期の後近東の平地が柔らかい草で覆われた時、羊や山羊のような草食動物が多数出現した。羊や山羊はおとなしい動物で、群の統率さえできれば飼養は容易であった。これらの家畜は狩猟で獲物が少ない時、獲物の代わりに食用になった。人々は家畜の繁殖の仕組みを理解し、雄の一部を去勢して肉を柔らかくしてまず食べ、雌と仔《こ》をなるべく温存して、家畜の頭数を減らさないように努めた。かくて日常の食事に肉が安定的に供給されるようになった。

母乳の横取り◉家畜の飼養が始まってから二〇〇〇年ほどして家畜の搾乳《さくにゅう》が始まったが、搾乳は動物の母乳を人間が横取りすることで、最初は困難な仕事であった。母羊や母山羊は実の仔にだけ乳腺を開き、人間が乳房に触っても泌乳することはなかった。そこで人々は最初実の仔に母獣の乳房を吸わせ、乳腺が開いた時にその仔を引き離して母乳を採取するというずるい方法を考案し、この技法が他の動物にも用いられた[**図1-1**]。その後家畜の品種改良が進み、初めから人間の手で家畜が泌乳するようになった。家畜の乳を食用にすることで、家畜の頭数を減らすことなく家畜から栄養を摂取できた。しかし家畜の乳は腐敗しやすく、そのままで飲むよりも酸乳にし、またバターやチーズにした。これらは人々にとって新しいたべものとなり、栄養価が高い上に保存が利いた。乳の利用によって牧畜の目的は肉の補給よりも、採乳

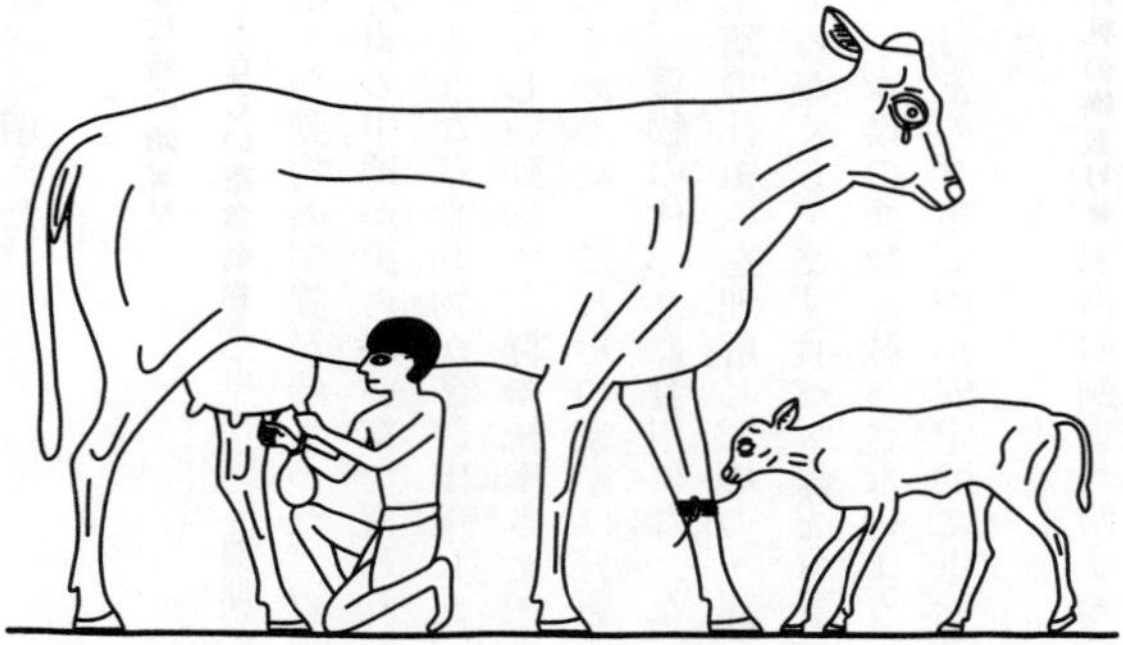

図1-1 搾乳の始まり
仔牛をだしにして乳を搾られ、涙を流す母牛。
古代エジプトの王妃の石棺の図像。紀元前2000年頃。
吉村作治『ファラオの食卓』小学館(1992)より

のためが主になった。人々は定住して農耕と牧畜を営んだが、農作業に適さない土地に住む人々は、草地を求めて家畜の群を追って生活する遊牧民になった。

食肉と乳◉動物の家畜化はその後、ブタ、ウマ、トナカイ、ラクダなどで成功したが、食肉源としてはウシ、ブタ、ヒツジが最も重要で、乳は主にウシから採るようになった。家畜を飼養しても乳の利用のない民族もあった。南米のアンデス山麓《さんろく》では古くからリャマやアルパカが飼われたが、搾乳はされず、乳の利用はなかった。また中国を中心とする東アジアでは西方から乳文化が伝わったが乳の利用は近代までなかった。日本も含まれる。

魚介◉海岸や河川、湖沼のそばに住む人々にとって魚介類は重要な食料であった。漁労は舟と捕獲道具の進歩とともに大型化したが、ごく最近まで主として自然採集に依存して多種類の魚、貝その他の水棲《すいせい》動物が食用にされた。養殖は古代からあったが、近時海洋、河川での乱獲から魚介類が激減し、本格的な養殖が始まったところである。

1・2 食の文化

食環境◉時代が進むとともに地球全体に散らばった人類は各地に集落を作って定住した。居住する土地によって利用できる食材に差異があり、多様な食環境があったが、基本的にはでんぷん性の主食に、鳥獣、魚介類の動物性食品と山野菜、果物が人類の食料の主体であった。これらが生きるためのエネルギー、成長と生殖のためのたんぱく質、体調維持のための微量栄養素を提供した。**図1―2**に一五世紀頃の世界の主食圏と乳利用圏を示して

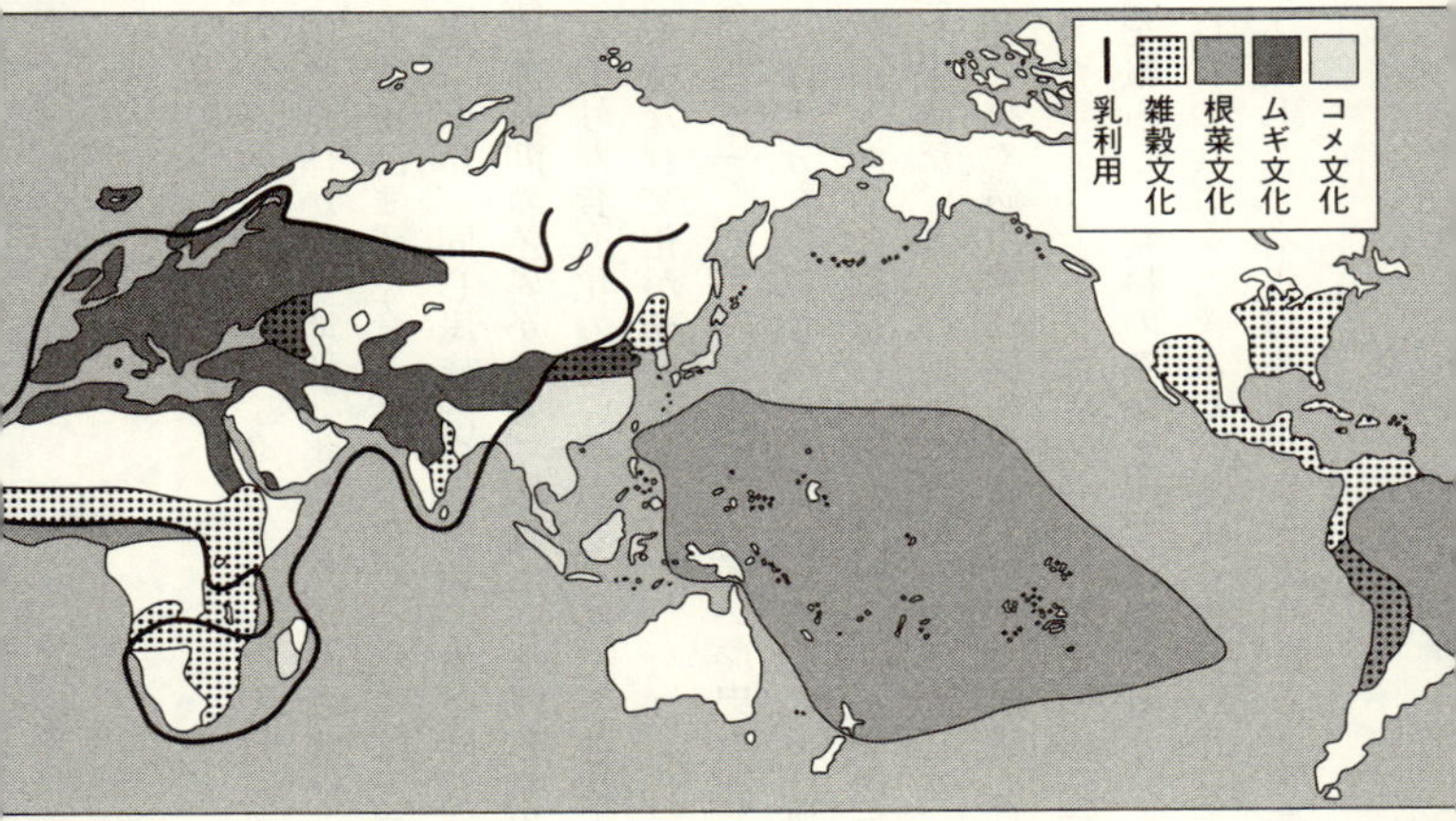

図1-2　15世紀頃の四大主食圏
雑穀文化はトウモロコシ、根菜文化はジャガイモを含む。乳利用圏も示す。
16世紀以後ムギ文化が北アメリカを覆う。
石毛直道監修『講座　食の文化　第3巻』より

いる。世界は大きく四つの主食圏より成っている。北半球の温帯ではイネ科植物の種実を主食としてヨーロッパ、中近東、インド、東アジア、東南アジアに大きな文明圏が発展した。熱帯地域はいも、バナナなどが主食で入手は容易であったが、大きな文明は興らなかった。世界の辺境ではかなり特殊な食環境もあった。北極圏のイヌイットは主にアザラシとトナカイだけを食べて生存してきた。

食の文化◉各民族、各国の文明が進むと人々の食生活にも、食材、調理法、加工法、味付けなどにそれぞれの特徴が現れ、関連して調理道具、台所、食事道具そして食事のマナー、食事のしきたり、嗜好《しこう》などに特徴的な様相が形作られた。これらが食の文化である。文化とはそれぞれの集団における行動様式や生活様式の個別的、特徴的な様相で、衣食住のほか、集団内の構成、しきたり、芸能などにそれぞれ文化がある。集団のサイズも民族全体、国家全体から、地域、集落と、大きな集団から小さな集団までを含み、食文化については民族間の違いから、同じ民族内の地域間、また同じ地域内の集落間の差異がある。極端にいえば各家族ごとに微妙な食文化の違いがある。かくて地球上には多様な食文化が発展した。

工夫◉地球上の大部分の地域では長い歴史を通じて人々は十分な食料が得られなかった。人々は農耕、牧畜、漁労に励むとともに食料となる動植物を探し求めた。多くの地域で食料は常に乏しく、時に悪天候や病虫害に襲われると人々は飢餓《きが》に見舞われた。しかし人々は古来耕作や牧畜の技法に工夫を凝《こ》らし、食料の確保と保持に努めるとともに、日々の食事をできるだけ美味《おいし》く食べられるように工夫した。有史以来どの国にも少数の王侯貴族がおり、広大な農地と多数の家畜を保有し、さらに強大な権力によって領民に課税して生活し、その食生活は豊かであった。彼らは多くの食材を集め、手の込んだ料理を料理人に作らせた。世界の食文化で古くからの王侯貴族たちによって深められ、広げられた事柄が多いことは認めざるをえない。貴族たちが贅沢《ぜいたく》な食生活をしている一方で庶民は苦しい食事の日々を長く続けたが、近代以降商工業の発達とともに庶民の食生活は大きく向上した。

伝播◉世界各地にそれぞれ違ったたべもの、のみもの、料理法、食べ方が発達したが、古来人々は通婚、交易あるいは戦争によって近隣と接触し、近隣の食文化を学び、自分たちの食生活を豊かにした。世界中小さな地域間でこのような食文化の伝播《でんぱ》が長期間に多数発生したが、遠い地域間の大規模の伝播もあった。コムギはメソポタミアに始まり、地中海からヨーロッパ全域に広がったほか、インドから中国に伝わり、さらに朝鮮半島、日本に伝わり、東方では西方にない小麦食文化が発達した。中世以降で大きな食文化の伝播は一六世紀における新世界の中南米からのジャガイモ、トウモロコシ、トウガラシ、カボチャ、トマト、チョコレートなどの渡来であった。ヨーロッパは中世以来アジアから多量の香辛料を輸入し、近世には茶とコーヒーを域外から導入した。これらは人類共通の重要な飲食物となった。

食文化圏◉歴史が進むにつれて世界にはヨーロッパ、中東イスラム、インド、東南アジア、中国、中南米などの大きな文明圏が発達し、それぞれの文明圏にそれぞれの食文化があり、さらに各圏内の大小の地域にそれぞれ違った食文化があった。

日本は広い意味では中国文明圏に属するが、中国や他の中国文明圏内の国々と大きく離れた独自の食文化を発展させた。各地域に住む人々は近隣地域との違いは意識しても、多くは他の食文化に煩《わずら》わされることなく、概《おおむ》ね父祖以来の伝統的食生活を営んできた。

知識と情報◉食文化という知識が認識され、欧米で知的探求の対象になったのは一九世紀末からで、最初は未開社会への知的興味から始まり、二〇世紀になると世界の文明国間の食文化の比較研究が発展し、文化人類学、社会学、民俗学、歴史学の新しい対象となった。

食文化が学問を離れて生活情報として人々の日常の食生活に取り入れられるようになったのは第二次世界大戦後である。工業先進国は人類史上未曾有の繁栄を謳歌《おうか》し、人々は豊かな食生活を送るようになった。人々は再々海外を含め旅行に出かけて他地域の食文化を経験し、メディアは世界各地の食文化について豊富な情報を日夜提供した。我々は今世界のどの文明圏の食事も好みによって味わうことができる。市場も人々の要望に応えて世界各地の食材を輸入し、あるいは国内で生産して提供し、世界各国の食材や加工品が入手できる。また巷には世界各地の料理店があり、世界の多様なレシピや料理法が連日メディアによって紹介されている。我々は今おびただしく多様な食文化の中に生きている。

このような食文化の氾濫《はんらん》の中で好ましい食生活を送るには、食文化を構成するたべもの、のみもの、料理法、食事のしきたりなどを、歴史的に、また日本のものを他の主要な文明圏のものと比較して理解することが大変有益である。

2 米

2・1 稲作

❶稲作の始まり

揚子江が起源◉イネの栽培は揚子江中流域の南側平原で七〇〇〇〜八〇〇〇年前に始まった。浙江省《せっこう》の河姆渡《かぼと》や羅家角《らかかく》に七〇〇〇年前の稲作遺跡が発見され、蘇州《そしゅう》の草鞋《そうあい》山遺跡には水田らしい遺構がある。しかしイネの栽培は揚子江の源流地域である雲南《うんなん》省からヒマラヤ山麓のアッサム周辺で始まり、揚子江に沿って下って展開したとの説もある。水田稲作には畔《あぜ》や水路の構築、灌漑《かんがい》設備など高度な土木技術が必要で、古代の揚子江中下流域には高度な文明があったと思われる。

ジャポニカとインディカ◉イネは熱帯性の水草で、栽培された品種はジャポニカとインディカの二つであった。両者は野生種の段階から別の品種であった。野生のジャポニカ種は多年生で、他の熱帯性多年草と同様に、高温湿潤な安定した環境下では栄養生殖によって増え、あまり種子をつけない。一万年近く前の揚子江流域は、象や水牛の遺骨が出土するので熱帯か亜熱帯であり、野生のジャポニカ種が生育し、人々はその種実を採集して食べていた。しかし環境の寒冷化などの要因で野生ジャポニカ種が一年生に変化して、栽培されるようになった。栽培種は毎年多量の種実を与え、栽培が進むにつれ種実は大きくなり、生産量が増えた。イネは生産性が高く、種実の単位面積当たりの収穫量はコムギに比べるとはるかに多い。

揚子江流域の稲作は四方に広がった。一方インディカ種は元々一年生であったが耐寒性に乏しく、中国南部、東南アジア、インドからさらに遠く世界各地に広がり、食用する人々は多い。現在世界の米生産量の八〇%はインディカ種であり、今は中国もインドもインディカ種が主体である。

❷日本の稲作

熱帯ジャポニカ◉水田稲作が日本に伝来して弥生時代が始まり、以来わが国は米食国家になったといわれる。しかし近時の考古学的発見から、イネはもっと古く、今から五〇〇〇年前の縄文後期に日本に渡来したことが分かった。ジャポニカ種の栽培種には温帯ジャポニカと熱帯ジャポニカの二種があり、早くに日本に渡来したイネは熱帯ジャポニカで、この品種は粗放な条件でよく育ち、焼畑《やきはた》の農法とともに伝来した。焼畑は森の一部を焼き払って作物を播種《はしゅ》し、樹木の灰分を肥料として作物を育て、数年して地力が落ち雑草が茂ると放棄して森に返し、別の場所に新しく畑を開く粗放な農法である。中国や東南アジアの山岳地帯では近時まで焼畑が行われていた。日本の縄文時代の焼畑ではイネは雑穀や豆などとともに陸稲《りくとう》として植えられ、主食でなく食料の一部でしかなかった。

温帯ジャポニカ◉縄文時代の末期に温帯ジャポニカの栽培が水田稲作として朝鮮半島を経由し、または中国から直接東シナ海を越えて渡来した。水田稲作は水田の造成や灌漑設備の構築を含む高度な農法であった。温帯ジャポニカは水田耕作のような集約的な栽培に適していた。水田稲作は高度な技術を持つ集団とともに渡来したと思われる。水田は初め低湿地に作られ、ついでやや高台に移り、灌漑工事が営まれた。水田稲作は畑作のように厭《いや》地《ち》現象が起こらずに連作ができ、多量の施肥《せひ》をせずともそこそこの収穫はあるが、栽培を続けると水田の地力が落ち、雑草が繁茂した。わが国では水田稲作は縄文時代の焼畑的農法の延長として営まれ、地力の落ちた田は焼畑の場合のように放棄するか休耕田にした。かくて田園はイネの生育している田と、雑草が一杯の休耕田あるいは不耕田が混ざり合って広がる粗雑なものであった。この状態は中世の終わり頃まで続いた。その頃まで熱帯ジャポニカも温帯ジャポニカと混ざって栽培され続けた。

米が経済の基礎に◉戦国時代の末期、一六世紀後半から全国的に検地が行われ、土地を面積でなく米の収穫量で表示するようになり、大小名の領地も米の取れ高で表現され、家臣の給料も米であった。かくて米が国家経済の基礎をなす、世界で例のない社会体制が成立した。全国の領主は米の増産に励み、水利、灌漑や新田開発など大がかりな投資を行い、一方農民は田に固定されて暮らすようになった。やがて江戸時代を通じて耕作、施肥などの技術も進み、不耕田や休耕田は農村からなくなり、水田稲作が全国を覆った。江戸時代直前の文禄元（一五九二）年全国の米収穫量は約一八〇〇万石であったが、明治四（一八七一）年には三一〇〇万石と約一・七倍に増加している。一石は一五〇キログラムと換算できる。現在のような、見渡す限り青田が広がり、秋には一面に黄金色の穂が揺れるという田園風景は江戸時代に入って初めて見られるようになった。一〇アール当たりの収穫量は奈良時代約一〇〇キログラムであったものが、江戸時代には約一八〇キログラムに増加した。現在の日本の米の収穫量は一〇アール当たり約五二〇キログラムで、これは明治以後の品種改良、堆肥《たいひ》、化学肥料、病虫害対策、農薬、農機具など近代技術の国家政策による導入の結果であり、本来熱帯植物であるイネが寒冷地の北海道でも栽培されるようになった。戦後は収穫量よりも優れた食味の米が好まれるようになり、現在全国で植えつけ面積の最も多い品種はこしひかりで、あきたこまち、ひとめぼれが続く。

江戸時代農民は自分が収穫した米のかなりの量を年貢として供出し、自らは雑穀やいも、野菜を混ぜたかて飯で生きたが、諸藩が年貢として集めた米を売った江戸や大坂では長屋の貧民に至るまで毎日米を食べ、米食が食生活の中心になった。江戸や大坂では白米の食べ過ぎによる脚気《かっけ》を患う人もあり、江戸患《わずら》い、大坂腫《ば》れと呼ばれた。徳川将軍も三代家光、十三代家定、十四代家茂《いえもち》は脚気で死亡した。

2・2　米の調理

もち米とうるち米◉日本に古く渡来したイネはもち種であった。イネにはもち種とうるち種があり、それぞれもち米とうるち米を与える。両者の差はでんぷんの組成にあって、もち米はアミロースを含まずアミロペクチン一〇〇％であるが、うるち米は一五～二〇％のアミロースを含んでいる（インディカ種では二〇～三〇％）。もち米は蒸して食べ、うるち米は煮て食べる。古代大陸から渡来した土器の甑《こしき》［**図12―2**］が米を蒸すのに使われ、蒸したもち米が平安時代まで上層階級の主食であったが、やがてうるち米に替わった。うるち米を煮ると粥になり、水が多いと汁粥、少ないと固粥《かたがゆ》と呼ばれた。平安時代半ばに固粥が姫飯《ひめいい》と呼ばれて日常の主食になり、これが今日のご飯になった。現在もち米は蒸籠《せいろ》（蒸し器）で蒸し、杵《きね》で搗《つ》いて餅にし、正月や物日に食べる風習になった。こしひかりなど現在銘柄米として好まれる米はアミロペクチン含量が比較的高い。

赤米◉古代の米はまた赤米であったといわれる。イネは本来赤色や紫色の種実を与えるものが遺伝的に優性で、白色の種実を与えるものは劣性であるが、突然変異で生成した白い米を与えるイネを人々は選別して栽培した。白い米は見た目に美しく、食味もよかったからである。現在わが国では祝い事などにはもち米に小豆《あずき》の煮汁を使って赤飯を作り、古代を偲《しの》ぶ風習がある。

飯の炊き方◉うるち米を炊く方法には炊き干し法と湯取り法がある。炊き干し法は鍋に米と必要量の水を入れて加熱し、でんぷんを糊化《こか》させるもので、わが国で一般的に行われる方法であるが、現在は電気炊飯器の使用が普通である。電気炊飯器は昭和三〇（一九五五）年に発売されたが、それ以前は鋳鉄製の羽釜《はがま》に重い木の蓋《ふた》を載せ、竈《かまど》にかけて飯を炊いた［図12-1］。米と水をセットして蓋をすると、火加減が難しかった。「はじめチョロチョロ、なかパッパ、じゅうじゅういうたら火を引いて、赤子泣くともふたとるな」というマニュアルが江戸時代から伝わっている。米粒の芯まで吸水させてふっくらと炊き上げ、しかも米粒の表面に遊離水を残さない炊き方で、米の美味さを最大限引き出す方法であるが、いったん蓋をして火にかけると途中蓋を取ることが許されず、火加減に熟練を要した。かつて飯炊きは主婦にとって毎日の気の張る仕事であった。電気炊飯器はこの仕事を肩代わりし、ＩＣ採用の電子ジャー炊飯器からマイコン制御、電磁誘導、ファジー理論採用など最新の技術を導入して今も発展を続けているが、目標は「なかパッパ」式の古くからの火加減を忠実に再現することである。

湯取り法は多量の水で米を煮て、途中で湯を捨て、半煮えの飯を蒸すか煮るかして再加熱するもので、おねばが除去され、パラパラの飯になる。主にインディカ米圏で採用され、カレーのような料理にはこのような飯が好まれる。しかし燃料を多く消費することと、自動炊飯器の対象にならないので、アジア各地の都市部では炊き干し法に転換する傾向があるといわれる。炊き干し法はわが国のほか、朝鮮半島と中国の一部で行われ、それ以外の米食圏は湯取り法で飯を炊くか、油脂で炒めている。

ピラフ◉インドから西方、中近東からヨーロッパにかけては、米は予《あらかじ》め油脂で炒めるか、炒めた具とともに炊き、肉、魚介、野菜、香辛料などを加えると豪華な米料理になる。トルコのポロ、インドのプラオ、フランスのピラフ、スペインのパエリア、イタリアのリゾットなどがある。パエリアはサフランの黄色で染める。アメリカではスペイン系のクレオール料理（19・5参照）にジャンバラヤがある。ヨーロッパでは一般に米は野菜の感覚で、バターライスなどにして鶏料理などに付け合わせる。

2・3　米料理

粥◉粥《かゆ》は消化がよく、身体が温まるので現在わが国では病人食の扱いである。炊く時の水の量が米の五倍の場合を全粥、七倍を七分粥、一〇倍を五分粥、二〇倍を三分粥と呼ぶ。しかし古く平安時代から粥は平常食であり、近時まで関西では朝食に粥を食べる風習があった。奈良の茶粥は有名である。芋、木の実などを入れた粥もあった。芋粥は古くはヤマノイモの皮を剝《む》いて入れ、甘味料の甘葛《あまずら》を加えた。現在はサツマイモで作る。正月の七草粥《ななくさ》、小正月（一月一五日）の小豆粥の行事食も古くからあった。江戸時代引越しそばの風習が始まるまでは引越しの際に粥を近所に配ったという。米以外の雑穀の粥も田舎にはあった。

米や他の穀類の粥は世界各地にある。中国の米粥は肉や魚介などいろいろな具を入れて豪華であり、わが国でも最近愛好する人が多い。中華粥はよく煮込まれ、米粒の原型を留めない。東南アジアでも主に米の粥であるが、ヨーロッパ、アフリカでは米、ソバ、オートミール、セモリナ、トウモロコシなどの粥を作る。バター、砂糖、レーズン、ナッツ、シナモンなどを入れ、牛乳で作ることもある。イギリスのポリッジ、グリュエル、イタリアのポレンタ、ロシアのカーシャ、アフリカのウガリなどが有名である。平常食であり、ご馳《ち》走《そう》でもあった。

雑炊◉雑炊《ぞうすい》は冷えた米飯に肉、魚介、野菜などを加え、調味して煮たもので、鍋物の残り汁で作ることもある。平安時代、アワや野菜、ワカメなどを入れ、塩味をつけて炊く粥があったが、平安末期には味噌で味をつけた味噌水《みそうず》が現れた。これは室町時代から戦国時代にかけ、公家《くげ》や僧侶《そうりょ》に好まれた。雑炊と書かれるのはその後で、下級武士や農民、職人の日常食になった。入れる具はカブラやダイコンの葉柄や日干しの葉、ヨメナ、セリなどの葉菜、ナス、豆腐、おからなどで、ご馳走にする時は魚介や鶏肉を入れた。現在は冷飯を温かく、美味しく食べる手段である。おじやは雑炊の女房言葉であるが、雑炊が米飯をいったん水で洗い、表面の粘りを取ってからさらっと煮上げるのに対し、おじやはそのような手間をかけない点で別物とされるが、一般には同じように扱われる。

茶漬け◉平安時代、夏の暑気払いに飯に冷水をかけて食べた。水飯《すいはん》という。その後飯に熱湯をかける湯漬けが登場し、戦国時代出陣する武将が湯漬けをかき込んで戦場へ向かった。茶漬けが現れるのは江戸時代で、最古の記録は元禄の頃である。煎茶《せんちゃ》は一八世紀中頃永谷宗円《ながたにそうえん》が開発したもので（10・1❶参照）、高価で贅沢品であった。煎茶の茶漬けはご馳走で、客の接待にも用いられた。庶民の茶漬けは番茶の茶漬けであった。現在のご馳走茶漬けは温かい飯にウナギの蒲焼《かばや》き、マグロの刺身、ブリの照り焼き、エビの天ぷらなどを載せ、香り高い熱い茶を注ぐ。

汁かけご飯◉室町時代、中国から泡飯《パオファン》が伝わった。飯にスープをかけるもので、日本における汁かけご飯の最初である。この料理は寺院では法飯《ほうはん》と訳されたが、具を美しく飾って飯に載せるので芳飯《ほうはん》とも呼ばれた。天正一三（一五八五）年の奈良興福寺の芳飯では、具は豆腐、かんぴょう、こんにゃく、イワタケであった。具は細かく切って味付けし、飯の上に色よく並べ、味噌汁をかけた。江戸時代以降各地に種々の汁かけご飯が作られ、郷土料理となった。とろろ汁は東海道丸子《まりこ》（鞠子）の宿の名物料理［**図2-1**］で、ヤマノイモを擂《す》り、出《だ》しで伸ばして麦飯にかける。麦とろである。九州南部の冷や汁は冷やした味噌汁を麦飯にかけ、夏の料理である。これが四国に伝わると、ほぐした魚の身を入れた味噌汁を麦飯か米飯にかける。さつま、あるいはひゅうがと呼ばれる。

戦前までわが国庶民の家庭での猫の餌は残飯に残り物の味噌汁をかけたもので、猫ご飯、猫まんまと呼ばれた。人には下品なたべものとされたが、案外愛好する若者や主婦がいた。汁かけご飯は古くからわが国庶民によく馴染《なじ》み、これが明治以降のカレーライス、ハヤシライスなどの洋風汁かけご飯の普及を助長したと思われる。

炊き込みご飯◉いろいろな具を米と一緒に炊き込む炊き込みご飯は全国各地に名物料理があるが、代表は五目《ごもく》飯で、関西ではかやくご飯と呼ぶ。かやくは加役で禅宗寺院の言葉である。一般にはゴボウ、ニンジン、こんにゃくなど何種類かの野菜と油揚げを醤油味の出しで炊くが、季節によって春

図2-1　鞠子宿
歌川広重『東海道五十三次』(1833)

の野草、山菜、たけのこ、秋のシメジ、マツタケ、クリなどを入れる。鯛めしのように魚を入れたもの、深川飯のように貝（アサリ）を用いたもの、鳥飯などはご馳走である。おかずがいらないご飯で、大勢集まった人々への振る舞いに便利であり、ハレの食事にもなった。

世界の米食圏にも炊き込みご飯があり、代表はスペインのパエリアである。これはアラブ起源で、元はスペイン東部のバレンシアの郷土料理であった。肉、魚介、野菜などたっぷりの具を炒めて、米に水と黄色の着色料のサフランを加えて炊き上げる。炊飯は平底で浅いパエリア鍋で蓋をせずに行い、飯にわずかに芯が残るようにする。パエリアに由来する料理にイタリアのリゾットとアメリカ南部のジャンバラヤがある。リゾットでも飯を少し芯の残るアルデンテに炊くが、パエリアと異なり、水分を完全に駆逐しない。これはお焦げを作らないためである。

混ぜご飯◉具を別に味付けして炊き、炊きたての飯に混ぜるご飯である。茹《ゆ》でた山菜や漬物を混ぜることもある。具材は野菜が主で、季節によってたけのこ、フキ、ワラビ、里芋、蓮根、きのこなども用いる。ちくわ、薩摩揚げ、魚介、鶏肉を用いることもあり、飯を出しで炊くこともある。各地に名産の郷土料理があり、おかずがいらず、必要量だけ混ぜて作ることができ、人寄せで大勢の人に振る舞うのに便利である。菜飯《なめし》は今は大根葉を刻んで混ぜ、各地で作るが、奈良、平安時代はヨメナなどの春の野草や山菜を刻んで固粥に混ぜ、春に香りを楽しんだ。

冷飯を具と混ぜ、油で炒める中国のチャーハンやインドネシアのナシゴレンは、冷えた飯は食べない風習から生まれた料理である。

丼◉ 丼鉢《どんぶりばち》に盛った飯に調理した具を載せ、たれをかけたもので、丼物、略して丼といい、一碗で飯とおかずが供されて簡便であり、また別々に食べる場合と違った美味しさがある。丼の最初はうな丼（うなぎの蒲焼き）で、文化年間（一九世紀初頭）江戸日本橋の芝居小屋のオーナーで、大の蒲焼き好きの男が考案したといわれる。以来いろいろな丼が考案された。天丼（天ぷら）は江戸時代末期、牛丼は明治の初め、親子丼は明治末期、そしてカツ丼が大正一〇年頃考案された。これらが五大丼である。丼物は店屋物と呼ばれ、長く飲食店で作るもので、家庭で作るものではなかった。現在次のものを含め多くの種類の丼が巷に供されている：いくら、カルビ、木の葉、ステーキ、他人、玉子、中華、鉄火、天津、ねぎとろ、海鮮親子（サケといくら）、深川、焼肉、豚。ハワイにはハンバーグと目玉焼きを載せたロコモコがある。

日本の食事の基本は主食の米飯とおかずが別々に供され、両者を交互に食べ進むことで、両者を一碗に盛って供することは特殊な食事態様であるが、丼でも具と飯を交互に食べるのがマナーとされる。韓国のビビンバは飯に、本来は中国の五行説に基づいて五種類の調理した具を載せる丼様の料理であるが、スプーンでよくかき混ぜて食べる点が丼と異なる。

おにぎり◉弥生時代後期の遺跡（石川県、神奈川県）からおにぎり状に固まった炭化米が出土している。平安時代蒸した米を大きく楕円形に握った頓食《とんじき》が御所の宿直《とのい》の者や下級武士に与えられた。これがおにぎり（握り飯）の起源とされる。おむすびは江戸大奥の女房言葉である。江戸時代半ばまでは白飯を握るだけであったが、元禄の頃から浅草海苔が普及するにつれて海苔で巻くようになった。梅干、佃煮昆布などを芯にして握るのは明治以後の風潮である。炊き込みご飯や混ぜご飯を握ることもあり、おにぎりの種類は多い。おにぎりは作り置きができ、古くから携行食として重宝され、有事の際の炊き出しもおにぎりである。形は関東が三角形、関西が俵形、九州が球形、東北が円盤形といわれるが、現在は三角形が全国的に主流である。天むすはアカシャエビ（赤車海老）の天ぷらの入った一口サイズの海苔巻きおにぎりで、三重県津市で一九五七年頃考案され、名古屋名物になっている。

戦後コンビニエンスストアが各地にできるとおにぎりが重要な品揃え商品になった。コンビニやスーパーのおにぎりは機械で大量生産され、多くは海苔で包むが、海苔をフィルムで隔離して飯の湿気から保護するので、食べる時にはパリパリの海苔の食感が楽しめる。初期の頃はフィルムの上部を切って引っ張り出すパラシュート方式であったが、現在は上部からフィルムを細いテープにカットし、フィルムを左右に広げて開けるセパレート方式が主流になっている。

アジアの米食圏の一部でもおにぎりが作られるが、中国や韓国のように冷えた飯を嫌う地域では、おにぎりは下賤《げせん》なたべもので、一般には食さない。またインディカ米の飯はパラパラでおにぎりには適さず、タイなどインディカ米圏にはおにぎりはないが、もち米圏では飯を球形に握り、草の葉に包んで携行する。

寿司◉すしは元は魚の保存法で（5・1❸参照）、魚を米飯とともに漬け込み、飯の発酵《はっこう》で生成する

図2-2　屋台のすし屋
切り分けた押しずしを何種類も並べ、客に選ばせる。握りずしが現れる少し前である。
喜多川歌麿『絵本江戸爵』（1786）

乳酸の作用で魚肉の腐敗を防ぎ保存を図ったもので、馴《な》れずしという。現存するものは滋賀県の鮒《ふな》ずしである。馴れずしでは飯は粥状にとろけ、捨てた。室町時代に漬け込みを短期で止め、淡く酸味を帯びた飯と、まだ生々しさの残る魚をともに食べる生《な》ま馴《な》れが考案され、すしは米料理になった。しかし生ま馴れでもできるまでに数日から十数日を要するので、発酵を促進するために温めたり、酒や酢を加えたが、江戸時代初めに飯を昆布出しで炊いて酢を加えたすし飯（鮨飯）に、調理した魚介を載せ、押した押しずし（箱ずし）が上方で考案された。この早ずしが江戸に伝わり広まったが［**図2-2**］、一八世紀後半にすし飯を握り、江戸前（東京湾）の魚介を載せた握りずしが完成した。寿司という表記は明治時代以後の使用である。大正一二（一九二三）年の関東大震災で東京の寿司職人が全国に四散して江戸前が握り寿司の代名詞になった。

江戸時代すしは屋台で売られ庶民のたべものであったが、明治時代も進むとすしはご馳走となり、寿司屋は高級料理店に属して高価で、長く庶民には入りづらかった。しかし戦後パック詰めの寿司をそろえた持ち帰り専門の寿司店が現れ、また一九五八年には回転寿司店が大阪にオープンすると瞬く間に全国に広がり、寿司はまた庶民のたべものになった。一九七〇年代後半から寿司は低脂肪でヘルシーなたべものとして世界に広がり、欧米の多くの都市にsushi barが次々と開店した。これらはほとんどが回転寿司で、すし飯は機械が握り、修練を積んだ寿司職人は不要である。客にはベルトコンベアで運ばれる回転寿司は遊び感覚の新しい食事モードであった。また欧米の多くのスーパーではサンドイッチコーナーに寿司パックが並ぶようになった。これらの風潮とともに新しいタイプの寿司も外国で現れた。代表的なカリフォルニアロールはアボカドとえびフライを芯にした巻物であるが、海苔は飯の内側に巻く、裏巻きである。これは海藻が欧米では好まれないことによる。寿司はたいてい「さび抜き」(わさびを挟まない)で供され、多くの客はたっぷりのわさび醤油に浸して食べる。

2・4　主食

消費は減ったが◉米飯は味が淡泊で和洋華のどの料理にも合い、毎日食べても飽きることがなく、また穀類の中で最も栄養的に優れている。米飯は漬物や味噌汁など塩気の副食が少量あれば何杯でも食べることができた。わが国で全国民が毎日米飯を食べるようになったのは第二次世界大戦中の米穀配給制度の施行からであるが、戦後の食生活の向上と変貌につれて米の消費量は昭和三七（一九六二）年の一人年間一一八キログラムをピークとして、以後年々減少し今は六〇キログラムを切るほどになった。これはパンや麺類《めんるい》の普及にもよるが、豊富な副食の摂取も原因になっている。しかし現在でも全国で九五％以上の家庭で夕食には、摂取量は少なくなっても米飯を食べており、日本にとって米は依然として主食である。

3 その他の穀類（麦類を除く）

❶雑穀

アワ、キビ、ヒエ◉イネと麦類以外のイネ科作物を雑穀と呼ぶ。雑穀はアフリカのサバンナに発祥し、中近東からヨーロッパとインドへ広がった。アフリカとインドでは現在でもおびただしい種類の雑穀が栽培されている。中国へはアワ、キビ、ヒエなどがインドを経て古くに渡来し、華北の古代文明を支え、後コーリャンが加わり、やがて華北は小麦文化圏に移行した。日本にはアワ、ヒエ、キビは縄文時代に渡来し、痩《や》せ地にもよく育ち、中世から近世を通して、米を十分に食べられない農民には重要な食料であった。アワにはもち種とうるち種があり、もち種のアワから粟餅、粟おこしなどの菓子を作るが、日本ではアワは古くからの食料で神話にも現れ、民俗儀礼もある。ヒエは田の雑草が栽培化された作物であるが、粒食しても不味《まず》く救荒作物であった。キビも救荒作物であるが、米と混炊し、また粉から団子や飴《あめ》を作った。

ワイルドライス◉イネ科マコモ属の水草で、種実は北米大陸北方地域の先住民の常食であった。湖沼、河川に自生繁茂し、住民はカヌーに乗って採集したが、のち栽培も始めた。種実の栄養価は高い。現在も利用されている。

❷そば

救荒食◉ソバ（蕎麦）は中央アジアの原産で、タデ科の植物であるが、でんぷん質の種実を与えるので普通穀類に含める。しかしイネ科の作物が自媒性で、自花の花粉で受精できるのに対して、ソバは他媒性で必ず他花の花粉が必要であり、虫媒花である。それで花がたくさんついても結実の割合は必ずしも高くない。しかしソバは冷涼な痩せ地にも育ち、虫害、病害、雑草に対して強く、播種してから七五日で収穫されるので、補助食料として古くから世界の農村で栽培され、救荒作物であった。日本には縄文時代に渡来し、奈良時代以降朝廷が他の穀物の不作に備えて再々栽培を奨励した。ソバは初め粒のまま粥やそば飯にし、また米や麦、雑穀に混ぜて炊いたが、石臼が渡来すると粉に挽き、湯で溶いてそばがきを作った。さらに江戸時代初期にそば粉から麺が作られた。

そば◉そば粉を水で練り、手打ちうどんの要領で麺にしたものをそば切りと呼び、のち単にそばと呼ぶようになった。そば粉はグルテンを含まず単独では麺条を作れないので、初めの頃は重湯《おもゆ》、豆腐、ヤマノイモなどをつなぎにし、また茹でたそば粉の一部を糊状にして麵条を作った。寛永年間（一七世紀前半）に朝鮮の僧元珍が小麦粉をつなぎとする技術を伝え、わが国のそばが完成した。初期のそばは蒸して作ったので、元禄の頃までそばは蒸籠《せいろ》を持つ菓子屋の副業であったが、江戸で愛好者が増え、そば屋が独立して麵を茹でるようになった。また初めは味噌味であったが、醬油の普及につれて醬油味になった。そばは初め振り売り（天秤棒の前後にざるや木桶を取り付けて売り歩く）や屋台で売られ、夜鷹《よたか》そば、風鈴そば、二八そばなどと呼ばれ、庶民のよいスナック（軽食）であった。

一八世紀後半には店を構えるそば屋が増え、万延元（一八六〇）年の調査では江戸に三七六三軒のそば屋があった。屋台や振り売りは別である。現在東京二三区内には五六二九軒のそば屋がある（二〇〇二年）。江戸時代後期までに天ぷらそば、鴨南蛮、卵とじなどが作られ、ざるそばは一八世紀後半に考案された。明治になってもそばの人気は衰えず、家庭への出前も盛んになった。

世界のそば食◉ソバはアジア、中近東、ロシア、ヨーロッパでも古くから食用にされた。料理の形態はそば飯、粥、そばがき、麵、平焼きなどで、近代までそばは他の穀物の補助的または救荒的利用が多かった。麵は日本のような手打ちは少なく押し出し式で、中国の河漏《かろう》麵と朝鮮半島の冷麵が有名である。ネパール、ブータンではそばがきが多く、辛味をつけて粉乳をかけ手食する。多くの国ではそばがきは鍋で多量に作り、大勢で食べる。わが国のように椀の中のそば粉に湯を入れて一人分を随時作るやり方は珍しい。ロシアからポーランドのカーシャはそばの硬粥で、粒のままあるいは粉から作る。ヨーロッパでもブイイと呼ばれる粥はソバを麦類や野菜と煮込み、日常的に食べた。そば粉の平焼きで有名なのはフランスのクレープで、貧しいブルターニュの地方料理であった。今では小麦粉を用いて高級嗜好食品になっている。

❸トウモロコシ

アンデスかメキシコ◉トウモロコシは南米アンデス山麓地帯に紀元前五〇〇〇年頃栽培が始まり、中米から北米南部に広がったといわれるが、メキシコ原産説もある。トウモロコシは主食としてマヤ、アステカ、インカ文明を支えた。マヤ系の部族の神話では人間はトウモロコシから作られ、アステカの神話にはトウモロコシの神々がいた。トウモロコシは、南米のインカ帝国の故地では粒粥にして食べるのが一般的であるが、マヤ、アステカの中米から北米では主に粗挽き粥をホーミニーにする。ホーミニーはトウモロコシの粒を灰汁《あく》（植物の灰を水に溶かした上澄み液。炭酸カリウムが主成分でアルカリ性）に浸し、湿式で粉にして加工するもので、アメリカのコーンブレッド、メキシコのトルティーヤが含まれる。肉や魚介、野菜などをトルティーヤで巻いたタコスは有名なメキシコ料理である。

伝播◉トウモロコシはコロンブスのアメリカ到達後、侵略したスペイン人によってヨーロッパに伝来された。トウモロコシは比較的早くイベリア半島からヨーロッパを経てアジア、アフリカと全世界に広まった。トウモロコシは単位面積当たりでコムギの数十倍もの収穫量があり、貧しい地域では新しい雑穀として歓迎された。トウモロコシの伝来には新大陸の料理法は随伴して伝来されず、旧大陸の各地ではそれぞれの土地の従来の雑穀の料理法がトウモロコシに適用された。

トウモロコシはアジア、アフリカ、アメリカの辺地では今も重要な食料であるが工業先進国ではコーンブレッド、ポップコーンなどマイナーな食料である。しかし世界中で家畜の飼料はトウモロコシに大きく依存しており、先進国で消費される食肉、鶏卵、乳製品は形を変えたトウモロコシ食品である。このほかコーン油、コーンスターチなど料理にも多用され、蒸留酒バーボンウイスキーの原料となり、トウモロコシは先進国でもコムギ、米と肩を並べる重要食糧である。

4 小麦粉

4・1 コムギ

❶小麦粉

グルテン◉麦類の中でコムギは最も重要な穀物であるが、コムギの種実には粒溝《りゅうこう》と呼ばれる溝があり、オオムギやイネのように種実の外皮を均一に除くことが困難である。さらに外皮は非常に硬く、胚乳はもろくて崩れやすい。それでコムギは胚乳を分離するのでなく、種実を皮のまま押しつぶし、外皮を篩《ふる》い分けて胚乳を小麦粉として取り出す。コムギは粒食でなく必ず小麦粉として食用される。

小麦粉はたんぱく質として伸展性のあるグリアジンと弾性の強いグルテニンを含み、小麦粉を水で溶くと両者が結合して粘弾性の強いたんぱく質のグルテンを形成する。グルテンの形成は食塩やアルカリの添加や、生地の加圧によって増強される。グルテンの粘弾性によって小麦粉の生地は薄く延ばすことも、細長く引き伸ばすことも可能となり、生地に含まれる微細な気泡を安定に保持することもできる。かくて小麦粉からパンや平焼き、麺類、饅頭《マントウ》など多彩な食品が作られ、小麦粉の食品は多くの民族の主食となり、主要な文明を支えてきた。他の穀物や豆類、いも類はグルテンのような粘弾性のたんぱく質を含まないので、コムギからのような腰の強い食品は作れない。

メソポタミア◉コムギの栽培はメソポタミアの「肥沃な三日月地帯」と呼ばれる地域で約一万年前に始まり、そこから西に広がり、紀元前五〇〇〇年頃にはイベリア半島の南端とドナウ河流域に達した。またインドのインダス渓谷には前六〇〇〇年頃に達し、エジプトのナイル河下流地方には前四五〇〇年頃に到達した。東方へは紀元前二世紀に中国に伝来し、日本には奈良時代に伝来した。この間品種改良によって、前五五〇〇年頃には初期のエンマー小麦とタルホ小麦の交配によって現在のパン小麦が作られた。小麦粉はアジア中部からヨーロッパにかけては主として水で溶いた生地を焼いてパンか平焼きにし、中国では蒸して饅頭とし、また麺が開発されて、多様な小麦粉食文化を展開した。

❷製粉

製粉法の発展◉コムギの利用は製粉によって小麦粉を作ることが前提となる。麦類の栽培が始まる前から人々は採集した野生植物の穀実を平たい石に載せ、石で叩いて胚乳を取り出し、また粉にしたが、紀元前三〇〇〇年頃エジプトでサドルカーンが発明された。これは石の皿に小麦粒を載せ、石の棒を体重をかけて前後に動かして穀実を擂《す》りつぶすもので、奴隷の仕事であった。その後二枚の円盤状の石を上下に重ね、上の石を中心棒の周りに回転させ、石の間に入れた小麦粒を粉にするロータリーカーンが発明された。この技術はローマ帝国に受け継がれ、大型の装置が造られ、やがて人力から畜力、水力、風力を動力源とした大規模な製粉装置が次々と造られた。ロータリーカーンの技術は改良を重ねて、近代に至るまで世界各地で利用された。ヨーロッパでは産業革命が起こると、二本の横に長い金属のロールをそれぞれ反対方向に回転させ、ロールの隙間《すきま》に入れた小麦粒をロールの摺動《しゅうどう》運動によって効率的に製粉する技術が開発された。

❸パンと平焼き

発酵パンと無発酵パン◉小麦粉を水で溶いた生地（ドウ）は放置すると空気中の酵母が付着し、小麦粉中の糖分を発酵して増殖し二酸化炭素を発生する。二酸化炭素はグルテンの粘性によって散逸せずにドウ中に気泡として保持される。このようなドウを焼くと多数の細かい気泡を含んだ柔らかいパンになる。ドウの発酵現象は紀元前一五〇〇年頃へブライ人とエジプト人が発見し、以来前日のドウの残りをパン種として次の日のドウに加えるようになった。一方ドウを放置することなく焼くと気泡を含まない無発酵パンになる。発酵パンは柔らかいので大きな塊状に作られ、ヨーロッパのパンである。無発酵パンは堅いので薄く延ばして焼かれる。中近東からインドにかけての広い地域が無発酵パン地帯である。

パンを焼く◉パンは初期の頃熱した石の上にドウを載せて焼いた。やがて粘土で作った円筒形のかまどが開発され、内部で火を焚《た》いて熱くなった内壁に、平たく延ばしたドウを貼りつけて余熱で焼いた［図4-1A］。エジプトでは円筒形かまどのほか、釣鐘型のかまどを使い［図4-1B］、また熱した円錐形の粘土製容器にドウを詰め、蓋をして円錐形のパンを焼いた。ドウに牛乳、蜂蜜、香辛料などを加え、いろいろな形の菓子のようなパンも作った。エジプトの発酵パンの技術は古代ギリシアから古代ローマに伝えられ、ローマでは横穴式のドーム形パン焼きかまどが発明された［図4-1C］。ドウは熱した内室の平板の上で四方八方から輻射《ふくしゃ》熱を受けて焼かれ、塊状のパンが得られた。ヨーロッパでは一九世紀末に電気式オーブンのパン焼きかまどが登場するまで、基本的に古代ローマ式のパン焼きかまどが用いられた。

生活の中のパン◉中世のヨーロッパはコムギの生産量が少なく、コムギを製粉して細かい一番粉で焼いた白いパンは王侯貴族や地方の領主が食べ、農民は麩《ふすま》の入った二番粉にライムギ、オ

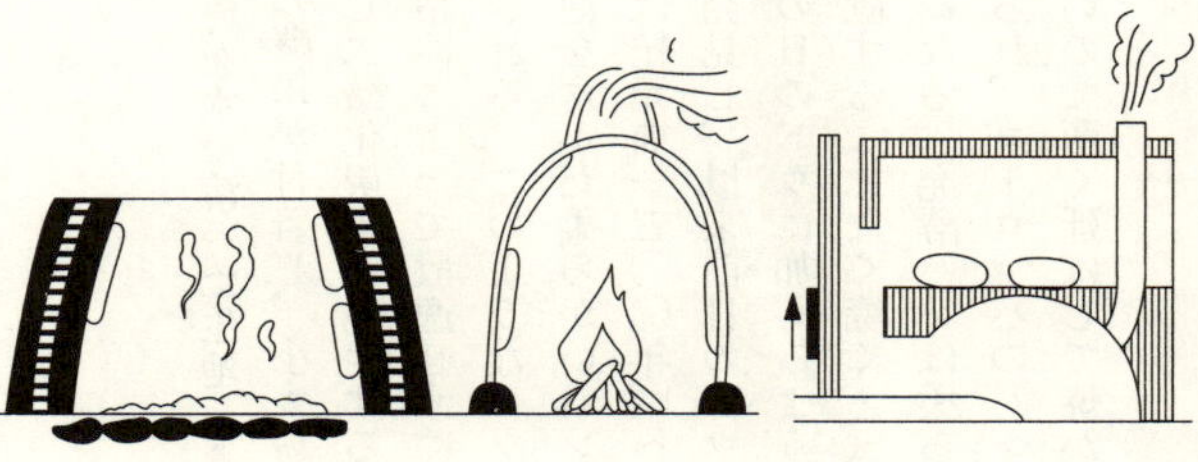

図4-1　古代のパン焼きかまど
A：初期の円筒形、B：エジプト中期、C：ローマ時代
Aはレオナード『農耕の起原』、BとCは岡田哲『コムギ粉の食文化史』より

ートムギ（燕麦）や豆などを混ぜてパンを焼いた。

中世を通じて農村では製粉設備とパン焼きかまどは領主が保有し、農民は卵、チーズ、蜂蜜などを使用料として納め、パンを焼いてもらった。都市では専門のパン屋が開業した。ヨーロッパではパンは早くから専門の職人が焼くもので、普通各自が自宅で作るものではなかった。パンは庶民の食生活に最も重要な食料であったので政府の監督が厳しく、量目をごまかしたり混ぜ物をしたパン屋は重い刑罰に処せられた［**図4―2**］。一七～一八世紀にジャガイモが普及するとヨーロッパではパンの消費量が減り、二〇世紀になって肉が豊富に供給されるようになると、ヨーロッパの食生活におけるパンの優越性は減少した。一九〇〇年にフランスでは一人一日六〇〇グラムのパンを食べたが、一九五〇年には三〇〇グラムに減少し、現在では

図4-2
不正なパン屋の刑罰
1900年頃の絵葉書
（ニュルンベルク）

一五〇グラムを割っている。

各国のパン◉各国に特徴的なパンがある。フランスではバゲット（棒という意味）が代表で、一九世紀末にパリに出現した。太い棒形で表面に大きな切れ目があり、厚く硬い皮の内側は柔らかく、大小の気泡があり、これはコムギの質が上等でないからである。バゲットは料理の味を引き立てる作用もある。バゲットは速やかに劣化するので、食べる前に買うのが常識である。クロワッサンは一七世紀にウィーンで考案された。三日月形はトルコとの戦争に勝った記念にトルコの国旗の三日月を模したといわれる。フランスと同様にイギリスも国産のコムギはグルテン含量が少なくてあまり上質でなく、きめの細かいパンは焼けず、スコーンやバンズのような硬いパンを焼いていた。しかし近代になってイギリスは広大な植民地から良質のコムギを輸入し、箱形のブリキ缶に入れて山形のイギリスパンを焼いた。皮は比較的薄く、内部は細かな気泡が均一に分散して絹のように柔らかい。フランスではパンの皮を賞味するが、イギリスでは特に賞味しない。イギリスのサンドイッチ伯爵はスライスしたパンの耳を切り、ローストビーフを挟んで、ゲームに熱中しながら食べた。ヨーロッパの質素な組成のパンに対し、アメリカではバターや牛乳などを入れたリッチなドウを、蓋をしたブリキ缶で焼いた四角い食パンを工場で大量生産した。一九二〇年にはスライスした、柔らかく品質の一定した食パンが少量包装して販売された。ヨーロッパでアルプス以北の中欧、北欧ではコムギの生産量が少なく、パンはライムギ、オートムギなどから作り、黒パン地帯と呼ばれた。現在ではこれらの地域でも小麦粉は十分に入手できるが、

る。多種類の伝統的な黒パンは他の国の人々も賞味す

チャパティとナン◉ドウを平たく延ばして焼くパンは中近東からインドの地域で発達した。インドでは薄く延ばしたドウをそのまま焼くと無発酵パンのチャパティができ、少し発酵させてから焼くと発酵パンのナンが得られる。チャパティは円筒形のかまどの内壁に貼りつけ、または鉄板に載せて直火で焼く。ナンは竪穴《たてあな》式のタンドールと呼ばれるかまどの内壁に貼りつけて焼く。少し発酵させて焼く平焼きパンにはエジプトのエイシなどのほか、シリアのフブス、トルコのユフカ、イラクのタンナワーなどがある。発酵させずにドウを直火で焼く平焼きは世界各地に分布する。フランスのクレープ、中国の薄餅《バオビン》などがある。

平焼き◉平焼きの特徴は、グルテンの粘性に依存せず、したがっていろいろな穀物や豆、いも、木の実などを材料に使うこと、おかずを載せるか包んで食べること、そして冷えると硬く不味くなるので温かいうちに食べることである。メキシコのトルティーヤはトウモロコシの粉で作る。フランスのクレープはもとはそば粉で焼いていた。無発酵の平焼きはしっかりと硬いので、カレーのような汁気のおかずも包むことができるが、気泡の多いヨーロッパの柔らかいパンは汁気のおかずを載せることができない。中世ヨーロッパで皿代わりに使ったトレンチャー［図15-5］は麩の多いドウをあまり発酵させずに硬く焼いたパンであった。平焼きを焼く時に初めから具を載せ、または包んで焼くとピザや焼餃子《やきギョウザ》などになり、同様なたべものは世界各地に多数ある。焼くほかに茹でたり、油で揚げるものもある。中国の焼売《シュウマイ》、水《すい》餃子、ロ

シアのピロシキ、アフリカのサモサなどである。日本のお好み焼きやたこ焼きもこの部類に入る。

❹饅頭と麺

中国は多彩◉中国北部の風土はコムギの栽培に適し、西域からの伝来後それまでの主食であったアワやキビを抑えてコムギが主要な食料になった。唐代には水力による大規模な製粉機の碾磑《てんがい》が造られ、小麦粉食品が庶民にも普及した。中国では小麦粉食品は餅《ビン》と総称され、調理法は茹でる、蒸す、炒めると油で揚げるの四つに分類される。中国では中近東からヨーロッパにおけるような焙焼《ばいしょう》パンは発達せず、饅頭《マントウ》、餃子、焼売、雲呑《ワンタン》、油条《ヨウティヤオ》（棒状の揚げパン）などの多様な食品が発達した。そしてドウから麺条を作り、いろいろな麺料理を開発して、ユーラシア西方地域と全く異なる小麦粉食文化を発達させた。

饅頭◉ドウを丸めて蒸したものが饅頭で、具を包んで蒸すと包子《パオズ》となり、これは日本の肉まん（豚まん）、餡まんに相当する食品である。饅頭は現在も朝食に油条とともに愛好される。餃子、焼売、春餅《チュンピン》などは中国料理の点心《テンシン》である。

麺◉中国の麺は唐代（七世紀初頭—一〇世紀初頭）から発達し、宋代（一〇—一三世紀）には多彩な麺料理が出現して、その後麺食は多様な発展を遂げながら中国の内外に広がり、朝鮮半島や日本にも独特の麺料理を出現させた。麺は主に手延べ、手打ち、押し出しの三つの方法で作られる。手延べはドウを引き延ばして細い麺条にするもので、山西省の拉麺《ラーメン》、わが国のそうめん（素麺）が代表である。手打ちはドウを平たく板状に延ばし、包丁で切って麺条にするもので、わが国の手打ちうどん、手打ちそばの技法である。押し出し法はドウを多数の穴を開けた容器から圧力をかけて押し出すもので、現在のイタリアのパスタはこの方法で作られる。この方法ではビーフン（米粉）、春雨（緑豆粉）のようにグルテンを含まない材料からも、熱湯中に押し出して麺条を作ることができる。このほか中国には猫耳朶《マオアールドウ》、撥魚《ボーユイ》麺、刀削《ダオシャオ》麺など特殊な作麺法がある。中国の麺の食べ方は、熱いスープに茹でた麺を入れる、具と一緒に炒める、具と和《あ》える、油で揚げるなどがある。これらの麺料理は箸《はし》で食べるのに適し、麺食文化は本来は箸文化圏に属する。

パスタ◉麺食は東アジアから東南アジアに広がったが、インドにはない。ずっと西方のイタリアに別の麺食文化が発達した。イタリアのパスタはイタリアで独自に発生したとの説もあるが、中世にアラビア商人によって中国から伝えられたとの説もある。イタリアは通常のパン小麦（六倍体）でないデュラム小麦（四倍体）を生産するが、このコムギは硬質の胚乳を含み、グルテン含量が極めて高く、強い歯応えの麺を与える。イタリアのパスタはデュラム小麦で作る。一二世紀頃イタリア南部からシチリアでパスタが盛んに作られ、一四世紀には教会が商業生産を始めた。シチリアで乾麺の生産が始まり、一六世紀に機械による押し出し方式が確立し、乾麺パスタの大量生産が始まった。一八〜一九世紀にはパスタはヨーロッパ全域に広まったが、イタリアではパスタは食事の重要な一皿であるのに対して、他の国では肉料理の付け合わせであった。一九世紀以降四〇〇万人を越えるイタリア人がアメリカに移民したことから、パスタはアメリカでも重要なたべものになった。

手づかみ◉パスタは長い間茹でたてにバターとチーズをまぶして食べた。新大陸からトマトが渡来するとトマトソースがパスタ料理の定番になった。当時は指でパスタを高く摘み上げ、大きく開けた口に落とす食べ方で、街頭の露店で人々は盛んに食べた〔**図15―3**〕。パスタの好きな王の宴会のために四本歯のフォークが初めて考案された（15・1❷参照）。

パスタには麵条のほか板状、円筒状（マカロニ）、貝形、アルファベット形などいろいろな形のものがあり、料理法もラザーニャのようにオーブンで焼くもの、小型でスープに入れるものもあるが、最も一般的な料理はスパゲッティのような麵条を茹でてソースで和えるものである。アジアの麵と異なり、パスタは現在主に生麵でなく、工場生産の乾麵を熱湯で戻して用いるのが一般的であるが、茹で時間を適切にするとアルデンテと呼ばれる歯応えのある食感が得られる。乾麵は保存、輸送に優れ、イタリアのパスタは乾麵として全世界に普及した。

❺日本の小麦粉食

唐菓子◉日本の小麦粉食は奈良時代に唐からもたらされた唐菓子《からくだもの》に始まる。唐菓子は小麦粉や米粉のドウを蒸したり、揚げたり、焼いた食品で、先進国の珍しいたべものとして貴族たちに珍重されたが長く続かなかった。製粉が難しかったからと思われる。鎌倉時代に宋から抹茶を挽くための茶臼が渡来し、その後穀物の粉を挽く石臼が作られ、粉食が漸次《ぜんじ》普及した。江戸時代半ばには全国の農村にも石臼が普及したが貴重品であり、庄屋など有力者だけが保有し、うどんや小麦粉の菓子は長い間農民にはハレの日のご馳走であった。

多様な菓子◉日本の小麦粉食品は蒸し物、焼き物と麺であった。中国の包子の系統であるまんじゅうが一四世紀半ばに味噌や小豆餡《あずき》を包んで作られ、江戸時代に普及した。焼き物菓子の代表はふの焼きで、ドウの薄焼きで味噌を包んだもので、古く千利休《せんのりきゅう》(一五二二―九一)が茶菓子に好んだといわれるが、江戸時代末期に流行した。煎餅《せんべい》は九世紀に空海によって唐から伝来し、江戸時代に発展した。全国各地に名産の煎餅がある。餡を包んで焼く菓子にはきんつば、今川焼き、どら焼きなどがあり、いずれも江戸時代に創製された(9・2参照)。ドウに具を載せて焼くお好み焼きは東京の文字焼きやどんどん焼き、大阪の一銭洋食が発展したものである。具を入れ丸めて焼くとたこ焼きになる。

麺食◉日本の麺食はうどん、そば、そうめん(素麺)で、うどんとそばは手打ち、そうめんは手延べである。日本には近時まで押し出し方式の麺作りはなかった。唐菓子の中にうどんとそうめんの祖型があるが、それらは平安時代にいったん消失した。うどんは室町時代中国の点心の切麺が伝来し、寺院を中心に新しく始まった。醬油が出回るまではうどんは味噌味で食べた。うどんは初期はグルテンの形成を意図しなかったが、現在は塩水を加え、強く加圧して強力なグルテンを形成した、腰の強いうどんが喜ばれる。そうめんは油を塗って細く引き伸ばして作るもので、油は麺表面の乾燥を防ぐ。そうめんは厳寒に作り、乾燥させたものを保存して梅雨を越す(厄という)と油が麺のたんぱく質に作用して美味しくなる。

ラーメン◉このほかラーメンが現在わが国の麺食

中大きな存在である。明治の初め横浜の居留地などで中国人が食べていた柳麵（広東語でラオミェン）を真似て、かん水（灰汁）を用いた腰の強い細身の手打ち麵に豚骨と鶏がらの出しを加え、醬油味にしてチャーシュー（叉焼）、メンマ、なると、ネギなどを加えた中華風かやくうどんをシナそばと名付けて売り出した。大正から昭和にかけてこれが全国に広まり、屋台が哀調のチャルメラの音とともに夜の町を流した。戦後シナそばは中華そばになり、やがてラーメンと呼ばれ、脂気があって栄養価が高く、しかも安価な点から全国で爆発的に普及し、各地に有名ラーメン店も続出した。昭和三三（一九五八）年インスタントラーメンが発明されてラーメンは家庭の日常食に定着するとともに、海外にも広まり、世界的食品になった。現在世界のインスタントラーメンの消費量は年間で約九八〇億食（二〇〇七年）である。

パン◉戦国時代に日本に伝来した南蛮菓子の中にパンがあったが、江戸時代を通してわが国では無視された。しかし幕末西欧の軍事研究から伊豆《いず》の江川太郎左衛門が兵食としてのパンの製造を始め、いくつかの藩が教示を受けた。欧米のパンは明治になって流入してきたが、堅固な米食の食生活の日本には入り込めなかった。パンは日本で発明されたあんパン、ジャムパンの様な菓子パンとして明治時代後期から徐々に庶民の生活に溶け込んでいった。

ご飯に代わる主食としての食パンは大正時代初期から関西で普及が始まり、以来朝食のパン食率は関西が関東よりも高い。わが国のパン食は第二次世界大戦後学校給食でパンが給されたことから急増した。給食のコッペパンからアメリカ風の四角い食パンのトーストが広く愛用されたが、高度成長につれてフランスパン、イギリスの山パン、ドイツの黒パン、北欧のデニッシュなどと嗜好が広がった。大企業による大量生産のパンのほか、どの町にも小さなパン屋が手作りのパンを毎日焼いている。日本は外国から最高級の小麦粉を輸入し、今や世界各地のパンがパン屋の棚に並ぶようになった。

こなもん◉最近関西から始まり、麺類、お好み焼き、たこ焼き、いか焼、肉まん(豚まん)、おやき、餃子、菓子パンなどの小麦粉食品をこなもん(粉もの)と総称することが全国に広がっている。こなもんには小麦粉以外に米粉、トウモロコシ粉、そば粉、豆粉など、他の粉末素材を用いた食品も含める。いずれも若者好みのカジュアルで、どこでも気楽に食べられるたべものである。

4・2 その他の麦類

オオムギ◉オオムギは収量が高く、脱穀しやすくて粒食ができ、コムギよりも早くから食用にされた。オオムギはグルテンを含まず、主に粒状のまま、または挽き割りにして粥にして食べた。中国でも紀元前からオオムギが食べられていた。日本ではオオムギは米に次ぐ重要な穀物で、中世から稲作の裏作として栽培され、特に裸麦は日本の特産で食用しやすかった。大麦の六条種は米に混ぜて麦飯に炊くほか、麦こがし(はったい粉)、麦茶、麦味噌、麦焼酎に用いられる。二条種はもっぱらビールの製造用である。チベットではツァンパと呼ばれる麦こがしが主食である。

ライムギとオートムギ◉この両者は耐寒性が強く、コムギが育ちにくい低温地帯でもよく育ち、ヨーロッパの黒パン地帯の北欧、中欧、東欧では主要な食料であった。ライムギはグルテン様たんぱく質を少し含みパンに焼くことができる。ライムギの褐色の黒パンは酸味と風味があり、ハム、ソーセージとよく合うといわれる。オートムギはヨーロッパ型は皮つきでオートミールにする。東洋型は裸燕麦で中国では夜麦《ユーマイ》と呼ばれ、押し出し法で麺を作る。わが国ではオオムギ以外の麦類は食用にはほとんど栽培されなかった。

5 魚介類

5・1 魚食

❶日本人は魚食民族

世界一◉日本人は世界一の魚食民族といわれる。日本は狭い国土の割には海岸線が長く、沿岸を暖流と寒流が流れ、また湾や入江も多く、魚介類の種類が多い。内陸の河川や湖沼《こしょう》にも多種類の魚介類が棲息《せいそく》し、縄文時代の以前から魚介類は日本で重要な食料であった。わが国では奈良時代以降肉食が禁止され、魚介類が長く主たる動物性たんぱく質源で、わが国の伝統的食文化は魚介類を中心に発達してきた。**図5－1**に見るように、世界の主要国の中で日本は魚の消費量が最も多い。日本では沿岸、沖合、淡水域での漁獲、養殖による生産に加えて、毎年膨大な量の魚介類を世界各国から輸入している。

旬の魚◉日本の周辺で獲《と》れる魚の種類は非常に多く、季節によって美味い魚が違い、旬の魚を食べることが日本の伝統的食文化の基本であった。これが食材の種類が少なく、季節による変化のない肉食文化との大きな差異をなしている。魚は新鮮であれば刺身にし、鮮度が落ちると焼き、さらに落ちると煮るのが一般的常識であるが、わが国では多種類の魚のそれぞれの特徴を生かした調理法、食べ方を発達させた。西欧では魚の調理は鳥獣肉の調理法を基にし、いかに魚を肉に似せて食べるかを追求した。魚の美味い食べ方を一番よく知っている民族は日本人である。

魚はご馳走◉江戸時代末期の国学者 橘 曙覧《たちばなのあけみ》（一八

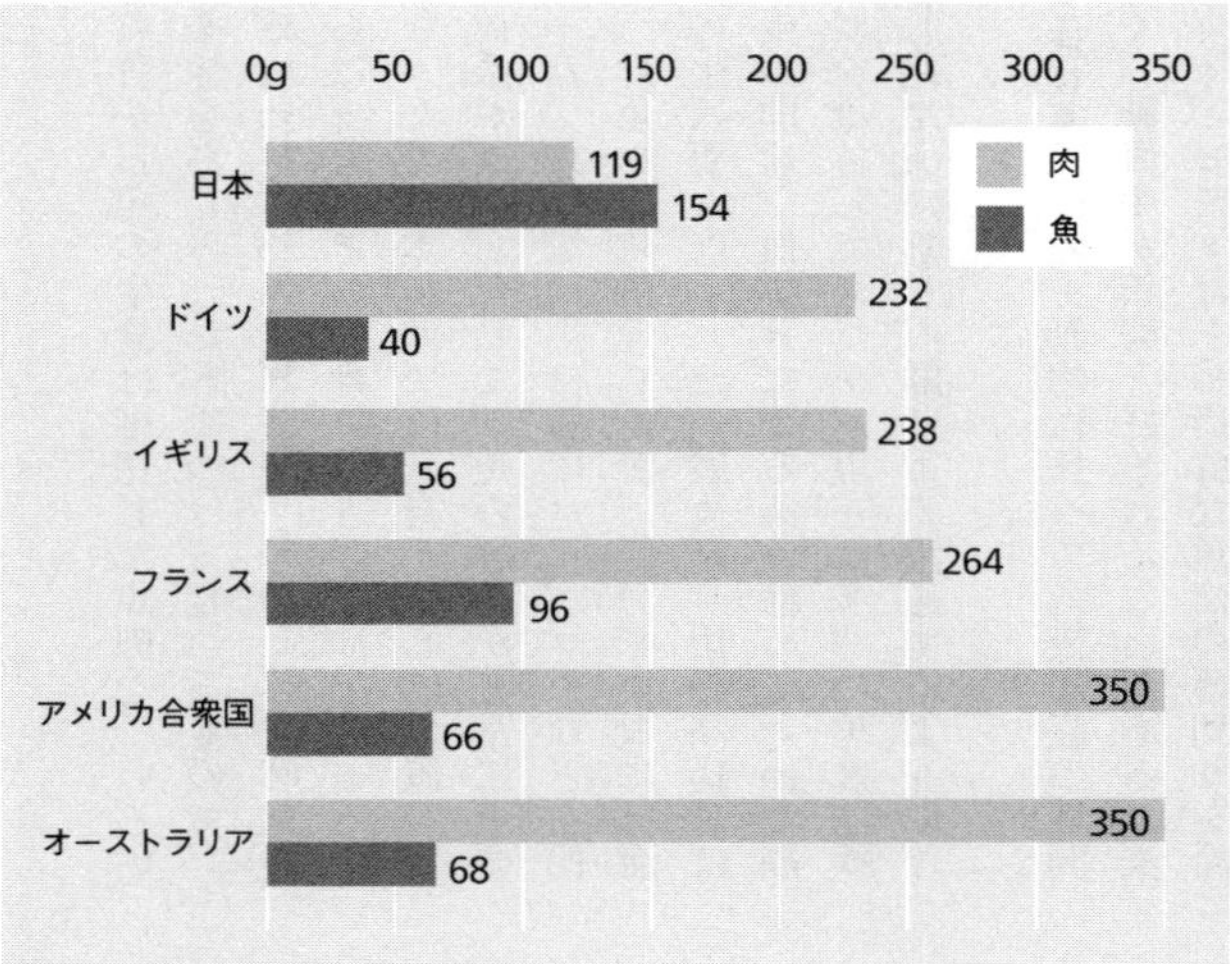

図5-1　主要国の魚と肉の消費量
1人1日当たり、グラム。2005年、日本は2008年。
『日本国勢図会』（2010/2011年版）

一二―六八）の和歌に「たのしみは／まれに魚煮て／児等皆が／うましうましと／言ひて食うとき」とあるように、江戸時代まで庶民にとって魚は最大のご馳走であった。しかし魚介類は腐りやすく、最近までは生の魚は漁村の周辺か、大都市の一部の人々にしか入手できず、大部分の地域では魚は保存の利く塩干物であり、それも高価であった。庶民にとって身近な魚はイワシの丸干し、アジの開き干しなどと、出しを取る煮干し、そしてハレの日の焼き魚、煮魚くらいで、魚食民族といいながら、庶民の食卓に魚が再々上がることは近代までなかった。

❷生食

刺身◉日本の魚食文化の特徴の一つは生食で、鮮度のよい魚は刺身にして食べる。奈良時代、平安時代の昔から魚の生食は細切した魚肉を、いろいろな薬味をあしらった酢につけて食べるもので、鱠《なます》と呼ばれた（13・1❺参照）。しかし江戸時代後期からはほとんどの刺身はわさび醤油で食べるようになった。日本料理では刺身が中心的位置を占める体系が成立したので、魚の鮮度が非常に重要になった。京都では生《い》け簀《す》にコイ、フナなどを保持し、鮮魚を随時料理したが、江戸や大坂には海産魚の生け簀も作られた。戦後刺身用の高級魚は捕獲後の即殺、血抜きによる活《い》け締《じ》めによって高い鮮度を維持してきたが、現在は多くの魚は捕獲直後急速冷凍に処し、鮮度よく流通するようになった。

洗いと活け◉魚は陸上動物に比べて死後硬直の期間が短く、硬直中が新鮮と好まれることがある。洗いはコイ、ヒラメなどの新鮮な魚肉の薄切りを冷水にさらして急激な死後硬直を起こさせ、こりこりした歯応えを賞味するものである。最近は活け作りが喜ばれ、タイなどの生魚を三枚におろす時に頭、鰭《ひれ》、尾の神経を生かして残し、その上に切り身を並べるもので、皿の上で鰭や尾がぴくぴく動く。欧米人は残酷と見る。しかし大型魚では硬直後肉のうま味成分が生成してからが本当に美味くなる。シラウオなどの踊り食いは生きたままの魚を喉を通す、日本独特の食法である。

コールドチェーン◉現在わが国ではどのような山間部でもマグロやタイの刺身を食べることができるが、これは昭和三〇年代に漁港から小売店を結ぶコールドチェーン (cold chain) が完成して低温輸送が可能となり、各家庭に電気冷蔵庫が普及した結果である。日本人が魚食民族になったのは、明治時代の鉄道に始まり、流通の進化によって全国各地に魚が供給されるようになってからである。さらに冷凍冷蔵庫が普及すると冷凍魚介が全国に流通し、タイ、ヒラメ、エビ、カニなどの高級魚介が庶民の食卓に載るようになった。現在はとろ、ウニ、いくらのように脂肪分が多く、柔らかい魚介や、イカ、エビ、マグロのように骨を意識せずに食べられるものが好まれる。しかし最近では若い世代を中心とした魚離れが進み、スーパーマーケットなどで販売される魚介類の種類は偏っており、日本全国どこの土地でもマグロ、ハマチ、エビ、イカ、サケなどの少種類の魚介類がショーケースの半分以上を占めている。

❸加工品

塩干物◉魚の保存には古来塩漬け、乾燥、燻製《くんせい》の方法があった。日本では燻製の技術は鰹節《かつおぶし》の場合を除いて発達しなかったが、ヨーロッパでは古くから普及し、豚肉加工品以外に燻製のニシン、タラ、ウナギは中世以来庶民のたべものであり、スモークサーモンも重用された。魚介類の天日乾燥は古代から世界各地で行われ、また世界各地の漁村で現在も行われている。製塩が始まると塩干物が主流となった。わが国では奈良時代、平安時代に全国から朝貢《ちょうこう》される魚介類はすべて塩干物かすしであった。魚介類の塩干物は古代から日本では重要な動物性たんぱく質源であったが、現在は保存を主たる目的とせず、生魚と異なった風味を楽しむものになった。

すし◉すし（鮨、鮓、寿司）は塩をした魚肉を米飯と一緒に漬け込み、飯の発酵によって生じた乳酸によって魚肉の腐敗を防ぎ保存を図るとともに、独特の風味を生じさせるもので、初め馴れずしと呼ばれた（2・3参照）。元来メコン河流域の古代水田農耕民による淡水魚の貯蔵法で、弥生時代水稲とともに日本に渡来した。照葉樹林文化に属する。中国では南宋時代（一二―一三世紀）に流行したが、元代以降衰退し、消滅した。

かまぼこ◉魚介の肉や内臓に塩を加えて発酵させた塩辛は中国にも古くからあったが、日本ではアユのうるか、ナマコのこのわた、カツオの酒盗《しゅとう》などが珍味として賞味されてきた。かまぼこはわが国で開発された魚の保存法である。平安時代末期に宋から伝来のすり鉢を使って魚のすり身を作り、初め竹に塗って焼いたが、室町時代から板かまぼことなり、高級料理であった。江戸時代から蒸して大量に作るようになった。かまぼこは本来地方によって材料の魚種が異なり特色があったが、現在ではスケトウダラの冷凍すり身を用いた大量生産品が主流になっている。カニの脚を模したかに風味かまぼこ（かにかま）もスケトウダラから作り、海外でも用いられる。魚介類の佃煮も江戸時代後半に作られた。

❹外国の魚食

肉が主◉世界で魚をよく食べる国は日本のほか、韓国、東南アジアの国々、オセアニア諸島と北欧、南欧の一部、そして南米の太平洋岸地域である。牧畜民は魚を拒否し、ヨーロッパのような農耕・牧畜民には魚は肉の代用品の意識である。中国は広大な国土の割りに海岸線が単純で短く、古代から淡水魚が賞味されてきたが、動物性食料の主体は豚肉であった。

タブー◉日本では魚についての禁忌（タブー）はほとんどないが、ユダヤ教とそれから派生したイスラム教では、鰭《ひれ》、鱗《うろこ》、骨のない水棲動物は食べてはならないとの禁忌がある。ウナギ、タコ、イカ、ウニなど多くの魚介類がこの禁忌に抵触する。しかしキリスト教は初期から魚を嫌わなかった。復活したキリストが最初に食べたたべものは魚であった。古代ギリシアやローマでは地中海の豊富な魚介を賞味し、ローマの市場には多種類の海産魚や、内陸部からの淡水魚が集められた。しかしローマ帝国が滅亡すると、ヨーロッパでの魚食は急速に衰えた。中世になってカトリックの斎日《いみび》に肉食に対する規制が広がると、魚の重要性が認識された。復活祭の前の四旬節《しじゅんせつ》（19・2参照）では人々は肉を断ち、魚がたんぱく質源として登場した［**図19─4**］。

古くはヨーロッパの中南部では知られなかったニシンとタラが中世には北海から供給されるよう

になり重宝された［図5-2］。ただ、秋に獲れた魚を燻製、塩漬け、あるいは干魚にしたもので、不味く、人々は不平をいいながら四〇日間これらの魚で辛抱した。カトリックにはこのほかいろいろな斎日があり、その期間人々は魚に依存した。しかし宗教改革を経て斎日の規制がゆるむと人々はまた魚をあまり食べなくなった。欧米の食文化の歴史の中で魚介類が中心になったことはなかった。

5・2　主要な魚介類

地域◉日本では古代の首都、奈良と京都が内陸部にあって新鮮な海産魚介とは縁遠く、河川と湖沼からの淡水魚と、全国から朝貢される干物、塩干魚、すしを基礎として魚食文化が発達した。鎌倉に幕府ができると湘南沖の鮮魚が人々の食用にな

図5-2　塩漬けにしんの取引き
（17世紀初頭）

図5-3　江戸日本橋の魚市場
国安『日本橋魚市繁栄図』

り、室町時代には沿岸での大規模漁法が発達した。江戸に大都市が出現すると、東京湾の江戸前の鮮魚と関東一円から集められた魚介によって江戸時代の食文化が発達した。江戸には日本橋に魚市場［**図5-3**］が作られ、大坂では天満《てんま》の雑喉場《ざこば》が瀬戸内海の大量の魚介を扱った。この間京都は主に琵琶湖《びわこ》の淡水魚と若狭（福井県）からの塩蔵魚や塩干魚に依存したが、身欠《みが》きにしん、干だら、一塩干あまだい、鯖《さば》ずしなど京都特有の魚料理を発達させた。

❶淡水魚

コイ◉日本では古代から魚に貴賤《きせん》があり、淡水魚のコイ（鯉）が最上の魚とされた。コイは古代の都でも鮮魚として入手でき、大きくて姿がよく、味もよかった。中国では古来コイは激しい流れを遡行《そこう》し、天に昇って龍になると信じられ、紀元前一一〇〇年頃養殖が始まった。ヨーロッパでもドイツなど中部ヨーロッパでは中世以来コイをドナウ河で養殖し、クリスマスの料理に用いた。コイはぶつ切りにしてワインで煮込むか、バターで炒めてムニエルにするか、また塩漬けや干物にした。わが国ではコイの最高位の地位は室町時代になってタイに取って代わられた。コイの養殖は信州佐久《さく》地方で文禄年間（一六世紀末）に始まった。現在わが国ではコイは昔ほど食されないが、洗いや鯉こくを愛好する人は多い。

アユ◉淡水魚で古代から日本人に愛好されてきた魚はアユ（鮎）である。延喜式（九〇五—九二七）によると平安時代全国からいろいろな形でアユが朝貢されたが、鮎ずしに人気があった。鵜飼《うかい》による鮎漁は中国南部からの伝来で、日本でも古代から行われたが、中世になっていったん衰え、筌《うけ》、梁《やな》、釣り、網の漁法が発達した。アユは日本だけで食される魚で、塩焼きをたで酢で食べるのが代表的料理法であるが、魚田《ぎょでん》（田楽）、飴煮、鮎ずし、唐揚げ、一夜干しなども美味い。

ウナギ◉ウナギ（鰻）は深海で孵化《ふか》し、稚魚のしらすとなって川を遡り、河川や湖沼に住む。脂肪含量が高く古くから体力増強に有効と信じられた。『万葉集』の大伴家持《おおとものやかもち》（七一八—七八五）の歌「石麻呂に／我物申す夏痩せに／よしというものぞ／牟奈岐（むなぎ）捕り喫《め》せ」は親友に体力増強のためにウナギを薦めている。この頃のウナギの料理法は分からない。中世にはウナギはぶつ切りにして宇治丸と呼ばれたすしにするか、竹の串を通して塩焼きにし、味噌か酢をつけて食べた。ウナギを開いて焼き、醤油、みりんを主とするたれにつける現在の蒲焼きは、元禄時代（一七世紀末期）に京都で発明され、享保の頃（一八世紀前半）江戸に伝えられて江戸の代表的料理となった。関東ではウナギを背開きにして二つに切り、竹串に刺し、皮から焼いた（白焼）後、蒸してからたれをつけて本焼きにする。関西では腹開きにして長いまま金串を刺し、蒸すことなくたれをつけて肉の方から本焼きにし、焼き上げてから二つまたは三つに切る。

うな丼は文化年間（一八一〇年頃）江戸で発明された。真夏の土用の日にウナギの蒲焼きを食べる風習は平賀《ひらが》源内《げんない》（一七二八―七九）か大田《おおた》南畝《なんぽ》（一七四九―一八二三）のアイデアといわれる。ヨーロッパでもウナギは古代から中世まで好まれた。ウナギは鮮度落ちが比較的遅いので重宝され、主な料理法は油で揚げてパン、砂糖、ワインなどと煮込み、シナモンなどの香辛料を加えるものである。中世王室や教会の高位の人が鰻料理を食べ過ぎて死んだ記録が多くある。現在欧米ではウナギは燻製がよく利用される。いずれも丸のままか、ぶつ切りで、わが国のように開いて料理するところはない。

❷沿海魚

タイ◉タイ（鯛）は沿海魚の代表で古代から愛好された。『万葉集』に「醤《ひしお》酢に／蒜《ひる》搗きかてて鯛願う／われにな見えそ／水葱《なぎ》の羹《あつもの》」とあり、タイはご馳走であった。タイは外観が美しい上に味がよく、保存性も高い魚で、平安時代にも干物、塩干魚などとして各地から都に進貢されたが、室町時代にコイに代わって最高級の魚になった。以来江戸時代を通じて「めでたい」魚として、格式の高い祝い魚であった。同じタイでも瀬戸内海のタイは別格であり、東京の寿司職人も一目を置く。タイは回遊性がなく、世界各地に多くの種類がある。ヨーロッパでも食べるところが多く、焼いてタルタルソースかレモンをかける。スペインではタイはクリスマス料理に不可欠である。

サバ、アジ、イワシ◉サバ（鯖）、アジ（鯵）、イワシ（鰯）は大衆魚と呼ばれ、プランクトン食性で概して小型であり、日本の沿岸を索餌、産卵のために南北に移動する。わが国の庶民に非常に身近な魚であった。イワシとアジは古来下等な魚とされたが、紫式部はイワシを愛好したといわれる。サバは上級階級にも好まれ、特に近世まで京都では若狭の一塩のサバが夜を徹して鯖街道を運ばれた。イワシは稚魚をしらす干しにするほか、田作り（ごまめ）、丸干し、煮干し、目刺し、みりん干しなど多様な形で庶民に利用されてきた。イワシは世界的にも古代から世界各地で多量に捕獲され、ヨーロッパでは中世に酢漬け、油漬け、特に溶かしたバターに漬けて食べたが、一九世紀初めに缶詰が発明されると、油漬け缶（オイルサーディン）が主流になった。現在これらの大衆魚は日本では不漁が続き、高級魚になりつつある。

フグ◉フグ（河豚）は西日本のローカルな魚であったが、豊臣秀吉の朝鮮侵攻で全国から九州に集まった武士たちがその味にとりつかれた。フグは内臓に猛毒を持ち、死者も出たと思われる。江戸時代多くの藩では藩士にフグの食用を禁止し、死者を出した場合は一家断絶に処す藩もあった。フグを生食するのは日本だけで、中国やアメリカでは油で揚げるか煮て食べる。中国ではフグは黄河や揚子江のような大河の下流や河口で獲れ、豚肉と同様に美味いと評価されて、河豚と称された。北宋の詩人蘇東坡《そとうば》（一〇三六―一一〇一）は「フグの味は真に一死に価する」と述べている。当時中国ではフグは柳の芽とともに煮て食べた。

洋魚◉日本ではあまり食用にしないが、シタビラメはヨーロッパで愛好され、バター炒めやムニエルにする。フランス料理では微妙なソースを味わうために味に癖のない白身魚が選ばれる。スペインで好まれるメルルーサも白身で、脂が少なく魚臭さがない。この魚は戦後日本に導入され一般に用いられるようになった。

❸回遊魚

マグロ◉回遊魚ではマグロ（鮪）が現在、刺身と寿司だねとしてわが国で最も愛好される魚である。世界で捕獲されるマグロの二八％（二〇〇四年）は日本人が消費している。マグロの骨は縄文時代の貝塚から出土するので、古代の人々は岸辺に寄ってきたマグロを突き棒で突くか、叩くかして獲ったのであろう。しかしこの魚は長く下等の魚と評価された。江戸時代になっても武士は食べるものではないとされた。マグロは握りずしが出現してから庶民に用いられたが、赤身を醤油に漬けた「づけ」としてであった。マグロの人気は第二次世界大戦後のもので、特にとろの愛好は食生活の洋風化で脂肪分の多いたべものが喜ばれるようになってからである。わが国ではマグロは生食が主であるので、赤身で脂もあるクロマグロ、ミナミマグロ、メバチマグロが好まれる。欧米では身が白く脂の少ないビンナガマグロ、キハダマグロをステーキにしたり、トマトソースで煮る。ツナ缶もよく用いられる。ツナはマグロ類の総称で海外ではカツオも含む。

カツオ◉カツオ（鰹）は日本では古代から多量に利用されたが、蒸して乾燥したものが流通し、非常に硬いので堅魚と記された。削って食べたと思われるが、あまり喜ばれなかった。鎌倉時代になって武士が「勝つ魚」と縁起を担いで出陣の祝い膳に用いた。江戸時代になって春先に湘南《しょうなん》沖で獲れたカツオを、初がつおとして食べる風習が江戸で狂気のように流行した。瀬戸内海の魚の多い大坂では初がつおのような風習は起こらなかった。カツオは肉質が柔らかいので表面を軽く焙ってから刺身にする技法は江戸時代にあり、当時は辛子《からし》で食べた。現在土佐名物のカツオのたたきは明治時代に入って始まり、生姜《しょうが》とニンニクで食べる。鰹節はカツオを三枚におろし、煮た後乾燥したもので、かびをつけ、また燻煙を当てて水分と脂肪を徹底的に除去した製品で、一七世紀後半に紀州（和歌山県）と土佐（高知県）の漁師が協力して開発した。日本の伝統料理の基本的調味料である（14・1❶参照）。しかし一般庶民の日常の出し取りには煮干しかサバなどの雑節《ざつぶし》が主に用いられた。

ブリ◉ブリ（鰤）も外洋を遊泳する魚であるがわが国では中世以前には知られず、江戸時代に沖合漁業の技術が向上して捕獲されるようになった魚である。サンマも江戸時代まで知られなかった。ブリは地方によって多くの呼び名があり、また出世魚といわれ、成長により体が大きくなるにつれて呼び名が変わる。関東ではわかし、いなだ、わらし、ぶりで、関西ではつばす、はまち、めじろ、ぶりと変わる。一九七〇年代に瀬戸内海ではまちの養殖が成功し、これが全国に流通してからはまちの名が全国的になった。ブリは西日本の魚で、東日本では正月の祝い魚にサケを用いるのに対して、西日本ではブリを用いる。ブリは料理法が限られており、刺身と照り焼きが主である。

サケ◉サケ（鮭）は古代、北日本から日本海側では北九州の河川、太平洋側では利根川辺りまでの河川を遡上し捕獲された。奈良時代以来各地から朝廷に毎年二、三万尾のサケの朝貢があり、貴族や高級官僚の需要が多く、祭祀《さいし》にも用いられた。延喜式によると、朝貢されたサケはすべて加工品で、塩ざけ、楚割《すわやり》（魚肉を細く切って干したもの）、さけ子（すじこ：塩漬けしてほぐしたいくらははららごと呼ばれた）、内子さけ（こごもりのサケ：すじこを持ったサケ）、背腸《せわた》（腎臓の塩辛、めふん）、氷頭《ひず》（頭部の軟骨の塩漬け。薄く切って鱠にする）などであった。現在に至るまでわが国ではサケは塩ざけとしての利用が最も多かったが、戦後キングサーモンなどいろいろな種類のサケやマスが海外から輸入され、多様な料理が行われるようになった。欧米でもサケは愛用されてきた。大型のサケ、マスはバーベキューにするほか、焼き、煮、またパテにする。サケ缶やスモークサーモンも重用される。

クジラ◉クジラ（鯨）は魚ではないが、わが国では勇魚《いさな》と呼ばれ、古くから食用にされ、上位の魚であった。縄文時代や弥生時代の遺跡から骨が出土しており、古くは岸にうち寄せられたクジラを捕ったと思われるが、江戸時代中期に銛《もり》で突く捕鯨が始まり、その後網の使用と組み合わせた日本独特の捕鯨法が開発された［**図5-4**］。欧米では北欧の一部の国を除き、クジラを食用にしなかったが、油を取るために遠洋に航海し、江戸時代末期には英米の捕鯨船が日本近海で操業した。日本ではクジラは中世までは珍重されたが、江戸時代になって下等な魚となった。戦後のある時期わが国の捕鯨船団が大挙南氷洋でクジラを多量に捕獲し、鯨肉は日本の重要なたんぱく質源であった。現在は商業捕鯨は国際的には禁止され、日本は限られた調査捕鯨を行っている。

魚卵◉日本人は魚卵の好きな国民である。サケ（すじこ、いくら）、タラ（たらこ、めんたいこ）、ニシン（かずのこ）、ウニ、ボラ（からすみ）など。かずのこは子孫繁栄を象徴するめでたいたべものとして江戸時代以来正月料理に欠かせなかった。これらの魚卵は多くは塩蔵品で保存性がある。焼き魚、煮魚でも、腹に卵を持っていると喜ぶ人が多い。ヨーロッパではチョウザメの卵のキャビアが珍重される。キャビアはローマ時代以来近世に至るまで下等なたべものであったが、ロシアでは最高の食品であった。二〇世紀になってフランスで再評

図5-4　江戸時代の捕鯨
『日本山海名物図会』（1754）

価され、最高級の珍味となった。小さなスプーンで口に入れ、噛まずに舌でつぶしながら味わう。

❹エビ、イカ、タコ、カニ

エビ◉エビ（海老、蝦）は世界のすべての地域で愛好される。わが国では古くから茹でたエビの赤い色と、腰の曲がった姿から瑞祥《ずいしょう》と長寿のシンボルとされてきた。現在エビは日本の食卓の雄であり、日本人は世界一のエビ食い人種になった。エビは多様な料理の材料になり、和、洋、中華のどの料理にも合い、外食ではあらゆるメニューに用いられる。クルマエビの養殖は昭和三〇年代にわが国で企業化され、アジア各地に広がった。この技術の応用でウシエビ（ブラックタイガー）の養殖が台湾で成功した。日本の冷凍エビの輸入額は輸入魚介中最大である。大型のエビ（ロブスター）は豪華なたべもので、日本ではイセエビ、欧米ではオマールが代表で、鋏《はさみ》の有無で区別され、またそれぞれ歩くエビと泳ぐエビの代表である。現在フランスではイセエビが最も贅沢なたべものであり、またイセエビの殻で作ったソースはフランス料理のソース中最高級に属する。

イカとタコ◉イカ（烏賊）は味が淡く甘味があり、脂気が少なくさっぱりしている。その上魚のように頭や骨がなく、戦後日本で愛好されるようになった。イカは生ま、煮る、揚げる、焼く、漬ける、干す、燻す、裂くなどあらゆる調理に向く。延喜式によると古代全国からするめが貢納された。イカは鮮度落ちが早いので、生食はごく最近まで水揚げ地近くに限られていたが、今は山奥でもいかそうめんが膳に上る。タコ（蛸）は欧米では悪魔の魚として食べないといわれるが、イタリア南部、ギリシア、スペインなどでは食べる。南米のチリでは海に潜って手づかみでタコを獲るが、わが国では弥生時代からたこつぼを用いる漁法が中心であった。

カニ◉カニ（蟹）はヒマラヤの谷川から深海の底まで、大小様々な種類が世界には六〇〇〇種以上も棲息している。わが国では古くから磯や川で獲れる小さなカニを食べてきた。『万葉集』の歌に、浪速江のアシカニがニレの樹皮とともに搗き砕かれ、塩でまぶされてかに漬けにされ、天皇に供されたと詠まれている。戦後のグルメブームに乗って大型のカニが愛好されるようになった。日本海側から北海道にかけて冬期捕獲されるカニはズワイガニ（マツバガニ）、ケガニで、ハナサキガニ、タラバガニはヤドカリの仲間である。冷凍されるのでカニは通年食膳に上る。

❺貝類

ハマグリ◉たくさんの貝殻が太古の遺跡である貝塚から出土するが、最も多量に発見される貝はハマグリ（蛤）である。しかし古代の日本人は現代よりもはるかに多種類の貝を食べていた。奈良時代以降貝類は主に煮て食べたが、干し貝は古くから海岸地域と内陸部との物々交換に用いられた（17・1参照）。江戸時代から祝いの膳には必ずハマグリの吸い物をつける風習ができた。しかしわが国の庶民の家庭で最もよく食べられた貝はアサリであり、都市近郊ではシジミ、そして農村ではタニシであった。潮干狩は平安時代の絵画にも描かれ、江戸時代には盛んになった。

アワビ◉アワビ（鮑）は日本では古代から珍重された。生のアワビを賽《さい》の目に切り、塩水に浮かべて食べ、非常なご馳走であった。平安時代にはアワビの羹が好まれた。ヨーロッパではアワビを戻して煮込みにするが、固いので食べず、中国では干しアワビを戻して煮込み、柔らかくして食べる。硬いままのアワビの歯応えを楽しむのはわが国だけである。アワビは干すと保存食になり、中国では石決明《せっけつめい》と呼ばれ、不老長寿の薬であった。江戸時代日本から中国への代表的輸出品「俵物三品」は参鮑翅で、参はいりこ（干しなまこ）、鮑は干しあわび、翅は干しふかひれであった。干しあわびを延《の》すと熨斗《のし》あわびになり、室町時代に武家が礼式の飾りに用いた。現在でものしは贈物につけて贈り主の心の清浄を示す風習が残っている。

カキ◉カキ（牡蠣）は欧米では生食を好むが、日本では現在は鍋物とフライが主で、かきフライは日本独特の料理である。江戸時代にカキの調理法は完成し、吸い物、汁、酢がき、串焼き、杉焼き、かき飯、田楽などが記載されている。すべてむき身を用いる。カキの養殖はわが国では延宝年間（一六七〇年頃）に広島で始まり、広島の業者が大坂の土佐堀川、横堀川、道頓堀《どうとんぼり》川などの橋の脇にかき船を仕立て、生まのカキを売り、かき飯、かき鍋などを供した。古代ローマでもカキの養殖が盛んに行われたが、ローマ帝国の滅亡とともに消費は衰退した。カキの嗜好は近代に復活し、フランスでは生まがきがご馳走で、文豪バルザックは一回の食事に二〇〇個の生まがきを食べたといわれる。イギリスでは近世カキは安く、貧しい人々の人気のたべものであった。

ムール貝◉ヨーロッパではムール貝を好み、消費量は貝類中最大である。殻のまま煮込み、またはニンニク、タマネギなどと油で炒め、白ワインを加えて茹でる。イタリアではトマトソースで煮込み、スペインのパエリアには不可欠の食材である。和名はイガイで、日本では食用にしなかった。

❻海藻類

コンブ◉海藻を食べる国は、世界で日本のほか韓国、中国とイギリスなど少数の国だけといわれるが、わが国ほど重用する国はない。縄文初期の遺跡からアラメ、ホンダワラ、ヒジキ、ワカメなどが出土し、わが国では大昔から海藻を食べていた。『万葉集』に海藻を詠んだ歌が多数ある。コンブ（昆布）は北日本だけで採集されるが、霊亀元（七一五）年に蝦夷《えぞ》の族長の須賀君古麻比留《すがのきみこまひる》が朝廷に昆布を献上した記録がある。昆布は奈良時代にはひろめ、えびすめと呼ばれた。近世になって北海道の昆布が北前船《きたまえぶね》で大坂に大量に運ばれ、上方料理の出しの材料となり（14・1❶参照）、また塩昆布、とろろ昆布などが作られた。料理の出しに昆布を使うのは上方の特徴で、昆布の消費量は関東と関西で大きく違っている。大坂の昆布はかなりの量が琉球に運ばれ、中国へも輸出された。現在でも沖縄県の昆布消費量は多い。

浅草海苔◉日本では古くから沿岸の緑藻の養殖を行ってきたが、板海苔《のり》は江戸時代の発明である。江戸時代初期、隅田川河口で海苔が多く採れ、板海苔の製造が始まった。浅草は当時再生紙の生産が盛んで紙漉《かみす》きの技術があったので、海苔を紙のように薄く広げて乾燥し、干し海苔という海藻の新しい使用形態を開発し、浅草海苔の名で市販した。品川沖などで養殖した海苔も浅草海苔と呼ばれて全国に普及した。江戸時代、江戸から上方へ上がった産物は浅草海苔だけであった。味付け海苔は明治二年東京の老舗《しにせ》の海苔屋が発明した。現在浅草海苔は養殖条件に強いウルップイノリ、スサビノリなどで作られ、古来のアサクサノリは絶滅危惧種に分類されている。

　韓国でも古くから海藻の養殖があり、海衣《ハイホ》と呼ばれたが、板海苔は日本の技術の導入による。韓国海苔はオニアマノリ、マルバアマノリなどで作り、板海苔に塩とごま油で味付けをする。

ところてん◉ところてんはテングサなどの紅藻《こうそう》を煮出し、冷やして作る。日本では奈良時代から知られ、こころぶと（心太）と呼ばれた。こころぶとが読み違えなどでところてんという名になったのは江戸時代初期で、この頃京都伏見でところてんを脱水乾燥させた寒天が発明された。ところてんは夏冷やして食用にされるが、関東では酢醤油で食べ、関西では黒砂糖の蜜をかけて食べる。

6 肉・卵・乳

6・1 肉食

❶伝統

思想◉ヨーロッパなど牧畜民族では長い肉食の歴史があり、家畜の解体、内臓の利用について伝統があるが、日本では肉食の歴史は浅く、もっぱら切り身になった筋肉だけを食べ、動物の生前の姿を示すものは忌避する。魚の場合と大違いである。家畜の内臓の利用も最近になって始まったばかりである。キリスト教では家畜は人間に食べられるべく神によって作られたと教える。人間が他の動物と異なった、特別の存在であるとの思想はヨーロッパ文明の一つの基礎をなしている。

食肉のタブー◉しかし食用にする動物には宗教的禁忌（タブー）がある。ユダヤ教では「動物のうち、蹄《ひづめ》が分かれ、反芻《はんすう》するものは清浄で食べてよい」とされた。ヒツジ、ヤギ、ウシは合格であるが、ブタ、ウマ、イヌ、ウサギなどは不浄であって食べてはならない。清浄と認められた家畜はすべて草食であり、飼育に当たって人間の食料と競合しない動物であった。ユダヤ教から派生したキリスト教では、斎日での肉断ち（19・2参照）以外には食用動物について厳しい禁忌はないが、イスラム教には厳密な禁忌があり、特に豚肉を厳しく排除する。一方インドのヒンズー教では牛を聖なる動物として保護し、食べることはない。古代日本に伝わった仏教は殺生《せっしょう》禁断を強制したが、インドの原始仏教では肉食に対する禁忌はなく、釈迦《しゃか》も死ぬ直前まで豚肉を食べたといわれる。

食肉の好悪◉宗教的禁忌とは別に、国により食肉の好悪がある。馬肉はヨーロッパの国々、特にフランスで好まれるが、イギリスとアメリカでは食べない。イヌは家畜化の歴史が長いが、牧畜民族にとっては生活の友であり、肉は食べない。中国や朝鮮半島ではイヌを食べ、わが国でも昔は地方によって犬食の習慣があった。近代国家ではペットは食べないことが常識である。

❷日本の肉食

殺生戒◉日本では縄文遺跡からクマ、キツネ、サル、ウサギ、タヌキなど約六〇種の陸上動物の骨が出土し、これらを食べていた。シカとイノシシが最も多い。ウシ、ウマ、イヌ、ブタ、ニワトリなどの家畜はすべて大陸から渡来した動物である。かく古くは日本でも肉食が行われていたが、天武天皇四（六七五）年に殺生禁断の詔が出された。この詔は前段で野生動物の効率的な捕獲方法を禁じ、猟期を定め、後段でウシ、ウマ、イヌ、ニワトリ、サルの摂食を禁じている。この時点では禁令は農耕に必要な家畜や日常生活に密着した動物の保護の色彩が強い。しかし聖武天皇の天平一七（七四五）年には仏教の殺生戒によって、魚鳥を含む一切の動物食が禁止された。以後再々禁令が出され、肉食に対する罪悪感が貴族から漸次庶民に広がっていった。肉食を忌む感覚は室町時代に最も広まったが、魚介類と鳥類は除外された。一方武士は戦闘訓練を兼ねて巻狩《まきがり》と称する狩猟を行い、獲物の野生動物を食べた。肉食に対する禁忌は江戸時代後期になると少しずつゆるみ、文化、文政期（一九世紀初期）になると江戸に「ももんじや」と呼ばれる獣肉料理店が現れ、イノシシ、シカ、クマ、タヌキなどの料理を薬喰いと称して提供した。これらの店では社会の風潮に配慮して、イノシシをやまくじらと呼んだ。

文明開化◉明治になると国の政策が文明開化となり、肉食はその象徴となった。明治五年には明治天皇が牛肉を食べて肉食を解禁し、国民に肉食を奨励した。わが国の肉食の特徴は米飯に合う料理ということで、初めはイノシシや魚介の鍋にならって牛鍋が普及し［図6−1］、やがてライスカレー、コロッケ、カツレツ、肉じゃがなどが庶民にも好まれるようになった。いずれも米飯のおかずになり、多くは醬油やウスターソースで調味される。わが国の肉食が大きく変化するのは第二次世界大戦後で、ハンバーガー、ステーキ、焼肉などが主体になった。しかしまだ仔豚の丸焼きが食卓に載るには抵抗感があり、牧畜民族との差は残る。

図6-1　牛鍋屋
仮名垣魯文『安愚楽鍋』（明治4年）

6・2　主な食肉

❶牛肉

最も好まれる◉現在牛肉が世界的に最も好まれている畜肉である。二〇〇五年に世界で飼育されたウシは約一三・七億頭で、ブタは約九・五億頭、ヒツジは約一〇・八億頭、ヤギは約八・一億頭、ニワトリは約一六九億羽であった。ウシは乳牛と肉牛を合わせた数である。中国や太平洋の島々のように、これまで豚肉をもっぱら食べてきた国々でも最近は牛肉の消費が増えている。

ヨーロッパ◉旧石器時代後期、温帯にはバイソンなどの大型で獰猛《どうもう》な野牛が多数住み、狩猟の主たる対象であった。ウシの家畜化は野牛の中でおとなしいオーロックス種（野生種は絶滅）を捕まえ、中近東とギリシアで行われた。家畜化の初期の目的は農耕における労役と荷物の運搬などの力作業が主であった。古代のウシは繁殖力が低く、泌乳量も少なく、労役に使った後の肉は硬くてよい食肉ではなかった。古代から近世に至るまでヨーロッパの主たる食肉は羊肉で、庶民用には豚肉であった。しかし仔牛の肉は特別の扱いで、古代ギリシア、ローマ以来特に好まれ、現在でもイタリアをはじめヨーロッパの諸国で最高の評価を受ける食肉である。

近世以降ヨーロッパでは放牧地を増やし、品種改良も進み、また植民地から大量のウシを輸入して牛肉の消費が増えた。牛肉が最も美味な食肉と広く評価されたのである。現在フランス人がヨーロッパで最も多く肉を食べるが、牛肉に限るとイギリス人の方が多い。最も一般的な牛肉料理はフランスではステーキ、イギリスではローストビーフである。アメリカではハンバーガーの普及が牛肉の消費を大きく推進した。ミンチ肉は硬い肉の利用法として始まり、日常的に好む人は多いが、正式の料理には用いない。

神戸肉◉わが国では明治の文明開化政策において牛肉が主たる食肉であった。ウシは主に関西から供給された。東日本は伝統的に農耕に馬を使ってきたが、西日本では牛（黒毛和牛）に依存し、老廃牛を食用にした。特に三丹《さんたん》地方（丹波、丹後、但馬）では老齢の牛をしばらく濃厚飼料で肥育した後食肉用に販売した。これらのウシは神戸から船で東京に送られ、優れた味によって神戸牛として有名になった。牛肉は米飯に合う、和洋折衷の洋食の素材として普及したが、第二次世界大戦後はハンバーガーのような米飯と無関係な牛肉食が広がり、また醤油やウスターソースで調味した煮物や揚げ物に加えて、ステーキや焼肉のように牛肉を焼いて食べることが多くなった。わが国では脂肪交雑（サシ）の多い、柔らかい霜降り肉を喜ぶが、欧米ではも少し歯応えのある肉を好む。最近黒毛和牛は海外でも飼育され、「Wagyu」のブランド名でアジアや欧米で高価で市販されている。

❷豚肉

食用だけ◉ブタはヒツジやヤギよりも遅く、野生のイノシシからユーラシアの各地で家畜化された。ブタは乳を与えず、毛の利用もなく、労役や運搬の役にも立たず、ひたすら食用のために飼育されてきた。ブタは草原での放牧に適さないが、非常な雑食性で人間の集落の中でごみや残飯をあさって飼われた。ブタの利点は食肉生産の高い効率で、植物性の餌を肉に換える速度と効率はすべての家畜の中で最大である。現在ブタは一生の間に餌に含まれるエネルギーの三五％を肉に換えるが、ヒツジは一三％であり、ウシは六・五％である。雌牛は一回の出産で一頭の仔牛を産むが、ブタは一〇頭前後の仔豚を産む。そして仔豚は餌を三〜五キログラム食べるごとに体重を一キログラム増やすが、仔牛は一〇キログラム食べてやっと体重が一キログラム増える。またブタは古代から丸々と太って脂肪も多く含んでいた。寒冷なヨーロッパの冬を過ごすには動物の脂肪は貴重な活力源であり、人々はブタに肉とともに脂肪も求めた。一八世紀以降ヨーロッパ系のブタとアジア系のブタの交配が行われ、現在の肉含量の多い品種が作られた。

ヨーロッパ◉古代エジプトでは庶民は豚肉を食べたが、王侯貴族や神官はブタを不潔で不浄な動物として忌避した。この考えはユダヤからアラビアに伝わり、ユダヤ教やイスラム教における厳しい豚肉への禁忌となった。しかし古代ギリシアやローマでは豚肉は大いに愛好された。以来ヨーロッパでは近世に至るまで、最も多く消費された食肉は豚肉であった。貴族は豚肉を卑しんだが、農民には大量の豆や野菜を少量の塩漬けの豚肉か豚脂とともに煮込むごった煮が平常の食事であった。ヨーロッパではブタは森に放牧され、どんぐりを餌にした。冬が近づき、森にどんぐりが乏しくなり、一方飽食してよく太ったブタは、一部の種豚を除いてすべて解体し、大部分を塩漬けにして一年間の食肉および脂肪源とした。

中世のヨーロッパではブタは都市でも飼育された。当時はロンドン、パリのような大都市でも下水道がなく、道路はごみと汚物が溢れていた［図12-4］。ブタは街路を走り回りこれらを餌として生育した。当時のブタはまだ体が大きく、剛毛と牙《きば》があり、ぶつかると人間が怪我をするほどであった。事実一一三一年にはフランスの皇太子フィリップがセーヌ河畔で乗馬中ブタとぶつかって落馬し、死亡している。飢えたブタが食料品店を襲ったり、赤ん坊をかじることもあった。歴代の王は再々都市でのブタの放牧を禁止したが効果はなかった。しかし近世になり都市に下水道が整備されるとブタは街路から消え、一方田舎でも人口増から森林がだんだん少なくなり、ブタの飼育は困難になった。都市の市民の嗜好は中世も末期になると豚肉よりも羊肉に傾いたが、養豚は新大陸からもたらされたジャガイモ、トウモロコシを飼料とする近代的な産業となり、豚肉は大量生産されるようになった。しかし仔豚の丸焼きなどを別として、現在欧米では豚肉そのものの料理は少なく、ハム、ソーセージ、ベーコンなどの加工品が豚肉消費の主体を占めている。

中国◉中国では肉といえば豚肉を指す。少数民族のイスラム教徒の影響から羊肉もかなりの比重を持つが、圧倒的に豚肉が古来愛好されてきた［**図6−2**］。古代から豚は住居の周りで生ごみや汚物を餌として飼われ、ヨーロッパのように季節によって豚を解体し、塩漬けにして長く保存することはなく、多様な豚肉料理が発達した。中国にもハム（火腿《フォトイ》）はあるが、ヨーロッパのハムと異なり加熱も燻煙もせず、長時間風乾、発酵させたもので、出しに用いられる。臘腸《ラアチャン》は中国のソーセージでサラミソーセージに似るが、独特の香りがあり、料理の添えものに用いられる。豚肉のミンチ（絞《チャオ》肉《ロウ》）は肉団子にして料理に用いられる。中国は世界の豚肉生産量の五三％を生産し、二位のアメリカの八・六％を大きく引き離している（二〇〇七年）。

日本◉わが国では弥生時代の出土品にブタの骨があり、大陸からの渡来を示すが、豚肉が日本の食生活に登場するのは明治時代以降である。ただし琉球では一四世紀に中国からブタが伝来して、豚肉食が早くに定着した。本土では明治の文明開化になって牛肉の供給が需要に追いつかず、値段が高かったので、明治時代後半に種豚をアメリカから導入し、養豚が始まった。豚肉は主に関東地方で普及した。現在も豚肉の消費は関西よりも関東の方が多い。第二次世界大戦後は都市近郊での残飯による養豚を経て地方での大量飼育が始まった。豚肉は価格が安く牛肉の代替材料になるほか、とんカツ、生姜《しょうが》焼きのようなユニークな料理も開発され、ハム、ソーセージなどの豚肉加工品も戦後大きく消費が伸びた。さらに中華料理の普及と相《あい》俟《ま》って、わが国の豚肉の消費量は現在牛肉の消費量のほぼ二倍半になっている。

豚のような◉豚は古代から人類が食べた食肉の大部分を提供してきた。その割りにこの動物はどの国でも尊重されることは少なく、「豚のような」という表現は多くはよい意味ではない。

❸羊肉その他

ヒツジとヤギ◉ヒツジは厳しい気候や飼料条件に耐え、ヨーロッパでは古代から主たる食肉源であるとともに羊毛の供給源で重要であった。一四世紀イギリスでは八〇〇万頭のヒツジが飼われていたが、これは人口の三倍であった。近世になるとヒツジの飼養は減り、乳牛が増えた。羊肉は生後一

図6-2　古代中国のブタ（またはイノシシ）
河姆渡遺跡（約7000年前）より出土した土器の影像

歳未満のものをラム、それ以後の肉をマトンと呼ぶが、フランスでは香りと風味の強くない仔羊肉が特に好まれる。中国では羊肉は殷《いん》の時代（紀元前一五〇〇年頃）から食用され、現在に至るまで豚肉に次ぐ重要な動物性たんぱく質源である。日本では推古《すいこ》朝に百済《くだら》から伝来の記録があるが、ヒツジとヤギの区別は明確ではない。以来わが国ではヒツジの飼育はなかった。第二次世界大戦後エスニック料理のブームの一環としてジンギスカン鍋やシシカバブが賞味されるが、独特の臭いからか、消費量は多くない。

ヤギは肉が硬く、独特の臭いがあるのでヨーロッパでは古代から食肉としては評価されず、貧しい人の食肉であった。しかしインドから東南アジアにかけ山羊肉を愛好する民族もある。一方欧米でもヤギの乳より製造したチーズは独特の風味があり、愛好する人が多い。日本にはヤギは一四〜一五世紀頃琉球に渡来し、気候風土に合い、飼育され食用されるようになった。

ウマ◉ウマは紀元前三〇〇〇年頃アジアの遊牧民が家畜化した。しかし旧石器時代のヨーロッパの洞窟に描かれた動物にはウマも多く、野生のウマは大量に食べられていた。ウマは他の反芻動物のヒツジやウシに比べて飼料効率が悪く、食肉生産の目的には有利ではないが、労役や荷物の運搬、特に騎乗による高速移動に特徴を発揮して戦闘に用いられ、馬肉も各国でかなり消費された。しかしイギリスではウマは戦友であり、植民地からの他の食肉が確保されると馬肉食はなくなった。一方フランスなどでは近代になって馬肉食が広まった。日本ではウマは古くに大陸から渡来して農耕に用いられた。ウマは戦国時代まで重要な武器であり、戦場で糧食が尽きるまでウマを食べることはなかった。江戸末期になって馬肉はさくら肉と呼ばれ賞味された。現在わが国では馬肉は信州と九州の一部の地方料理の材料であるが、生まの肉を生姜《しょうが》醤油で食べる馬刺《ばさし》は全国的に愛好者がある。

イヌ◉イヌは非常に古くオオカミから家畜化され、多くの種類がある。古代からイヌは狩猟では野獣や野鳥の追い出しや捕獲に役立ち、牧畜が始まると家畜の群の形成や移動を助けた。牧畜民にとってイヌは作業の助手であり、生活の友であって、イヌを食べることはない。ヨーロッパでは中世に愛玩動物の概念ができ、イヌを食べることは非常識とされた。中国では五〇〇〇年以上も前の仰《ヤン》韶《シャオ》文化の遺跡から食用にされたブタとイヌの骨が出土している。しかし六朝《りくちょう》時代（三～六世紀）にはペットとしての飼育が始まり犬肉食を忌避する風潮が生じた。日本では縄文時代にはイヌは解体されずに埋葬されたが、弥生時代になると解体され、食用にされていた。以来犬肉食は細々と続き、江戸時代にはかなり食べられ、犬肉は体によいとの記録もあるが、明治以降その風習は廃《すた》れた。韓国では現在も犬肉を食べる。

ジビエ◉牧畜が始まり、家畜の肉が食肉の主体となってからも、ヨーロッパの人々は狩猟で得たイノシシ、シカ、ノウサギ、キツネ、テン、オオヤマネコなどの野獣肉（ジビエ）を珍重し、ギリシア、ローマ時代以来中世を通じて貴族の宴会のご馳走であった。現在もジビエは贅沢な特別食で、祝宴や美食の催しに用いられる。中国で熊の掌《てのひら》、猿の脳味噌などを珍重することは有名である。

6・3　食鳥と鳥卵

❶家禽と野鳥

いろいろな鳥◉ニワトリ（鶏）の祖先は東南アジアの密林の野鶏《やけい》で、インドで家畜化され、東西に広まった。しかしヨーロッパではニワトリはギリシア、ローマ時代から中世にかけてあまり賞味されなかった。古代エジプトではナイル河の水鳥を捕らえたほか、ガチョウ（鵞鳥）を飼育し、ハト（鳩）、ホロホロチョウなどを賞味した。ハトの食用は新石器時代からと古く、ヨーロッパでは古くからハトのローストが心身に活力を与えるものと信じられた。古代ギリシア、ローマではキジ（雉）、ハクチョウ（白鳥）、クジャク（孔雀）、ツル（鶴）、フラミンゴなど豪華な形をした鳥が宴席を飾った。中世ヨーロッパでもクジャクは宴会に供されたが、肉は不味く、人々は見るだけでほとんど食べなかった。キジは中国から古くギリシアに伝来したが、中世から近世まで美味しい鳥として珍重された。シチメンチョウ（七面鳥）は新大陸の原産で、一六世紀後半にヨーロッパの食卓に上った。アメリカでは収穫祭やクリスマスには神に感謝してシチメンチョウを食べる。ガチョウを強制肥育して肝臓に脂肪を蓄えさせて作るフォアグラはフランス料理の珍味の一つであるが、古代エジプト、古代ローマでも盛んに作られた。現在はカモ（鴨）のフォアグラも好まれる。

ブロイラー◉鶏肉が世界で基本的食材になるのは近代になってからで、第二次世界大戦後は健康ブームもあって世界的に消費が増え、養鶏業は近代工業になり、ブロイラーが効率的に工場生産されるようになった。飼料の穀物を肉に変える効率はブタにほぼ等しくなり、牛の五倍である。ブロイラーは鶏肉生産だけを目的として育種改良された雑種のニワトリであり、孵化後七週ほどで出荷される若鳥で、大量生産、大量消費される。

日本◉日本では縄文遺跡の出土品から見てキジ、ハト、ツル、カモ（鴨）などが食べられており、カモが最も多かった。ニワトリは弥生時代に大陸から渡来し、時刻を告げる神秘的な鳥で、天武《てんむ》禁令（六七五年）の対象であった。平安時代以降キジが最高の食鳥で、宮廷や貴族の宴席に供された。ハクチョウとガン（雁）がこれに次ぎ、ほかにカモ、ウズラ（鶉）、ヒバリ（雲雀）、スズメ（雀）、シギ（鴫）などが食された。武家が台頭すると鶴が雉の上位になったが、これは味よりも美麗な姿と神秘性によるもので、江戸時代を通じてツルの最高位は変わらなかった。ツルは中国では寿命千年の仙鳥とされ、食べることはなかった。江戸時代町人はカモなどの野鳥を賞味した。日本では中世まで鶏肉も鶏卵も食されることはあまりなかった。

室町時代末から鶏肉の食用が始まり江戸時代にはいろいろな料理が作られた。江戸時代中期に軍鶏《しゃも》がタイから伝来した。明治になって肉食が盛んになり、鶏肉の需要も増えたが、供給が追いつかず鶏肉は高価であった。牛肉は洋食になったが、鶏肉は刺身、炊き合わせなど和風料理の食材として発展した。しかし戦後アメリカの近代的ブロイラー生産技術が導入されると、チキンは安い食材となり、ロースト、フライ、グリル、ナゲットなど洋風料理に広く使われ大衆化した。しかし最近では価格が高くてもこくがあって美味しい地鳥が好まれる傾向にある。

❷鶏卵

神聖◉日本書紀に「天地未《いま》だ分かれず、渾沌《まろか》れたること鶏子《とりのこ》の如し」とあり、鳥卵は生命の根元として神聖視された。日本では古代から中世末期に至るまで、鳥卵を食べると神罰が下るとおそれられた。しかし江戸時代には鶏卵は急速に利用が広まり、多くの料理書に多種類の卵料理が記載された。最も愛好された卵料理は、出し汁を用いたプレーンオムレツのような「ふわふわ」、卵でとじた煮物、薄焼き卵で他の材料を包んだものや、固茹で卵で、半熟卵は好まれなかった。これらの料理はのちに卵とじ、茶碗蒸し、厚焼卵や出し巻き卵に発展した。

世界最大の卵愛好国◉明治時代以後、特に第二次世界大戦後にはわが国の食生活の変化によって洋風、中華風の卵料理も普及し、わが国は世界で最も卵料理の種類が多く、また子供から老人まで鶏卵を愛好する人が最も多い国となった。子供は卵焼きを最も好む。日本の産卵鶏の雌は孵化後一五〇日ほどで産卵を始め、年間三〇〇個ほどの卵を産み、約四〇〇日間ひたすら卵を産み続けて生涯を終える。江戸時代のわが国の鶏は年に一〇個ほどの卵を産むだけであった。

オムレツ◉ヨーロッパでは鶏卵は古代ギリシア時代から中世、近世を通してよく用いられた。中世でも多様な鶏卵料理が饗宴の最初に供された。ヨーロッパの卵料理の中心はオムレツで、近代フランスではいろいろな具と組み合わせた、一〇〇種以上のオムレツが知られていた。美食家のブリア＝サヴァラン（一七五五―一八二六）は、白子とマグロのみじん切りをバターで炒め、溶き卵と混ぜて焼くオムレツを上等な料理と記載している。鶏卵は農民にとっても大事な食料であった［図6-3］。アメリカの朝食の卵料理は主にフライドエッグで、目玉焼きはサニーサイドアップと呼ばれる。アメリカでは茹で卵は好まれない。

生卵◉欧米では生卵を食べない。しかし目玉焼きでほとんど生まに近い卵黄を食べることがあり、またタルタルステーキ（13・1・❺参照）では生まの卵黄と生まの牛ミンチを混ぜただけで食べるので、欧米人が好まないのは卵白のぬるぬるした感じである。日本人は粘り嗜好（14・3参照）があり、生卵の食感を好むが、生卵の食用は江戸時代にはなく、明治時代に始まった。

図6-3　卵をフライにする老女
ベラスケス（1618）

6・4　乳と乳製品

❶牧畜民

牧畜は乳◉牧畜民は家畜を殺して肉や内臓を食べるよりも、乳を主たる食料として生活してきた。紀元前五〇〇〇年頃にはアジア中北部、インド、中近東からヨーロッパとアフリカ北部にかけて牧畜が普及し、搾乳が行われていた（1・1❸参照）。しかし生乳は腐敗しやすく、現在のように庶民が日常的に牛乳を飲むようになるのは、殺菌、容器、流通などに近代技術が発達してからで、欧米でも二〇世紀に入ってからである。

ヨーグルト◉搾《しぼ》った乳は加工によって保存性を高める。最も古い乳の加工製品は酸乳で、乳糖を発酵させ、生成した乳酸によって酸っぱい乳汁としたものである。発酵が進みカゼインが凝固し始めるとどろどろになり、ヨーグルトがその代表である。紀元前六世紀釈迦《しゃか》は森での断食苦行の後、人里でヨーグルトによって衰弱した体力を一気に回復したといわれる。ヨーグルトは西ヨーロッパでは中世までは知られず、一六世紀にフランスで羊乳のヨーグルトを用いたことが最初とされる。東欧やバルカン諸国では古くからヨーグルトが作られ、長寿のたべものといわれた。

バター◉乳の脂肪分を取り出すとバターになる。生乳を放置するとクリームが分離し、これをチャーニングと呼ぶ激しい攪拌《かくはん》操作にかけるとバターが得られる。バターはモンゴルとインドで発達したたべもので、古い時代にヨーロッパに伝えられ、その後ヨーロッパの中北部に普及した。しかし地中海地方では古くからオリーブ油が主たる食用油として用いられており、古代ギリシアやローマではバターは蛮族のたべものと見なされた。イタリアにバターが登場したのは一五世紀になってからで、フランスでバターが料理に用いられたのは一六世紀になってからである。ヨーロッパでバターをよく用いた国は中欧、北欧からイギリス、アイスランドにかけてで、比較的寒冷な地方である。しかし現在バターはその芳香によってフランス料理で重用される。クリームから粗バターを採った後の液体をバターミルクといい、美味い飲み物で、ベルギー、オランダでは酸乳化したバターミルクを飲用する。インドでは脂肪含量の多い水牛乳からバターミルクも採るが、粗バターを加熱して純粋な油（バターオイル）を分離する。これはギーと呼ばれ、料理に用いる。

チーズ◉乳のたんぱく質を凝固させるとチーズになる。古代中近東の牧畜民が乳を、容器としての仔羊の胃袋に入れておくと乳が固まりチーズが生成することを発見した。これは仔獣の胃にあるレンニンというたんぱく質分解酵素によって乳のカゼインが部分的に分解され、カルシウムと結合して凝固したもので、分離した固形物（カード）を水切りし、長時間熟成して保存性の高いチーズにした。この技術は古くにヨーロッパに伝えられ発達した。現在ヨーロッパには一〇〇〇種類以上といわれるほどの多種類のチーズがあり、各地の特産になっている。チーズは仔牛の第四胃から採るレンニン製品（レンネット）を普通凝固剤として用いるが、最近ではわが国で開発された、かびが生産するレンニン様酵素の利用が世界的に広がっている。チーズは主として牛乳から作るが、ヒツジ、ヤギ、ウマ、トナカイなどの乳からも作る。山羊乳からのチーズはシェーブルと呼ばれ愛好者があり、水牛乳からのモッツァレッラはイタリアでピザに欠かせない。

欧米で最も広く食用され、わが国でもよく知られているチーズは、カマンベール、ロックフォール（フランス）、グリュイエール、エメンタール（スイス）、エダム、ゴーダ（オランダ）、パルメザン（イタリア）などである。チーズはヨーロッパでは普通食後デザートの初めに供される。ブリア＝サヴァランは「チーズのないデザートは隻眼《せきがん》の美女と同じ」と述べた。アメリカではチーズは前菜に用い、「チーズのない前菜は抱きしめないキスのよう」といわれる。

❷極東

中国◉一五世紀頃中国から朝鮮半島、日本と東南アジアにかけての地域は乳の利用がなかった［**図1-2**］。中国は北方で遊牧民と接触し、一時はその支配も受けたが、乳を利用する食文化は発達しなかった。ただ六朝時代から唐代にかけて（三～一〇世紀）インドの乳加工技術が伝わり、一時期乳文化が栄えたが、やがて消滅した。

日本◉その頃遣唐使によって乳の利用が日本にも伝来し、奈良時代から平安時代にかけてわが国にも一時期乳文化が栄えた。朝廷は全国各地に官営の牧場を作って乳牛を飼い、地方豪族も乳製品を作り朝貢した。中国から伝えられた乳製品は酪《らく》、酥《そ》、醍醐《だいご》であった。酪は現在のヨーグルトと同じで、酥は酪を濃縮して液面に浮上した乳皮を集め脱水したもので、これから最高級品の醍醐が分離する。醍醐は風味の高い液体でバターオイルであり、インドのギー、モンゴルのシャルトスに近い食品といわれる。酥の製法は難しいのでわが国では多くの場合牛乳を一〇分の一に加熱濃縮したものを蘇《そ》と呼び、全国からの朝貢品は蘇であった。蘇はクリームチーズに似た食品であったが、蘇からは醍醐は作れなかった。また平安京では乳牛院で毎日乳牛から牛乳を搾り、天皇一家の供御に供した。しかし平安朝も後期になると、乳文化は急速に衰え、鎌倉時代中頃には消滅した。その後江戸時代に将軍吉宗《よしむね》（一六八四―一七五一）や家斉《いえなり》（一七七三―一八四一）が乳牛を飼い、乳製品の作製を試みたが広まることはなかった。

明治以後◉明治時代になって欧米の食文化が浸透するにつれて都市での牛乳の飲用も徐々に広まったが、病人や病後の体力の回復が目的であった［**図6―4**］。わが国で牛乳の日常的飲用の普及は第二次世界大戦後で、学校給食にアメリカからの援助物資の脱脂粉乳が用いられた影響が大きい。家

図6-4　牛乳の宅配
明治10年頃。
牛乳は量り売りで桶かブリキ缶で運び、門前で柄杓で鍋に移した。
『大日本牛乳史』より

庭への牛乳の供給は厚手のガラス瓶に詰め、早朝の宅配が主であったが、昭和五〇年頃から一リットルの紙容器によるスーパーマーケットでの販売が主流になった。牛乳が日常生活に馴染むにつれて、低脂肪牛乳や、色物と呼ばれるコーヒー牛乳、フルーツ牛乳なども好まれるようになった。日本独特のカルピスとヤクルトはモンゴルの遊牧民の酸乳にヒントを得た乳飲料である。

バターは明治初期には乳油、チーズは乾酪と呼ばれ、馴染みのない臭いからわが国では長く定着しなかったが、戦後バターはパン食の普及とともに消費が増えた。チーズは数種類のナチュラルチーズを混合して製造するプロセスチーズに始まり、現在は本場のナチュラルチーズを多種類輸入している。ヨーグルトは子供や若者の好む食品になった。現在日本の牛乳消費量は欧米の三分の一程度であるが、古くからの非牧畜国としてはかなりの乳文化国になっている。しかし最近は牛乳の消費は低減の傾向にあるという。

7 野菜

7・1 原産地

野菜はどの国でも貴族社会では食事の中心に置かれることはなかったが、庶民にとっては穀物に加えて食事量を増やす重要な食材で、古代から栽培されてきた。主な野菜の原産地を**図7-1**に示す。

ヨーロッパ◉中世ヨーロッパでは農民は少量の塩漬けの豚肉や豚の脂身と多量の豆、カブやキャベツなどの野菜をごった煮にし、毎日繰り返し食べた（19・2参照）。生まの野菜に塩やドレッシングをかけたサラダはローマ時代から貴族たちに食されていたが、料理の一品として食事に組み入れられるのは二〇世紀になってからである（13・1❺参

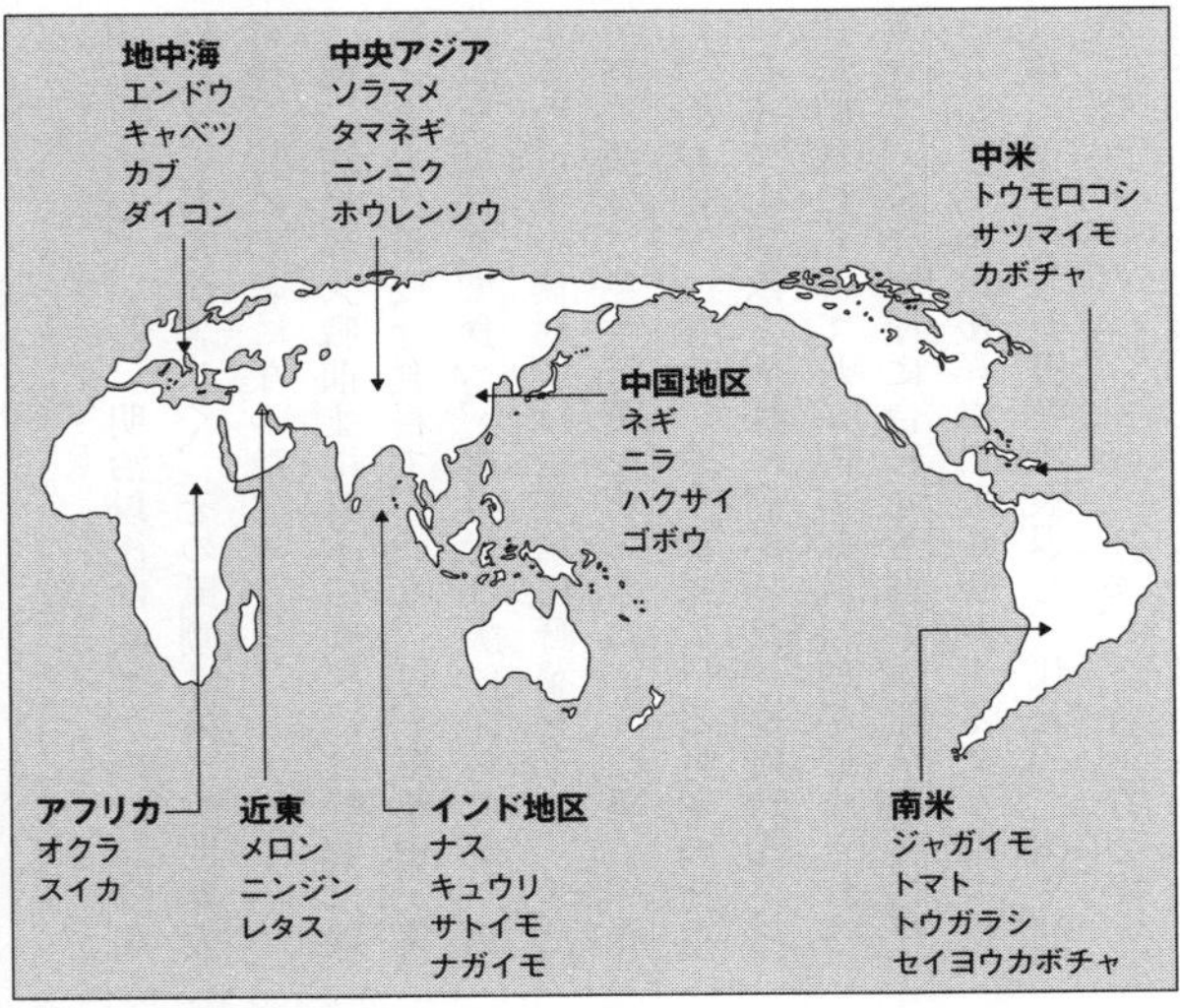

図7-1　主な野菜の原産地
バビロフの『作物八大原産地説』に基づいており、
本文中の記載と若干異なるところもある。
稲垣栄洋『キャベツにだって花が咲く』より

照)。品種改良と栽培技術によって軟質で口当たりのよいサラダ用の野菜が作られたからで、生野菜を食べることは文明の粋を味わうものである。

中国◉中国は野菜の原生種が少なく、ほとんどすべて外来種を中国で品種改良したものであるが、中国人は野菜の栽培技術に卓越し、優れた品種を多く作り出した。結球したハクサイは傑作の一つである。中国では生まの野菜を食べることは漬物を除いてはなく、野菜は細かく刻んで強火で炒めることが多い。

日本◉日本は現在野菜の種類の多いことでは世界屈指の国である。しかし日本原産の野菜は少なく、現在わが国で大量に消費される主要な野菜はすべて外国から渡来したものである。外来の野菜は古代から近世にかけては主として中国から渡来した。中近東やヨーロッパ原産の野菜も中国経由でわが国に渡来している。明治以後は欧米からの洋野菜の渡来と普及が著しく、その風潮は第二次世界大戦後、特に顕著になった。

第二次世界大戦前まで日本の庶民には野菜は穀類とともに重要な食料で、いも、豆、根菜類、葉菜類を毎日煮て食べ、農村では飯に加えてかて飯にした。また農村では古来秋に野菜を干し、また漬物に漬けて冬中野菜を切らさぬように努め、春には野草山草を摘み、食生活における野菜の比重は日本でも西欧と同様に高かった。室町時代から江戸時代にかけてわが国の伝統料理が形成される過程で、魚介料理に合わせた野菜料理が発展した。

しかし明治以後洋風料理が普及するにつれて魚介類にマッチした野菜は衰退し、代わって肉や油脂に合うキャベツ、ジャガイモ、トマトなどが多用されるようになった。第二次世界大戦後の食生活の洋風化によってさらにレタス、アスパラガス、カリフラワー、セロリなど和風料理とはあまり合わない野菜が多く消費されるようになり、野菜を生のまま食べる風習も定着した。青果物の大量生産（ハウスなど施設園芸を含む）、大量流通、大量貯蔵の技術が進歩し、主要な野菜は旬にかかわりなくほぼ周年供給されるようになった。

7・2 主要な野菜

❶葉菜類

キャベツ◉数少ないヨーロッパ原産の野菜で初めは巻かず、現在のような固く結球したキャベツは一六世紀に北欧で作られた。キャベツは栽培が進む間に多くの品種が生まれ、結球した玉キャベツのほかにケール、ちりめんキャベツ、紫キャベツ、コールラビ、芽キャベツ、カリフラワー、ブロッコリーなどがある。中国への結球キャベツの渡来は一七世紀で、日本にはキャベツは一八世紀初め長崎に渡来したが、食用ではなくハボタンとして園芸植物であった。野菜としての再渡来は明治になってからであるが、キャベツは魚介と米飯を中心とするわが国の伝統料理と合わず普及しなかった。しかし洋食が広まるにつれて、千切りのキャベツがカツレツやコロッケの付け合わせに多量に消費されるようになった。これは刺身のつまの感覚の延長で、キャベツを生まで食べる国はわが国だけである。

レタス◉原産地は中近東で、古代ギリシア、ローマ時代からサラダの主たる材料であった。古代のレタスは結球型でなく、結球した玉レタスは一六世紀に作られた。サラダは古代から塩からく熱いソースをかけて食べたが、一五世紀頃より植物油と酢のドレッシングを使うようになった。いろいろな生野菜、野草、花を混ぜて多様なサラダが作られたが、すべてにレタスが中心であった。レタスの和名はチシャで、わが国では平安時代からとうの立ったチシャの茎の葉を摘み、膾《なます》、味噌和えや芥子《からし》和えにして食べた。中国でもとうの立ったステムレタス（茎苣）をいろいろ料理して食べる。日本に結球レタスが渡来したのは明治になってからで、永く普及しなかったが第二次世界大戦後の食事の洋風化に伴って大量に消費されるようになった。

ホウレンソウ◉ペルシアが原産で、中国へは唐代（七世紀）に渡来し、わが国には一七世紀初めに渡来した。ヨーロッパへは一一世紀にイスラムのスペイン侵攻によってもたらされ、ヨーロッパで普及するのは一五世紀頃からである。中国で発達したホウレンソウの東洋種は根が赤く、葉が薄く、歯切れのよい秋蒔《ま》きの品種であるが、ヨーロッパで発達した西洋種は根と茎が赤くなく、葉が厚く、土臭いが収穫量の多い春蒔き種で、周年供給可能な品種である。現在日本では西洋種が主流となっている。ホウレンソウはアメリカでは開拓時代から愛好され、缶詰が普及した。ホウレンソウは食べると力がつくと信じられた。

ハクサイ◉わが国に到来したのは明治の中頃で、日清戦争に従軍した兵士が中国から持ち帰った。ハクサイ（白菜）はカブ（蕪）とチンゲンサイ（青梗菜）の交配によって紀元前に中国で生まれた。初めは結球しなかったが、何世紀にもわたって栽培を繰り返すうちに多汁質の葉を多数作らせ隙間なく結球させることに成功した。ハクサイはわが国では鍋物や漬物に大量に消費される。朝鮮半島のキムチはハクサイの漬物で国民食になっている。中国では大振りに切って油で炒め、湯を注いで塩で味付けしたものを朝食の副食にする。欧米ではハクサイは食べない。

つけ菜◉カブもチンゲンサイもアブラナ科の植物で、原産はダイコンなどと同じく中近東である。この科には他にも多種類の青菜があり、日本ではつけ菜と総称される。平安時代から食用され、江戸時代には各地に地方色豊かなつけ菜が多数発達した。キョウナ（京菜）、ミズナ（水菜）、タカナ（高菜）、コマツナ（小松菜）、カラシナ（芥子菜）、ハタケナ（畑菜）、ミブナ（壬生菜）、ノザワナ（野沢菜）、ヒロシマナ（広島菜）、シロナ（白菜）、ユキナ（雪菜）などで、漬物、和え物、煮物などに古くから日常的に用いられ、ダイコン、コイモなどとともに日本人に最も身近な野菜である。カブは根菜でもある。

香味野菜◉セリ（芹）、ミツバ（三つ葉）、シソ（紫蘇）などは古来わが国で香味野菜として用いられ、繊細な季節感を演出してきた。近代になってヨーロッパから渡来した香味野菜はパセリ、クレソンなどで、特にパセリは日本で好まれ、ほとんどの洋風料理のほか和風、中華風料理にも彩《いろど》りとして付け合わせるが、ほとんどの場合食べないで残される。パセリはイタリア南部が原産地でローマ時代からヨーロッパでは広く用いられてきた。煮込みやスープの材料のほか、みじん切りにして他の食材と混ぜて食べる。わが国のようにパセリを飾りだけにつける使い方は西欧にはない。

葷菜◉臭いの強い野菜は葷菜《くんさい》と呼ばれ、ネギ（葱）、ニラ（韮）、ニンニク（大蒜）などのネギ類である。

ネギとニラは中国西部が原産地であるが、日本には八世紀に伝来した。強い臭いは淡泊な古来の日本料理と合わなかったが、ネギはよく用いられた。関西では青い葉ねぎを賞味し、関東では根元の白い根深ねぎを好む。ネギは欧米では食せず、東洋特に日本の野菜である。ニンニクは原産地が中央アジアで紀元前に東西両方向に広まった。古代エジプトではピラミッド建設の労働者にタマネギとともに支給された。

わが国には古墳時代に渡来し『源氏物語』にも記載されるが、あまり賞味されず禅宗寺院では「不許葷酒入山門」として拒否されたが、医薬や魔除けに用いられた。ヨーロッパでも中世ペストが猛威を振るった時予防剤と信じられた。わが国では第二次世界大戦後肉料理が増えるにつれて消費が急増した。

タマネギ（玉葱）がわが国に渡来したのは江戸時代であるが、栽培は明治以後に始まった。中国でもタマネギは洋葱《ヤンツォン》と呼ばれ、東アジアでは歴史の新しい野菜である。タマネギの原産地は西アジアで、古代エジプト、ギリシア、ローマ、インドで広く食用された。ヨーロッパでは古来最も基本的な野菜の一つで、すべての料理の基礎材料といわれる。よく炒めたタマネギはスープの元で、その役割はわが国の昆布に相当する。

戦後◉第二次世界大戦後に初めて日本の市場に現れ、急速に普及した野菜にはチンゲンサイ、パクサイ（白菜）、ターサイ（搨菜）、クウシンサイ（空心菜）などの中国野菜とエジプト原産のモロヘイヤがある。伊豆の特産であったアシタバ（明日葉）も戦後全国に広まった。これらは健康食品として評価された。

❷茎菜類と花菜類

セロリ、アスパラガス◉セロリは南欧が原産地で、古代エジプトや古代ギリシア時代には整腸剤に用いられた。食用の栽培は一六世紀以降で、さわやかな香味と快い歯応えで好まれた。日本には豊臣秀吉の朝鮮侵攻の際種子を持ち帰ったが、本格的な栽培は明治以後で第二次世界大戦後の肉料理の普及に伴って広く食用されるようになった。中国では芹菜《キンツァイ》と呼ばれ、細く育てた青菜を炒めて食べる。

アスパラガスは小アジアの海岸地方が原産で、紀元前二世紀頃から地中海沿岸で栽培された。古代エジプト、ギリシア、ローマでは高貴な野菜と見なされ、薬用にもなったが中世のヨーロッパでは重んじられなかった。しかし近代になって初夏の季節感とともに愛好された。わが国では大正年間以降缶詰のホワイトアスパラガスをマヨネーズで食べるだけであったが、第二次世界大戦後グリーンアスパラガスが賞味されるようになった。

ウド、フキ、たけのこ◉わが国の古来からの茎菜はウド（独活）とフキ（蕗）で、目立たないが和風料理に独特の風味を与える。たけのこは竹類の幼茎を食用するもので、栽培される竹はモウソウチク（孟宗竹）である。この竹は中国江南の原産で江戸時代中期に琉球を経てわが国に到来し、以後全国に広まった。しかし『古事記』、『日本書紀』にたけのこの記載があるので、竹の幼茎を食べる風習はわが国では古代からあったと思われる。たけのこは欧米にはない味覚である。

花菜◉花を食べる野菜はカリフラワーとブロッコリーで、いずれもキャベツの変種で花蕾《からい》を食用にする。紀元前より知られ、ブロッコリーの方が早くから栽培された。しかし現在のような品種の栽培は近代に始まり、広く普及したのは欧米でも比較的新しい。塩茹でにしたものをサラダ、グラタン、煮物などに用いる。わが国でも最近になって洋風料理の普及とともに広く食用されるようになった。わが国ではフキとミョウガ（茗荷）の花蕾が古くから食用され、独特の風味でそれぞれ早春と初夏の季節の食卓を飾る。

野生や園芸の花を食用にする風習は古代から世界各地にあった。キク（菊）、バラ（薔薇）、スミレ（菫）などが中国、ペルシア、古代ギリシア、ローマで料理に用いられた。ヨーロッパでは中世にグラジオラス、チューリップなどをサラダに混ぜ、シチューに入れた。またストック、なでしこ、マリーゴールドなどが冬期のサラダの材料に酢と砂糖に漬けて保存された。わが国では季節感を尊ぶところからナノハナ（菜の花）、カタクリ（片栗）、サクラ（桜）、キクなどを酢の物、和え物、漬物などにする。

❸根菜類

ダイコン、カブ◉ダイコンは地中海地方が原産地で古くから栽培された。古代エジプトではピラミッド建設の労働者にタマネギ、ニンニクとともに辛味の強いダイコンが支給された。この頃の大根は根が小さく貧弱な野菜であった。その後ヨーロッパでは根が小さな球形で、赤い色のラディッシュ（ハツカダイコン）に発展し、料理の彩りやサラダに用いられた。ダイコンは東方にも伝えられ、東へ来るほど根が大きくなった。日本へは弥生時代に伝来し、おおねの名で『万葉集』にも詠まれている。以来ダイコンは日本人の食卓に重用され、江戸時代には各地で特有の形の品種が多数作られた。ダイコンは周年供給され、煮物、鱠《なます》、味噌汁の実、刺身のつま、漬物（たくあん、べったら）などの料理に用いられる。大根おろしは江戸時代に始まり、調味料でもあった。

カブも地中海地方の原産で中国を経てわが国にはダイコンよりも早くに渡来した。現在わが国で市販のダイコンは青首品種にほぼ統一されているが、カブは地方によって天王寺かぶら、日野菜、金町小カブなど多くの品種があり、千枚漬、すぐきなど特徴のある漬物の原料である。

ニンジン◉中央アジアの原産で、中国には元代（一三～一四世紀）に伝来した。日本には薬用の朝鮮人参が古くに渡来していたが、一七世紀初頭に野菜のニンジン（人参）が中国から渡来した。朝鮮人参はウコギ科、ニンジンはセリ科で全く別の植物であるが、一七世紀に後来の野菜は形と色が朝鮮人参に似ていたので人参と名付けられた。ニンジンは鱠、きんぴら、煮物などが庶民の食卓に上った。ニンジンはイランを経て一三世紀にイタリアに渡り、以後徐々にヨーロッパ全域に広まった。一七世紀にオランダでオレンジ色で多汁質の品種が作られ、この欧州系の短根種が明治になって日本に導入された。現在わが国に出回っているニンジンはほとんどがこの西洋にんじんの系列である。中国で作られた長根種の東洋系のニンジンは日本では特有の朱紅色を持つ金時《きんとき》にんじんが関西に残るだけである。

ゴボウ、**蓮根**◉ゴボウ（牛蒡）は日本で古く平安時代から食用された根菜である。原産地は地中海沿岸から西アジアで、縄文前期の貝塚から種子が出土している。古くから緩下剤など薬用にもされたが、江戸時代には煮染め、きんぴら、叩きごぼうなどいろいろな料理が考案された。西欧人には木の根と見られるゴボウを食べるのは日本人だけといわれる。

ハスはインドが原産で日本には弥生時代に渡来し栽培されたが、花の観賞、薬用、染料としての用途が主であり、地下茎の蓮根がいつ頃から食用されたか分からない。

❹果菜類

キュウリ◉インドのヒマラヤ山麓が原産地で、紀元前に地中海地方で栽培された。中国には漢の武帝が導入した。日本には古墳時代に渡来したが、江戸時代に至るまで野菜としての評価は低かった。未熟の青いキュウリ（胡瓜）は苦いので、黄色く完熟したものを煮たり、汁に入れて食べた。明治になって鮮やかな緑色で、果肉の歯切れがよく、未熟果が苦くない品種が導入され、酢の物、サラダ、漬物などの生食が普及し、現在わが国は世界で有数のキュウリ消費国である。ヨーロッパでも中世以来キュウリはサラダやピクルスに多用された。

ナス◉ナス（茄子）もインドが原産地でシルクロードを通って中国へ伝来し、日本には天平時代（七一〇～七九四年）に渡来した。奈良時代にはナスは高級野菜であったが、鎌倉時代頃から庶民の野菜となった。ナスは煮る、蒸す、焼く、揚げる、炒める、漬けるなど多様な調理が可能な野菜であるが、サラダには向かない。日本のナスは日本で開発された品種で濃い紫色が特徴で、京都の加茂なす、大阪の水なす、仙台の長なすなど地方特産が、有名なもので一七〇種を数える。しかし現在は優良品種の中長なすが全国的に普及し、地方品種は影を潜めている。ナスはヨーロッパには中世に伝来したが、地中海沿い以外の地域ではあまり用いられない。

トマト◉原産地はペルーのアンデス山脈の太平洋側高地であるが、栽培はメキシコで始まった。トマトがスペイン人によってヨーロッパに伝えられたのは一六世紀で、鮮やかな赤色が嫌われて永く食用にされなかった。トマトを最も早く食用にしたのはイタリアで、トマトをベースにしたソースがパスタによく合うことを見出した。ヨーロッパ全域にトマトが普及するのは一九世紀になってからで、トマトは油脂を使う料理と相性がよく、生果をサラダに用いる以上にトマトピューレやトマトペーストなど調味料として肉料理に利用された。アメリカはトマトケチャップを開発し、万能の調味料とした。

トマトはわが国には一七世紀後半に長崎に渡来したが、明治になってあらためて導入された。しかし独特の香りと味の故に普及しなかった。大正時代にチキンライスやオムレツなどケチャップを使った洋食が庶民に好まれ、さらに第二次世界大戦後になって脂肪の多い洋風料理が盛んになるとトマトはわが国の食卓に定着した。わが国ではトマトは甘味のある品種を育て、果物感覚で食べる傾向がある。中国ではわが国と同様に伝統料理にはあまり用いないが、サラダとしてのほか薄く切って砂糖をかけて食べる。

カボチャ◉メキシコ原産のものが天文一〇（一五四一）年ポルトガル人によって九州に渡来し、江戸時代を通じて庶民に普及した。江戸では唐茄子《とうなす》と呼ばれた。このカボチャ（南瓜）は日本かぼちゃと呼ばれ西日本で多く栽培される。一方南米の高原地帯を原産地とするカボチャが文久三（一八六三）年アメリカから導入された。これは西洋かぼちゃと呼ばれ、きめの細かい舌触りを持つ品種で、最近わが国で消費が増えている。ズッキーニもカボチャの仲間で、かつてはツルナシカボチャと呼ばれた。

❺豆類

最古の作物◉豆はマメ科植物の種実で栄養価が高く、良質の食材であるが、種皮が硬いので長時間の煮込みが必要である。ヨーロッパではソラマメ（空豆）、エンドウマメ（豌豆豆）、レンズマメが新石器時代から栽培され、世界最古の栽培植物といわれる。しかしソラマメはエジプト、ギリシア、ローマの古代から不吉なたべものとして忌み嫌われ、ヨーロッパ中世でも評価は低かったが、農民には大切な食材で、少量の肉とソラマメ、エンドウマメ、キャベツなどを多量の水で煮てパンとともに食べるのが常食であった。エンドウマメは初めは完熟した豆を乾燥し、固くなった豆を煮て食べたが、一七世紀初めにオランダで若いうちの豆をグリーンピースとして食べることが始まり、イタリアを経てフランスにも広まった。わが国ではさやえんどうも春の味覚である。

インゲンマメ◉古い時代に北米南部から中南米の広い地域で栽培が始まった。一六世紀にヨーロッパに渡来し、やがて食用に普及した［**図7-2**］。近代になって種実だけでなくさやいんげんも食用になり、他の豆類を凌駕するほど消費が伸びた。アメリカの開拓時代によく食べられたポークビーンズはインゲンマメ（隠元豆）で作る（19・5参照）。

図7-2　インゲンマメを食べる男
カルラッチ（16世紀）

日本◉ソラマメは中国を経て聖武天皇の時代に渡来した。未熟な種実は野菜として、また完熟したものは煮豆（お多福豆、富貴豆）や餡の原料に利用される。エンドウマメは江戸時代中期に日本に渡来し、ヨーロッパと異なり、さやえんどうも種実も好まれた。グリーンピースは洋食の普及と並行して消費が増えた。インゲンマメは江戸時代初期に明の僧隠元《いんげん》（一五九二―一六七三）が伝来したといわれるが、異説もある。インゲンマメは豆の大きさ、形、色などによって種類が多く、白いんげん、金時豆、うずら豆、とら豆などがあり、煮豆、餡、甘納豆などに用いられる。さやいんげんは緑野菜として用いられる。

大豆◉ダイズ（大豆）とアズキ（小豆）は東洋原産である。ダイズは中国東北部が原産地で新石器時代から栽培され、紀元前七世紀に中国本土に伝わり、アジア全域に広がった。日本には弥生時代に伝えられ、五穀に数えられて重要な食糧であった。ダイズは種皮が固くて煮るのに時間がかかり、野菜としての利用は少ないが、発酵食品の材料として広い用途を持つ。中国での加工の最初は醬《ひしお》と鼓《クキ》で、前者は味噌の元祖、後者は塩辛納豆（浜納豆、大徳寺納豆）の元祖である。これらを作る技術は古墳時代初期にわが国に伝えられ、後世味噌とそれに由来する醬油は日本の中心的調味料となった（14・1❸参照）。塩辛納豆は鎌倉時代以後禅宗寺院で盛んに作られ、かびによる発酵製品である。納豆の語は寺院の台所である納所《なつしょ》に由来する。糸引き納豆はかなり古い時代の日本農民の発明で、細菌による発酵食品である。外国の大豆発酵食品はインドネシアのテンペ、ネパールのキネマなどアジア各地にある。

豆腐◉磨砕した大豆の熱湯抽出液の豆乳からの加工品で、伝説では紀元前二世紀に漢の劉安によって発明されたといわれるが、事実は唐代半ばに作られ、宋代に一般化した。北方遊牧民の乳加工品にヒントを得たといわれる。わが国には平安時代末期に伝わり、室町時代に石臼の渡来とともに普及した。江戸時代には豆腐を用いた料理が多種類考案され、『豆腐百珍』という料理書やその続編が出版された。豆腐には油で揚げた油揚げやがんもどき（ひりょうず）、戸外で凍結乾燥させた凍り豆腐（しみ豆腐、高野豆腐）のような二次加工品もあり、庶民にとって重要な栄養源であった。

ダイズはヨーロッパへは一七世紀に伝来されたが、普及しなかった。しかしダイズの高い含油量に着目したアメリカが第二次世界大戦前後から栽培を始め、現在世界最大の大豆生産国である。大豆油は重要な食用油であるが、溶剤を用いて低温で油を抽出した後の脱脂大豆はヘルシーな植物たんぱく質としてわが国で広く利用されている。豆乳は中国で日常的な飲み物であり、わが国でも近時健康食品として愛用されている。

アズキ◉アズキは中国が原産で中国、韓国、日本と東南アジアの一部だけで栽培されている。弥生時代の登呂遺跡からも出土し、古くに渡来した。アズキはダイズよりはるかに煮やすく、独特の色と風味が日本人に好まれ、赤飯、ぜんざいに用いるほか、小豆餡の材料として和菓子に欠かせない。

❻いも類

東南アジアと南米◉日本では東南アジア原産のいもと南米原産のいもが食用されている。前者はタロイモ、ヤクイモの系統で、古くから東南アジアの熱帯降雨林からオセアニアの諸島で栽培された。いもは地面に穴を掘り、種いもを埋めるだけで生育し、安直に手に入る食料であった。食べる時地面に大きな穴を掘り、いもと焼けた石を入れ、バナナの葉や土をかぶせていもを蒸し焼きにした。いも類が熱帯から温帯へ移動するにつれて生育する種類は淘汰《とうた》され、日本へはサトイモ（里芋）とヤマノイモ（薯蕷）が縄文時代末期に渡来し、重要な食料となった。ヤマノイモはわが国にも野生種があり、じねんじょ（自然薯）と呼ばれる。現在わが国で神仏に供え、正月など縁起の際に用いるいもは、これら古くに渡来した南方起源のいも類で、粘り気の風味が好まれる。

こんにゃく◉コンニャクイモはインドシナ半島の原産で、必ずこんにゃく（蒟蒻）に加工して食用される。コンニャクイモは中国では前漢時代魔芋と呼ばれ、日本には六世紀（欽明天皇の時代）に唐から渡来した。江戸時代中頃にいもを乾燥して精粉にし、これからこんにゃくを製造する技術が関東で発明され、こんにゃくの料理が広まった。こんにゃくの味噌田楽は元禄時代に始まった。現在こんにゃくは原産地の東南アジアや中国ではほとんど食べず、日本独特の食品となった。欧米では悪魔の舌と呼ばれる。東南アジア原産のいも類はその粘性が嫌われ欧米では食用されない。

ジャガイモ、サツマイモ◉これらは南米が原産で、古代のインカ帝国などの文明を支えた。サツマイモ（薩摩芋）は標高二〇〇〇メートルくらい以下の低地に生育するが、ジャガイモは三〇〇〇メートル以上の高冷地に適した作物である。インカ帝国の首都クスコは標高三四〇〇メートルの高地にあり、ジャガイモが人々の主食であった。ジャガイモを寒冷地で野ざらしにし、凍結解凍を繰り返して脱水乾燥したチューニョは保存に耐える。サツマイモはコロンブスによって、ジャガイモはインカ帝国を征服したスペイン軍兵士によってヨーロッパに伝えられた。ジャガイモはヨーロッパの寒冷な気候と貧しい地味によく合ったが、見たことのない作物であることと、聖書に記載されていないことからたべものとしてなかなか定着しなかった。

しかし産業革命による人口の増加、都市の発展や、戦争、天災による食料不足から徐々にジャガイモの栽培と食用が普及し、近世ヨーロッパはジャガイモによって食料不足から救われたといわれる［図7―3］。以来ジャガイモはアイルランドやドイツなどの国民食となったほか、他の欧米の国々でも重要な食材となった。茹でてそのまま食べるほか、マッシュポテトにし、また油で揚げたフレ

図7-3　ジャガイモを食べる人々
ゴッホ（1885）

ンチポテトはステーキやハンバーガーに欠かせず、アメリカ発祥のポテトチップスも広く愛用されている。日本にはジャガイモは一七世紀に渡来し、じゃがたらいもと呼ばれた。高冷地の信州や飛騨《ひだ》地方で栽培され、飢《き》饉《きん》の際に人々を救った。明治以後ジャガイモは北海道で栽培が盛んになり、日本独自の品種のメイクイーンや男爵が生み出された。しかしジャガイモは米と魚が中心のわが国の伝統的食文化とはマッチせず、第二次世界大戦後食生活が洋風化するまではいもコロッケ、肉じゃがに使用がほぼ限られていた。現在は非常に消費が多い野菜である。

　サツマイモは一七世紀初頭に中国から琉球に伝えられ、以後鹿児島を経て急速に西日本に普及した。サツマイモは温暖な土地を好み、荒地にもよく生育し、江戸時代中期以後西日本ではサツマイモのおかげで飢饉による死者は出なかったといわれる。幕府も栽培を奨励し、八代将軍吉宗の支持を受けた青木昆陽《こんよう》（一六九八―一七六九）が中心になって全国への普及に努めた。サツマイモは甘味があり、米食を中心としたわが国の食生活に早くから溶け込み、ふかし芋、焼き芋などとして広く愛用されてきた。

7・3　きのこと山菜

シイタケ◉世界には数千種のきのこがあり、そのうち食用になるものは約三〇〇種である。しかし日本で現在日常の食材となるきのこは栽培による一〇種類ほどである。よく利用され、生産量も多いのはシイタケ（椎茸）で、以下エノキタケ（榎茸）、シメジ（湿地）、ナメコ（滑子）、ヒラタケ（平茸）、マイタケ（舞茸）、キクラゲ（木耳）などと続く。シイタケは乾燥して干し椎茸にすると保存が利く上に生のシイタケと異なった風味が生じる。シイタケは日本では古くから食用され、奈良時代には干し椎茸が地方から都に貢納された。シイタケを重宝する国はわが国と中国であるが、わが国の干し椎茸は質がよいので鎌倉時代には製品が中国に輸出され、精進料理の出しを取るのに用いられた。ほだ木によるシイタケの栽培は元禄時代に始まり、純粋培養の種菌を埋め込む方法は昭和になって開発された。

わが国で最も珍重されるきのこはマツタケ（松茸）であるが、栽培にはまだ成功せず自然採取に頼っている。マツタケは赤松林に生えるが、第二次世界大戦後の里山環境の変化からマツタケの発生が大幅に減り、最近では超高価な国産品と、アジア各地、カナダ、アフリカなどからの輸入品が店頭に並ぶ。マツタケは『万葉集』に載り、平安時代にも記録があり、当時も貴重な食品で、中世には贈答品として用いられたが、江戸時代には庶民のたべものになった。

マッシュルーム◉きのこを特に好む国はロシア、ドイツ、中国で、あまり好まない国はアメリカとイギリスといわれる。欧米で栽培され広く食用されるきのこはマッシュルームである。この言葉はきのこ全般も指すが、通常用いられるものはわが国のツクリタケに当たるきのこで、一九世紀にヨーロッパで遮光栽培法が開発され、白いきのこがスープや煮込み料理などに用いられる。トリュフは黒松露と呼ばれ、フォアグラと並んでフランス料理の最高の珍味の一つである。ルネサンス期に知られるようになり、香りが高い。わが国にもかつては海岸の松林に松露が生えたが、今は幻のきのこである。

山菜◉長い栽培の歴史を持つ野菜は人の口に優しく、収穫量も多いが、山野に自生する山菜《さんさい》は苦味やえぐ味のあるものもあり、収穫量も少ないが、それをかえって珍重する人もあって、採集を楽しみ、季節を味わう。近時は健康食ブームもあって山菜に根強い人気がある。山菜の範囲は人により地方により大きく異なり曖昧《あいまい》であるが、たけのこやきのこ類、それに野草のセリ、フキ、ウドなども含まれることがある。代表的な山菜はワラビ、ゼンマイ、タラの芽、コゴミなどで、需要の多いものは栽培され、あく抜きをした後水煮にしてパック詰めが通年市販される。観光地のレストランでは山菜そば、山菜丼、山菜おこわ、山菜ピラフなどが定番になっている。

8　果物

8・1　原産地

原産中心◉果物の主要な原産地は中国を中心とする東アジアと、中近東からヨーロッパに至る地域の、ユーラシア大陸の東西二つの中心地帯と、アフリカを含む熱帯である。アメリカ大陸は野菜ではカボチャ、トマト、ジャガイモなど旧世界の食生活への貢献が大きかったが、果物ではパイナップルのほかピーナッツ、カシューナッツなどがあるだけである。

ユーラシア◉西方中心地帯原産の主要な果物は、リンゴ（林檎）、ナシ（梨）、サクランボ（桜桃）、スモモ（李）、クリ（栗）、アーモンド、ブドウ（葡萄）、イチジク（無花果）、クルミ（胡桃）、ザクロ（柘榴）などである。水質の悪いヨーロッパでは多汁質の果物は貴重な飲料源であり、その保存方法としてワインが作られた。東方中心地帯原産の果物はナシ、サンザシ（山楂子）、モモ、アンズ（杏子）、スモモ、ウメ（梅）、クリ、カキ（柿）、ナツメ（棗）、ビワ（枇杷）、柑橘類などである。両地帯における近縁の果物が、離れた地域で栽培を重ねるうちにかなり異なった品種になった。果物は洋の東西で生食のほか乾果、砂糖漬けなどが保存の目的で作られた。

日本◉わが国で縄文時代に食用された果物はヤマモモ（山桃）、ヤマブドウ（山葡萄）、キイチゴ（木苺）などだけで、弥生時代になってモモ、スモモ、ウメ、ナシ、カキ、グミ（茱萸）、ビワなどが大陸から伝来した。縄文時代、クリ、クルミを含む堅果が多量に食用されたが、これらは主食であった。

役割◉果物はわが国では中世以降主食、副食以外の嗜好食品または間食用の食品として、菓子と同様の位置にあり、江戸時代には水菓子と呼ばれた。しかし現代ではデザートとして食事の一部分を占め、季節の風味をもたらし、菓子とは違った役割を持っている。古代ローマでは果物は嗜好食品でなく、食膳の重要な食品で、肉、魚、野菜などと同列の扱いであった。ヨーロッパの中世では宴会が果物から始まることがあった。果物がデザートとして食事の後で供されるようになるのは西欧でも近代になってからである。

二〇世紀には果汁の利用がアメリカで盛んになり、缶詰、瓶詰め、紙パック詰が大量生産されている。現在わが国では多くの果物がハウス栽培などによって収穫期が拡散し、また収穫後処理の進歩で長い期間市場に現れる。外国からの輸入も多い。果物は貴重なビタミン、ミネラル源として生果、加工品が飲食に用いられるだけでなく、香水、石鹸《せっけん》、化粧品などや住居、入浴の芳香剤にアロマが利用される。フルーティという語はさわやかな自然と健康の語感がある。しかし近時若年層を主として果物の消費が減っており、皮を剝くような手間のかからないスナック菓子に嗜好が移ったといわれる。

8・2 主要な果物

❶身近な果物

リンゴ◉西洋のリンゴの原産地はコーカサス、トルコ地方で、ヨーロッパに伝わり、ヨーロッパで最も古くから栽培された果物の一つである。紀元前九世紀にはギリシアでリンゴの接木《つぎき》の技術が開発された。旧約聖書でアダムとイブがエデンの園から追放されたのは、禁断の木の実を食べたからで、その果実はリンゴであるとされている［図8-1］。リンゴは古代以来広くヨーロッパの庶民に愛好された。西洋リンゴと別種のリンゴが中国で古代から栽培され、日本には平安時代に伝来した。東洋リンゴは小型で酸味が強くあまり普及しなかった。明治初年アメリカから西洋リンゴが日本に導入され、これが各地で栽培されるようになり、品種改良によって多くの優れた品種が生み出された。リンゴは保蔵技術の進歩により今ではほぼ周年供給される。リンゴから醸造酒のシードルが作られる。

モモ◉モモは中国の黄河上流の高原地帯が原産地

図8-1
禁断の果実としてのリンゴ
1480年頃のドイツの木版画

で有史以前から栽培され、邪気を祓う植物として好まれた。わが国には弥生時代に渡来し、奈良時代に栽培が始まったが、果実よりも花を愛でる傾向が強かった。中国の漢の武帝がモモを西域に伝え、これがペルシアを経てヨーロッパに伝わり、中世には多くの品種が作られた。ヨーロッパ系のモモは黄桃で、傷みにくく輸送や缶詰に適している。東洋系のモモは白桃である。日本では明治の初め中国から水蜜桃が導入されてから果物としての利用が広まった。

ナシ◉ナシには日本梨、中国梨、洋梨の三種類がある。日本では弥生時代後期の遺跡からナシの種子が出土するが、日本原生のナシを中国の技術で品種改良したとされている。洋梨はヨーロッパ北部が原産地で、ヨーロッパではリンゴと同様に古い栽培の歴史を持ち、中世には多数の品種が作られ、大粒で品質のよいナシは果物の中で最高といわれた。日本梨は丸く、収穫するとすぐに食べられ、果肉に石細胞《せきさいぼう》を含むことが特徴である。洋梨は瓶形で外皮が薄く、肉質が柔らかで、収穫の後、追熟中に芳香を生成する。

ブドウ◉コーカサス地方が原産で、中近東から地中海地方に伝わり、紀元前数千年前から栽培され、主としてワインの生産に用いられた（11・1❶参照）。ヨーロッパでブドウの生食はルネサンス時代に盛んになり、果物として大量に生産されるのは二〇世紀になってからである。中国には漢代（紀元前二世紀）に中央アジア系の欧州種が伝来した［**図8―2**］。日本には平安時代に中国から渡来したが、日本にも自生のノブドウ、ヤマブドウがあった。平安時代末に甲州（山梨県）勝沼で優れた品質のノブドウが発見され、これが栽培されて甲州ぶどうになり、江戸時代には日本独特の棚作り栽培法も開発された。第二次世界大戦後、幼果期にジベレリン（植物ホルモンの一種）処理をすることによって種なしぶどうが作られ、食べやすく広く普及した。ブドウはまた多くの品種が作られ、海外から移植もされている。

イチゴ◉イチゴ（苺）はたくさんの種類が温帯から亜高山帯まで多くの地域に自生する。日本では清少納言の『枕草子』に「あてなる（愛くるしい）もの」として、可愛らしい子供がイチゴを食べている姿が述べられている。この頃のイチゴはキイチゴで、栽培されていた。ヨーロッパではキイチゴの栽培は一四世紀に始まり、一八世紀にオランダで品種改良によって大粒のイチゴが作られた。イチゴはクリームとの相性がよく、ヨーロッパでは近世以来イチゴを用いた菓子が宮廷で愛好され

図8-2　葡萄棚の下の宴会
河北省で出土した6世紀の塼の図像。
ブドウは当時ハイカラな果物で、このような西域風の宴会は時代の先端をゆくものであった。

た。わが国でもイチゴのショートケーキは洋菓子の定番である。イチゴは本来五〜六月の果物であるが、わが国で現在最も消費の多い時期は冬である。これはハウス栽培などの栽培技術の進歩にもよるが、クリスマスケーキにイチゴを多量に使うようになってからである。

❷ウメとカキ

東洋◉この二つは東洋の果物である。ウメは中国の原産で日本には弥生時代から古墳時代に伝来し、『万葉集』に多く詠まれている。しかしすべて梅の花を愛でてであった。ウメの果実は酸っぱく、古くは梅酢が酢の主力で、果物として生食されることはなかった。梅干は平安時代半ばに薬用として用いられ、鎌倉時代以降に庶民に普及し、戦国時代には兵食に取り入れられた。梅干に赤じそを加えて赤色と香りをつけたのは徳川家康の発案といわれる。中国では梅干は塩抜きをして砂糖漬けにし、菓子にして食べる。

カキの自然分布は東アジアに限られ、日本にも自生するが、中国で古くから栽培され、奈良、平安時代に渡来した中国の品種が現在のわが国のカキの祖になっている。中国からのカキはほとんどが渋柿で現在も中国には甘柿はまれであるが、わが国では一四〜一五世紀に甘柿が作られた。渋柿は渋抜きをしてさわし柿にし、また干し柿が一三世紀頃から普及した。江戸時代には多くの渋柿の品種と特産の干し柿、吊し柿が各地に作られた。明治になるまでカキはわが国で最も親しまれた果物であった。

❸瓜類

アフリカ◉スイカ（西瓜）やメロンなどの瓜類《うり》はアフリカが原産地で、古くは砂漠の周辺のオアシスに、今のリンゴほどの大きさの果実をつけ、甘味はほとんどなかった。紀元前五世紀にはエジプトで苦味の少ないスイカとメロンが栽培されるようになった。スイカは一一世紀にウイグルから中国に伝わり、日本へは室町時代から戦国時代にかけて伝来した。江戸時代に上方と江戸の近郊で栽培が盛んになったが、初めは下賤のたべものとされ、のち庶民に広がり、やがて武家も食べるようになった。この頃のスイカは甘さが少なく、現在のような大玉で甘いスイカは明治以後の外国種の導入と品種改良の成果である。

メロンは古代ギリシア時代以来甘味のない瓜としてサラダや煮込み料理に用いられる野菜であったが、数世紀にわたる品種改良の努力で少しずつ果実が大きくなり、香りと甘味が増した。果物として再評価されたのは一四世紀イタリアにおいてであり、一五世紀末にはフランスに伝わり宮廷で珍重された。わが国には比較的新しい果物で、最高級品のマスクメロンは高価であるが、マクワウリ（真桑瓜）との交配によるプリンスメロンが庶民に普及した。ほかに夕張、アンデス、クインシー、アムスなど多くの品種が市販されている。輸入メロンのハニーデューもよく食される。わが国では一六世紀に美濃《みの》（岐阜県）の真桑村で甘い瓜のマクワウリが品種改良で作られ、明治時代にスイカが普及するまではマクワウリが夏の果物の王であった。

❹柑橘類

アジア原産◉柑橘《かんきつ》類はほとんどがアジア原産で、変異を起こしやすく、多数の種類がある。日本では古代タチバナ（橘）とユズ（柚）の原種が自生していたが、食用にならなかった。聖武天皇の時代に現在のミカン（蜜柑）の祖先となるコウジ（柑子）の栽培種が中国から伝来した。室町時代には柑橘類の品種が増え蜜柑《みかん》の名が現れるのは一六世紀頃である。この頃紀州（和歌山県）でこみかんと呼ばれる品種が九州から導入され、盛んに栽培された。寛永年間（一七世紀中頃）紀州みかんが海上輸送で江戸に送られ、江戸市民に熱狂的に愛好され、全国に広まった。紀州みかんは甘いが種子が多かった。現在は種子を含まず大粒で食べやすいウンシュウミカン（温州蜜柑）が主流である。これは現鹿児島県長島で江戸時代に中国より渡来の柑橘の中から突然変異で発現し、中国浙江省温州の名に因んで命名されたものである。また近世以降各地でなつみかん、はっさく、いよかん、さんぽうかんなどの柑橘類が作られた。

ヨーロッパには自生の柑橘類はなく、アレクサンドロス大王がインド遠征の時シトロンを持ち帰り、これは四～五世紀にイタリアで栽培された。インド北部原産のオレンジとレモンが中世に中国を経てヨーロッパに伝わり、地中海沿岸で栽培が始まったが、貴重品であり、王侯貴族だけが賞味した。一七世紀頃からオレンジとレモンがアメリカで大規模に栽培され普及した。グレープフルーツは西インド諸島のバルバドス島でブンタンの自然交配によって作られ、一八二三年フロリダに導入され、以来アメリカが最大の産地になった。わが国での西洋系柑橘類の普及は第二次世界大戦後アメリカ経由である。

❺熱帯の果物

バナナ◉バナナは東南アジアの熱帯降雨林が原産で、一万年以上も前から栽培されていた。バナナは初め種子があり苦かったが、何千年にもわたる栽培の間に甘味はないが苦味やえぐ味の少ない品種が得られ、太平洋の島々の人々の主食となり、主に蒸し焼きにして食べられた。一四世紀にはアフリカ全土にも普及した。近代になり甘いバナナが作られたが、輸送が難しく、ヨーロッパにバナナが登場するのは一九二〇年代になってからである。日本には明治時代中頃に伝来し、日清戦争で台湾を領有してから甘味の強い台湾バナナが大量に作られ、安価で普及した。現在のバナナは種なしであるが、これは通常の二倍体を三倍体に変えて作られた。甘くないバナナは現在でも熱帯地域の各地で主食である。

パイナップル◉パイナップルはブラジルが原産で、コロンブスがヨーロッパに伝えた。各地で栽培され、一八世紀にはヨーロッパで人気を集めたが高価であった。庶民にはパイナップルは長くジュースか缶詰でしか接することがなかった。わが国でもパイナップルは缶詰で普及し、生果が入手できるようになったのは比較的最近のことである。近年パパイア、マンゴー、ドリアンなどの熱帯果実も輸入されるようになった。

❻ナッツ類

主食◉日本では縄文時代、クリ、トチ（栃）、ナラ（楢）などの木の実が主食であり、渋抜き、乾燥の技術も発達したが、果物という意識はなかった。

中国を中心とする東アジアでは木の実を与える木の種類は古来多かったが、ナッツとして利用する習慣は発達せず、普遍的利用はクリくらいであった。ナッツに対する嗜好はヨーロッパでは古来極めて大きい。

クリ◉クリはわが国のほか中国、ヨーロッパ、アメリカなど世界の温帯に広く分布し、古くから利用されてきた。日本ではクリは渋抜きの不要な木の実として縄文時代の主食であり、栽培林も作られた（17・1参照）。現在わが国で栽培されるクリは全国に自生するシバグリを品種改良したものである。中国のクリは甘味が強く渋皮が剝けやすいのが特徴で、甘栗の原料である。ヨーロッパのクリは大粒だが味はわが国のクリより劣るといわれる。クリは焼き栗、茹で栗のほか、シロップ漬け、マロングラッセなどの洋菓子および栗きんとんなどの和菓子に広く用いられる。シイ（椎）の実は生までも食べられるが、軽く煎《い》ると美味い。殻を爪で割って食べる。以前は夜店などで売られ、子供のおやつであった。

クルミ◉クルミは東アジアとペルシア地方が原産地で、わが国にはオニグルミ、ヒメグルミ、ノグルミなどが自生し、縄文時代から食用された。平安時代にはクルミ、カヤ（榧）、ハシバミ（榛）などのナッツが食品として記録されている。品種としてはペルシア胡桃が優れ、これはシルクロードを通って漢代に中国にもたらされ、日本には一八世紀に伝来した。

アーモンドは小アジアが原産で、早くにヨーロッパに伝わり、クルミ、クリとともに最も重要なナッツで味と歯触りが愛好された。中世以来高級料理や菓子に、スライスし、つぶし、粉にし、あるいは煎ったアーモンドがよく用いられた。粉にして水か牛乳と煮詰めたアーモンドミルクや砂糖と練ったマジパンもよく用いられた。わが国でもアーモンドは舶来ナッツ類の中で最もよく用いられ、主に洋菓子の素材である。

ピーナッツ◉ピーナッツはブラジルが原産でコロンブスによってヨーロッパに伝えられ、後西アフリカ、インドを経て中国に伝わり、日本には一八世紀初頭に渡来し、南京豆《なんきんまめ》または落花生《らっかせい》と呼ばれた。アメリカでは南北戦争の時に食料として評価され、戦後大規模な栽培が始まった。わが国では明治の初めアメリカから種子を入手し栽培を始めた。ピーナッツのほかカシューナッツ、ペカン、マカデミアなどのナッツが新大陸やオーストラリアから近代にヨーロッパにもたらされ、新しいナッツとして普及し、わが国でも比較的最近から用いられるようになった。

9 菓子

甘いもの◉洋の東西を問わず大部分の菓子は甘く、甘いものを好む人は多い。人間は他の動物よりも甘味に対する感覚が鋭いといわれる。菓子の甘味はほとんどの場合砂糖によるが、砂糖は古来長く貴重品であり特権階級だけが賞味できた。ヨーロッパでの甜菜《てんさい》糖の生産と植民地における蔗糖《しょとう》の生産によって、甘い菓子が庶民に普及するのは二〇世紀になってからである。欧米では料理に砂糖を使わず、食後に甘いデザートをたっぷり食べる習慣があるが、わが国では料理に砂糖を使い、食後に甘いものを食べる習慣は昔はなかった。わが国では菓子は間食用で、特に茶を飲む時に必要であった。欧米では大の男も子供に負けぬほど食後のスイーツを食べるが、間食はしない。一六世紀には菓子はフランス料理の一部をなし、一七世紀の王室の宴会には菓子がメニューに記載された。

9・1 西洋の菓子

菓子のようなパン◉パンを焼く時に、小麦粉に牛乳、卵、油脂などを加えると柔らかいパンができ、その添加量によっては菓子になる。パンと菓子の境界ははっきりしない。現在イギリスのスコーン、フランスのクロワッサン、ブリオッシュなど、菓子に近いパンが朝食に食されている。古代エジプト、ギリシア、ローマ時代では普通のパンのほかこのような添加物が入り、またナッツ、干した果物、蜂蜜などを含んだ菓子のようなパンを焼いた。ローマ時代貴族たちの食生活が豊かになると、パンとはっきり分かれた菓子が作られるようになった。パンは食事の要素であるが、菓子は余裕の嗜好品で、食生活のゆとりを示している。古代以来甘味料は蜂蜜が主であり、干しぶどう、干しいちじくなども用いられた。中世半ばから宮廷では食事の最後はチーズに続いて甘いデザート菓子が供されるようになった。

生地◉小麦粉の菓子を作る生地には、パンと同様な発酵生地のほか、ビスケット生地、スポンジ生地、パイ生地、シュー生地などがあるが、これらは中世から近世にかけてヨーロッパで開発された。共通の素材は小麦粉、牛乳、バターなどの油脂と卵で、これらを混ぜて硬めに焼くとイギリスではビスケット、フランスではサブレ、アメリカではクッキーになる。ビスケットは元々は二度焼きの意で、パンを二度焼きして保存性を高めたもので、大航海の船員の糧食になった。

ビスケット生地の材料のうち、卵を攪拌《かくはん》して泡立てた生地を焼くとふんわりしたスポンジケーキができ、一五世紀末スペインの前身のカスティーリャ王国で考案された。これは以後ショートケーキなど多種類のケーキの台となった。フランスの銘菓のタルトはビスケットで作った容器型に砂糖漬けの果物などを載せたものであるが、ドイツのトルテはスポンジの台を使い、両者は共通の祖先に由来する。ちなみにわが国のカステラは一六世紀半ばにポルトガル人に教わったスポンジケーキを芸術的に昇華させ、それ自体で賞味に堪える菓子に仕上げたものである。

小麦粉の薄い層とバターの層を重ねたパイ生地を、何度も折り畳んで焼くと、バターが溶けて小麦粉の層が何枚もの紙を重ねたようになり、独特の口当たりを与える。一七世紀半ばフランスでの発明で、これからフランス菓子のミルフィーユやリーフパイが作られた。

シュー生地の塊を焼くと内部が水蒸気によって膨らんで空洞ができ、やがて卵の熱凝固によって空洞のまま全体が丸く固まる。この空洞に具を入れる。わが国ではカスタードクリームを入れたシュークリームが普及している。この菓子のフランス名はシュー・ア・ラ・クレームで、キャベツ（シュー）の形のクリーム菓子の意である。

近世◉西洋の菓子は一七世紀から一八世紀に大発展し、現在の菓子はほとんどこの時期に作られた。それには砂糖が入手しやすくなったことと、冷却、冷凍技術の進歩の貢献が大きい。上述のいろいろな小麦粉の生地に生クリーム、砂糖漬けの果物、干した果物、ナッツなどを組み合わせて、各国で多様な菓子が作られた。ゼラチンも近世に用いられるようになり、ババロアやムースなどの冷菓が普及した。卵や生クリームを泡立てる道具や、生地を絞り出す布製の袋に口金のついた道具も一九世紀初めに作られた。わが国でよく知られている、欧米主要国の歴史的銘菓の例は次のようである。

イギリス：ビスケット、パウンドケーキ、プディング、プラムケーキ
フランス：タルト、ミルフィーユ、クレープ、マドレーヌ、マカロン、モンブラン、ババロア
ドイツ：バウムクーヘン、シュトーレン、プレッツェル、ザッハトルテ（オーストリア）
イタリア：ティラミス、パネトーネ、パンナコッタ、ビスコッティ

アメリカ：ドーナッツ、アップルパイ、マフィン

チョコレート、チューインガム◉一六世紀にチョコレートが南米からヨーロッパに伝来し、新しい飲み物として上流社会に流行したが、菓子としての固形のチョコレートは一九世紀前半に現れ、スイスで初めてミルクチョコレートが作られた。以来チョコレートはそれ自体が菓子の重要な一部門をなすとともに、他の菓子にも配合されるようになった。チューインガムもメキシコのサポディラの樹脂を嚙む風習が一九世紀アメリカに伝来し、ミントや砂糖を加えて菓子になったが、第一次および第二次世界大戦後アメリカ軍の兵士によって世界に広まった。

冷菓◉古代ローマ帝国の皇帝は夏期にアルプスから万年雪を奴隷に運ばせ、蜂蜜で甘くして食べていた。シャーベットの祖型である。一六世紀にはイタリアで氷に硝石（硝酸カリウム）や塩を混ぜて低温を作り、果汁やワインをシャーベットにする技術が開発され、カトリーヌ・ド・メディシスによってフランスに伝えられた。一九世紀にはアンモニア圧縮型製氷器が発明された。素材にクリームを入れ、細かい気泡をたっぷり含ませて凍らせたものがアイスクリームで、イギリスで一七世紀に初めて作られ、一九世紀後半にアメリカで大量生産されるようになり、庶民的な冷菓として世界に広まった。アイスクリームは普遍性が高く、世界のどの食文化にも受容されている。今は夏だけでなく、冬でも部屋を暖かくしてアイスクリームを食べる時代である。

クリスマス◉菓子は宗教との結びつきが深く、キリスト教の祭日にはそれぞれ特別の菓子があり、国

により、また地方により特色もある。クリスマスの菓子としては、イギリスはクリスマスプディング、フランスはビュッシュ・ド・ノエル、ドイツはシュトーレン、イタリアはパネトーネで、アメリカと日本ではスポンジケーキを生クリームで飾った菓子で祝う。現在ヨーロッパでは来客があったり、祝い事の日には、料理は普段と変わらなくても、手作りのケーキを家庭で特別に作る慣習が生きている。

9・2 日本の菓子

古代◉縄文時代から奈良時代中頃まで日本では果物が菓子であった。古代からの甘味料は、朝鮮半島から蜂蜜が伝来したが定着せず、甘葛《あまずら》など甘い植物の汁が用いられた。でんぷんを糖化した飴は古代から知られていた。日本の菓子の歴史は唐菓《からくだ》子《もの》で始まる。奈良時代から平安時代にかけて、遣唐使によって中国から伝来した唐菓子は米粉または小麦粉を捏《こ》ねていろいろの形に作り、油で揚げたり、焼いたものであった。唐菓子は宮廷で貴族たちによって文明のたべものとして珍重されたが、平安時代末にはほぼ消滅した。しかし唐菓子は後年そうめん、うどん、おこし、団子《だんご》などになって復活した。

中世◉室町時代中国の宋から禅宗が伝わると、それに伴って点心が伝来した。点心は禅寺で食事の間に取る軽いたべもので、麵類やようかん、まんじゅうなどが含まれた。まんじゅうは中国では豚肉や羊肉を使った食品であったが、わが国では穀物の粉に、香味野菜を細かく刻んだものなどを混ぜて作り、味噌をつけて食べた。やがて中国から砂糖が少しずつ輸入されるようになると、砂糖を加えた砂糖ようかん、砂糖まんじゅうが作られた。しかしいずれも高価で庶民とは縁のないたべものであった。一方茶道の発展とともに茶菓子がいろいろ考案された。千利休《せんのりきゅう》が好んだ茶菓子はふの焼きで、といた小麦粉の平焼きの片面に味噌を塗って巻いたものであった。

南蛮菓子◉中世末期、ポルトガル人が種子島に漂着してから西欧人の渡来が頻繁となり、南蛮菓子が伝えられた。カステラ、金平糖《こんぺいとう》、有平糖《あるへいとう》、ボーロ、カルメラなどで、わが国は小麦粉と砂糖、それにそれまでほとんど食用にしなかった鶏卵をふんだんに使った菓子を知ることとなった。宣教師たちはこれらの菓子を布教に用いた。日本はやがて鎖国政策を取り、新しい南蛮菓子の渡来はなくなったが、日本の菓子職人は伝来した南蛮菓子をわが国の技法で和風に改変し、和菓子の一部に育て上げた。

江戸時代◉江戸時代になると中国からの砂糖の輸入が増え、中期には琉球の黒糖に加えて国内の甘蔗糖の生産も軌道に乗った。かくて多種多様の和菓子が創製され、改良された。菓子は甘いものとの認識が確立し、嗜好食品として庶民の食生活に定着した。菓子と同様な扱いであった果物が水菓子と呼ばれて加工食品の菓子から分離した。中世以来京都が菓子作りの中心で、京菓子は上菓子と呼ばれ、地方の菓子は雑菓子と呼ばれた。しかし金沢、松江のような茶道の盛んな地方都市には優れた菓子が発達した。日本の菓子の主要な材料は砂糖のほか米と米粉、小麦粉、そして餡の材料の小豆である。西欧や中国の菓子に比べると、わが国の菓子は脂肪分をほとんど含まず、味が淡泊なことが特徴である。江戸末期までに現在ある和菓子の大部分が作られた。

米から◉もち米を搗《つ》いた餅は弥生時代からあり、丸い鏡餅は神への供物であった。中世になって塩味の小豆餡や味噌を包んだ餅が茶菓子になり、江戸時代には甘い小豆餡を包んだ大福餅やあんころ餅が市民に愛好され、牡丹餅《ぼたもち》、おはぎなどが季節の行事に合わせて作られた。

また小さく欠いたり、薄く切った餅を焼いたかき餅は農家の間食であったが、醬油が普及すると醬油を塗ったかき餅になり、細かく刻んだ餅からはあられが作られ、米菓と呼ばれる菓子の一分野を形成した。炊いたうるち米をへらでつぶし、わらじ形か団子にして串に刺し、ごまだれなどをつけて焼いた御幣餅(五平餅)は伊那、木曾地方の名物である。蒸したもち米を寒気にさらして水分を除いた道明寺糒《ほしいい》は旅人や軍兵の携帯食であったが、蒸して餡を包み、塩漬けした桜の葉で挟んで桜餅が作られた。関東風の桜餅は小麦粉の薄焼きを折って餡を包む。

米粉から◉米粉は取り扱いが楽で、作業効率もよいので菓子の材料としては米よりも広く用いられた。米粉からの餅で餡を包んだ餅菓子には草餅、柏餅などがある。椿餅は『源氏物語』に現れ、餅を草木の葉で挟む菓子の祖形である。江戸時代には上しん粉、白玉粉、みじん粉など精細な米粉が作られ、これらから新しい菓子が考案された。ちまき(粽)は古代から保存食品であったが、江戸時代には上しん粉から作る菓子になった。求肥《ぎゅうひ》は白玉粉から作り、飴のように柔らかい餅で、羽二《うい》重餅のほか、多種類の餅菓子の素材となった。外郎《ろう》は少量の水と練った米粉に砂糖を加え、蒸して作る。中国の元朝で礼部員外郎なる役職にあった渡来人が伝えたものである。米粉を砂糖、水飴などと少量の水でもみ混ぜ、模様を彫った木型に詰めて成形し、焙炉《ほいろ》に入れて乾燥すると落雁《らくがん》となる。打ち物と呼ばれる干菓子で、上菓子であり、茶の湯に用いられる。

米粉以外の穀粉や豆の粉を用いた地方銘菓もある。団子は唐菓子の団喜が起源とされるが、江戸時代中頃から米粉やほかの材料を使い、いろいろな団子が売られるようになった。団子を竹の串に刺すのは江戸時代後期の工夫である。江戸時代中期以降主要な街道の宿場、立場、峠などに餅や団子を売る店や茶店が繁盛した。

小麦粉から◉南北朝時代に宋からの帰化人によってまんじゅうが初め奈良で売り出された。江戸時代には石臼の普及によって小麦粉が入手しやすくなり、皮や餡にいろいろ工夫を凝らした、多種類のまんじゅうが各地で作られた。きんつばは天和年間（一七世紀末）京都でうるち米粉の皮で餡を包み、焼いてぎんつばと名付けられたが、江戸に移って小麦粉の皮に変わり、形も名称も変わった。煎餅《せんべい》は空海が唐から将来したという。小麦粉からの甘味の焼き菓子で、全国に多くの名物がある。関東ではうるち米粉を原料とし、型に抜いて焼いた後醤油を塗った草加煎餅の系統が江戸時代末期に作られ、これが関東では煎餅と呼ばれている。江戸時代中期以降江戸や上方では大勢の菓子職人が働いていた。

寒天◉米、小麦粉以外の菓子の材料には、豆、豆粉、クズ（葛）、そば粉、トチ（栃）の実粉、クリなどがあるが、一七世紀半ばに発明された寒天（5・2❻参照）から練《ねり》ようかんが創製された。ようかんは室町時代に点心の一つとして渡来したたべものを和風に改変し、小豆粉、葛粉、もち米粉を甘味料と混ぜ、蒸した菓子であったが、戻した寒天と砂糖を練った練ようかんは日持ちもよく、味わいも深く、和菓子の重要なアイテムとなった。このほか飴《あめ》を固めたいろいろな飴菓子があり、飴細工もあって江戸時代下町で人気を呼んだ。液体の甘いものにはしるこ、ぜんざいがあり、江戸はこし餡のしるこ、上方は粒餡のぜんざいが屋台や茶店で客を呼んだ。和菓子は季節との関わりが深く、新年、桃の節句、端午の節句、盆、仲秋の名月、彼岸などにそれぞれの菓子があり、それらの菓子を食べることで日本人は季節の移ろいを実感してきた。

洋菓子◉明治時代になり欧米の菓子が流入してきたが、「バター臭い」といってなかなか普及しなかった。しかし大正から昭和初期になり、子供のおやつの習慣が定着するようになると、ビスケット、キャンディー、キャラメル、チョコレートなど工場生産された洋風菓子が上流、中流家庭の子供たちによって消費されるようになった。わが国でのミルクキャラメルの発売は大正二（一九一三）年で、ミルクチョコレートの発売は大正八（一九一九）年である。しかし下町の子供たちは縁日や屋台、そして裏通りの駄菓子屋で飴玉、塩煎餅、かりんとう、はっか糖、にっき、のしいかなどを楽しんだ［**図9-1**］。

ケーキと呼ばれる洋生菓子は開港当時の横浜に始まり、昭和初期には東京銀座に専門店が現れていた。また神戸には第一次世界大戦で捕虜になったドイツ人、ロシア革命から亡命した白系ロシア人が洋菓子店を開き、大人の菓子が主に若い女性たちによって消費を増やしていった。アイスクリームは第二次世界大戦前は高級な食品であった。日本のかき氷は明治の初め氷を鰹節《かつおぶし》削りのかんなで削ったものが始まりで、明治中頃にはみぞれ、イチゴ、レモンなどのシロップをかけるようになり、専用の氷削り機も考案された。

戦後◉戦後の混乱の後、生活が豊かになり、飽食の時代になると多彩な和菓子、洋菓子が大量に市場に現れるようになった。一九五一年東京渋谷の百貨店、次の年大阪梅田の百貨店がのれん街と称して菓子の名店を一か所に集めた。かくて客は労せずに京浜地区、京阪神地区の老舗の和菓子、洋菓子をいつでも購入できるようになった。名店街のスタイルは全国に広がり、主要都市の百貨店では銘店の菓子が常時提供されている。百貨店の信用に加えて、中元、歳暮などの贈答習慣の隆盛と

図9-1　路地裏の駄菓子屋
伊藤晴雨『江戸と東京風俗野史』より

相俟って、デパ地下での菓子の販売は菓子産業で大きな重みを持っている。さらに一九五五年の冷蔵ショーケースの開発は生まもの、特にケーキ類の展示販売に大きく貢献し、加えて菓子売り場に華やぎを与えた。

二月一四日のバレンタインデーには女性が男性にチョコレートを贈って愛を伝える。この日本独特の風習は一九六〇年頃からいくつかの菓子店が呼びかけ、一九八〇年代にはブームとなり、今は社会的イベントである。わが国のチョコレートの年間消費量の二〇％以上がこの一日で消費されるという。ティラミスのブームは一九九〇年春のある女性誌の特集記事から始まり、やがてこのイタリアの地方菓子が日本の全国に広まった。このような菓子業界、マスコミ、流通業界の主導でその後人気を呼んだ菓子にはチーズケーキ、ナタデココ、パンナコッタ、シフォン、クイニーアマン、ベルギーワッフル、クレープなどがある。

高級菓子とは別にスーパーマーケットでは餅菓子、団子、どら焼き、煎餅、米菓などと、大量に工場生産されるクッキー、チョコレート菓子、プリン、ゼリー菓子、ポテトチップスなどが安価に提供され、子供たちの食事スタイルを乱すほどである。裏通りで売られていた菓子は今は昔菓子と呼ばれて大人に懐かしがられる。日本人の知恵による和洋折衷の菓子は、明治初期のあんパン、ジャムパンに始まるが、スイートポテト、いちご大福、雪見大福、チーズ煎餅などが発明されたほか、洋菓子の生地に小豆餡、抹茶《まっちゃ》、黄粉《きなこ》、黒豆などを組み合わせた製品や、和菓子に牛乳、クリーム、チーズ、チョコレートなどを組み合わせた製品が多数市販されている。

10　茶とコーヒー

10・1　茶

❶緑茶

喫茶◉茶の木の原産地は中国西南地方の四川《しせん》省、雲南省の辺りで、この地方の少数民族は早くから茶の葉を食べ、飲み物にしていた。やがて漢族が漢方薬の手法で茶葉を煎《せん》じて飲むようになり、紀元前後には喫茶《きっさ》の風はかなり広がり、製品が市販されもしていた。気力高揚の薬であり嗜好飲料であった。唐代（七〜一〇世紀）には喫茶が大流行になり、七六〇年頃陸羽《りくう》が世界最初の茶書の『茶経』を出版した。「茶は南方の嘉木なり」の書き出しに続いて茶の製法、飲み方、効用が記載されている。当時は摘んだ茶葉を蒸し、臼で搗いて塊状に成形後、乾燥し、飲む時は必要量を切り取り、薬研《やげん》で粉にして釜の湯に入れ、よくかき混ぜて碗にとって飲んだ。このような茶は団茶または餅茶《へいちゃ》と呼ばれる。空海、最澄、永忠らの遣唐使が日本に持ち帰った茶はこの団茶で、平安時代を通して、宮中の文化人貴族たちが漢詩を朗じながら茶を飲んだ。

抹茶◉中国では唐から宋に変わった頃（九六〇年）、蒸した茶葉を成形することなく乾燥し、粉末にして碗に取り、湯を注いで匙《さじ》、のちには茶筅《ちゃせん》でかき混ぜて飲むようになった。抹茶《まっちゃ》で、粉末にする前は碾茶《てんちゃ》と呼ぶ。僧栄西《えいさい》（一一四一—一二一五）が臨済禅とともに建久二（一一九一）年宋から招来した。栄西は建保二（一二一四）年請われて源実朝の病気（二日酔い）平癒の加持祈禱《かじきとう》を行った時、一碗の茶と『喫茶養生記』なる自著の冊子を献上した。「茶は末代養生の仙薬なり。人倫延齢の妙術なり」と記されている。茶は薬であり健康飲料であった。栄西が持ち帰った茶の木は京都高山寺《こうざんじ》の明《みょう》恵上人《えしょうにん》（一一七三―一二三二）によって洛南の宇治で栽培され、以来宇治が日本の茶業の中心になった。

喫茶は禅宗寺院で重んぜられ、座禅など修行の合間に行われ、「茶禅一味」といわれた。禅宗寺院が全国に広がるにつれて喫茶の風も広がり、各地の大名、豪族、豪商らにも普及が始まり、各地に茶園も作られた。いろいろなスタイルの茶会があったが、舶来の品物を見せ合う茶会が優勢となった。わが国は宋から多量の銅銭のほか絵画、書、茶碗、花器、香炉、壺、釜などを輸入し、その中には名物と呼ばれた逸品もあった。戦国時代になると諸大名は堺、博多の商人からこれら名品の唐物を入手し、見せ合う会で茶を喫した。織田信長は特に熱心で、かなり強引な手法で名物を集めた。信長は優れた戦功のあった武将に名物を与え、また茶会を開くことを許した。茶会は信長の勢力下では勝手に開くことはできなかった。

信長の後天下を統一した豊臣秀吉の茶は大きく変わり、大坂城の茶会や北野天満宮の大茶会のように大勢が賑やかに茶を飲むことを好んだ。しかし抹茶を飲む風習は概ね特権階級だけのものであった。もっとも鎌倉時代後期から洛中の社寺の門前や路傍に一服一銭など参詣者や道行く人に茶を振る舞う風習が興っていた。

茶の湯◉戦国時代大名たちに交じって堺や京都の商人が茶会に参加したが、その中からわび茶が生まれた。室町時代末期、世は戦乱に明け暮れ、各地も荒廃した。この騒然とした世の中にかえって精神的な高揚を求める気風が広がり、能や連歌が興った。茶を精神的高揚と静寂の中に味わおうとの動きは奈良称名寺の僧村田珠光《むらたじゅこう》（一四二三―一五〇二）に始まった。それまでの唐物を集めた茶会でなく、備前焼や信楽焼《しがらきやき》などの素朴な道具を用いて茶を点《た》てた。わび茶と呼ばれ茶の湯の始まりである。

この運動は武野紹鷗《たけのじょうおう》（一五〇二―五五）を経て堺の商人千利休《せんのりきゅう》（一五二二―九一）に伝えられ、彼によって完成した。茶室は畳二帖もの狭さで、そこで主人は客に懐石料理を勧め、茶を点てた。茶室へは身分にかかわらず身を屈して躙《にじ》り口から入り、茶道具や茶室の飾りは素朴であった。利休は簡素の中に深い精神性に支えられた喫茶の作法を確立した。禅の思想と老荘の無為自然の思想が根底にあったと思われる。わび茶は新興都市堺の商人の間で盛んになり、大名の間にも広がった。

利休は秀吉の茶頭《さどう》として茶事一切を支配したほか、政治の中枢にも関与したが、秀吉の不興を買い、天正一九（一五九一）年自刃した。江戸時代になると利休のわび茶は弟子や子孫に受け継がれた。孫の千宗旦《そうたん》（一五七八―一六五八）は三人の息子を独立させ、表千家、裏千家、武者小路《むしゃのこうじ》千家の三千家を創設するとともに、彼らを地方の有力藩主に仕官させ、わび茶の拡張を図った。一方利休の弟子でも大名たちの中で古田織部《ふるたおりべ》（一五四四―一六一五）、織田有楽斎《おだうらくさい》（一五四七―一六二二）、小《こ》堀遠州《ぼりえんしゅう》（一五七九―一六四七）らはわび茶と違った武家風の茶道を建て、大名茶として多くの藩に広がり、松江の松平不昧《まつだいらふまい》（一七五一―一八一八）のような茶人の藩主も現れた。千家の茶の湯は各地の富裕な町人や農民にも広がって多くの流派ができ、家元制度も整った。

抹茶の生産は初夏八十八夜（立春から八八日目の日）の頃茶葉の新芽と二、三枚の若葉を摘み、蒸《せい》籠《ろ》で蒸し、焙炉《ほいろ》で加熱しながら乾燥し、茶臼で粉末にする。一六世紀に摘葉の二〇日ほど前から茶園を葦簀《よしず》で被覆し、陽光を遮《さえぎ》るようになった。茶葉は減少した陽光を十分に利用するため葉の厚さを薄くし、葉緑素を増やす。同化作用や代謝が低下するのでタンニンが少なくなり、アミノ酸が蓄積する。かくて濃い緑色で、うま味が多く、渋味の少ない茶が得られる。

煎茶◉承応三（一六五四）年に来日し、宇治に黄檗《おうばく》山万福寺《まんぷくじ》を創建した明《みん》僧隠元《いんげん》（一五九二―一六七三）が煎茶《せんちゃ》を伝えた。中国では明《みん》代には抹茶は廃れ、茶葉を釜で炒って揉んだ煎茶を飲むようになった。元文三（一七三八）年宇治近郊で茶園を営んでいた永谷宗円《ながたにそうえん》（一六八一―一七七八）が抹茶の技法を煎茶の生産に取り入れた。摘んだ茶の若葉を蒸し、焙炉中で両手で丁寧に揉みながら加熱乾燥し、粉末にすることなく急須《きゅうす》に取り、湯を注ぐ。この方法で透明できれいな薄緑色の茶が得られ、味も香りも優れていた。蒸した茶葉を揉むことは葉の細胞を傷つけ、細胞内の香味成分の滲出《しんしゅつ》を容易にするもので、煎茶は抹茶と全く違った風味の茶になった。宗円の煎茶は江戸の茶商が高く評価し、市販して大人気となった。八百善《やおぜん》などの料亭が採用し、やがて江戸中に広まったが、高価であり、庶民のものではなかった。現在我々が飲む煎茶である。

急須は書道で使う水滴《すいてき》という水差しから変形したものでティーポットであるが、日本の急須は注ぎ口に対して直角に把手《とって》がついており、江戸時代後期の発明である。畳の上で膝前に茶を淹《い》れるのに好都合であった。江戸時代後期一九世紀には抹茶の茶道に準じた煎茶道も創設された。

摘んだ茶葉をまず加熱することは細胞内の酵素を失活させるためで、これにより葉緑素の分解、タンニンの酸化重合などの代謝が阻止され、生葉の緑色と安定な香味が保持される。この操作は殺《さつ》青《せい》と呼ばれ、代表的な殺青技法は蒸す方法と釜で炒る方法である。日本の抹茶と煎茶は蒸して作られるが、中国では明代以来現在も釜炒り法が用いられている。

天保六（一八三五）年、江戸の茶商が宇治で、抹茶製造の際のように被覆遮光《ひふくしゃこう》した茶園の茶葉を用いて煎茶を作り、玉露《ぎょくろ》と命名した。濃緑色で濃厚な香味の茶で、高級品である。

茶色の茶◉宇治では抹茶生産用に新葉を摘んだ後、しばらくして大きく伸びた成葉を集め、鍋で煮て揉むことなしに乾燥した茶を京番茶と呼び煮出して飲んだ。淹れた茶の水色《すいしょく》は茶色である。大きく硬い成葉を用い、粗放な技法で製した茶を番茶と総称するが、全国各地に多くの種類の番茶があった。江戸時代には全国の農民や町人にも茶を飲む風習が広がっていたが、水色が緑色の抹茶や煎茶は高価で庶民に無縁であった。最も原始的な番茶は古い茶の葉を集めそのまま天日乾燥か陰干ししたもので、山野に自生するヤマチャやカキなど雑木の葉も混じった。多くの地方では摘んだ茶葉を煮るか釜で炒るかの加熱操作が入った。農家では毎朝囲炉裏《いろり》にかけたやかんに一握りの茶を入れて終日煮立て、人々は随時茶を飲み、少なくなると湯を足した。江戸時代江戸や大坂の町民が飲んだ茶は刈茶《かりちゃ》で、大きく伸びた茶葉を釜で炒り、むしろに挟んで大まかに揉み、釜で炒るか天日で乾燥した茶で［**図10-1**］、土瓶《どびん》に入れて湯をさし、湯は日に何度も足した。茶色の茶であった。戦後煎茶が一般に普及したのち、あらためて茶色の茶が懐かしく、番茶、ほうじ茶、玄米茶を好む人もある。

明治以後◉幕末諸外国との通商条約が成立すると、安政六（一八五九）年、早速アメリカから大量の緑茶の注文があった。輸出に価する茶は煎茶であったが、煎茶は当時は上層階級だけが飲み、生産量が少なかった。そこで政府の指導もあり、全国の茶園は一斉に煎茶製造用に製品の品質の向上と生産量の増大に努めた。明治時代茶は生糸《きいと》についで重要な輸出品であった。わが国の茶業界は茶園を拡大し、機械化による生産性の向上を遂行したが、この過程で各地の名産の番茶の多くは姿を消

図10-1
刈茶の生産
大蔵永常
『公益国産考』
（1859）

し、全国どこでも同じような煎茶が製造されるようになった。茶の木の品種も静岡で開発された「やぶきた」にほぼ統一された。第二次世界大戦でアメリカへの輸出がなくなると、煎茶は庶民の日常用に提供されるようになった。しかしどこの家ででも日常的に急須で茶を淹れる風習が定着するのは、戦後も一九六〇年代になってからであった。

明治維新で茶道は主要なスポンサーの武家が没落し、危機を迎えた。しかしやがて明治政府の高官や新しい財界人の中に支持者が現れた。また女学校が行儀作法の規範として茶道を教科に取り入れる風潮となり、全国に広がって多くの茶道流派が栄えた。利休のわび茶の形は保持しつつ、華やかな振袖で茶室が賑わい、全国のお茶の先生たちが忙しい時代になった。

お茶ドリンク◉戦後飽食の世となり、巷《ちまた》には多種類の加工飲料が現れ、一九六〇年代には缶に入って自動販売機で一缶一〇〇円で売られるようになった。急須から茶を飲む所作は、気忙しい時代には合わなくなった。さらに茶にとってアウトドアと夏場が弱みで、茶の消費は減り、茶は最大の危機を迎えた。しかし昭和五六（一九八一）年、缶入りウーロン茶が発売されてブームになり、昭和六〇（一九八五）年には缶入りの煎茶が自動販売機に載ると、無糖飲料として健康志向に添い、コンビニのおにぎりや弁当との組み合わせもよく、缶入りの茶は広く利用された。その後容器がペットボトルに替わっても携帯性の利便が加わり消費は着実に伸びている。しかし緑茶リーフの消費は昭和五〇（一九七五）年をピークとして直線的に減少している。急須で茶を淹れる行為は、単に渇を癒すだけでなく、心の安らぎを伴うものであるが、今の若者にはうとまれる。生活美学の変質である。

❷紅茶

出会い◉一六一〇年（慶長一五年）オランダ東インド会社の商人が肥前平戸《ひぜんひらど》（佐賀県）で茶を買い付け、中国広東省アモイで買った茶とともに本国に送った。茶がヨーロッパに到来した最初である。平戸の茶は九州北部に広がっていた釜炒りの緑茶と思われる。来日したポルトガルの宣教師の中には京都などで茶の湯を経験し、哲学的な様式美に感動した記録もあるが、抹茶も茶の湯もこの時期ヨーロッパに送られることはなかった。わが国はその後「鎖国」政策を取り、茶はもっぱら中国から輸入された。

喫茶の風はオランダ宮廷の貴婦人の間に広がり、神秘的な東洋の香りと味を楽しんだが、苦味と渋味を和らげるために砂糖を加えた。当時砂糖はヨーロッパでも貴重品であり、砂糖入りの茶を、高価な中国製の磁器の茶碗で飲むことは贅沢の極みであった。初めの頃茶は茶碗から受け皿に移し、受け皿から音を立てて啜《すす》り、碗に口をつけない作法であったが、やがて改められた。オランダの商人は茶をヨーロッパ各国に売り込んだが、茶はイギリスで最も愛好されるようになった。

イギリス◉一七世紀前半イギリスは三十年戦争や清教徒革命などで国情が不安定であったが、上流階級の女性たちはオランダから輸入された茶を嗜《たしな》み始めていた。王政復古が成り、チャールズ二世が王位に就くと、一六六二年王妃となったポルトガルのブラガンサ家のキャサリンが大量の茶、砂糖と中国陶磁器を持参し、イギリス宮廷に喫茶の風習が一挙に広がった。貴婦人たちは丸いティーテーブルを囲み、中国の茶道具を並べて茶会を開いた。一七世紀半ばにロンドンにコーヒーハウスが開店し、茶も飲ませ、茶葉も売られた。一八世紀初頭にはロンドンに三〇〇〇軒のコーヒーハウスが営業していた。人々は入場料一ペンス、コーヒーか茶一杯の料金二ペンスを払い、ここで情報を交換し論争した［図10-2］。

一八世紀半ばイギリスにも窯業《ようぎょう》が興って国産の茶器の生産が始まった。把手のついたカップは一七世紀に日本の伊万里《いまり》焼（有田焼）で初めて作られた。中国では一六四四年に明朝が倒れて国情が乱れ、中国からの茶器の供給が不足したので、オランダは一六五九年と一六六七年に合計一六万五〇〇〇組のカップと受け皿を日本の伊万里に注文し、その際新しいデザインの提案の中にカップの

図10-2
ロンドンの
コーヒーハウス
（18世紀初頭）
紅茶を載せた卓の周りで
論争が行われ、
喧嘩も起こっている。
奥のバーメイドが店を
取り仕切っていた。

把手があった。トルコやエジプトの金属製の把手がヒントになったと思われるが、以後欧米の茶とコーヒーのカップには把手がつくようになった。また茶は牛乳を加えて渋味を抑えて飲むようになった。

一九世紀になるとアフタヌーンティーの習慣が定着した。イギリスでは昼食と晩餐《ばんさん》の間の時間が長く、夕方空腹を覚えるので、夕方の四時か五時頃にサンドイッチ、スコーン、ビスケットなどのティーフードとともに茶を飲む。ジョージ五世の王妃メアリはバッキンガム宮殿で毎日午後のお茶会を開き、会後楽しい社交があった。一九世紀イギリスは産業革命で繁栄の時代であり、茶を飲む風習は上流階級から中流家庭、さらに勤労者家庭にまで広がり、茶はイギリス人にとって生活に必須の国民飲料になった。

一九世紀中頃には中国の新茶の時期、イギリスとアメリカの茶商はティークリッパーと呼ばれた三本マストの快速帆船を建造し、茶の運搬の速さを競うティーレースを展開した。しかし一八六九年スエズ運河が開通すると、茶の運搬は蒸気船の時代になった。

紅茶の誕生◉中国から輸入の茶は高級な釜炒り製の緑茶と、武夷《ぶい》茶（Bohea）と呼ばれた低級な半発酵茶であった。ウーロン茶に類する茶である。茶は農民の副業が多く、遠く離れた茶畑で摘んだ茶葉を竹籠に入れて持ち帰り、緑茶におけるように加熱することなく、むしろに広げて干した。かくて茶葉内で発酵が進む。製茶における発酵の語は微生物が関与するものでなく、茶葉内の酵素のランダムな活性化を意味する。手荒い扱いで茶葉の細胞が損傷し空気と触れるので酸化酵素をはじめ諸酵素が作動し、葉緑素など細胞成分の分解、タンニンの重合などが起こる。茶葉は黒くなり、緑茶の香気とはすっかり変わっている。

イギリスでは初め緑茶を薄く淹《い》れるのが上品とされたが、ロンドンの硬い水質と、肉食を主とするイギリス人の食生活には発酵茶の方がよく合い、武夷茶を濃く淹れ、砂糖とミルクを加えて飲む飲み方が主流になった。中国の茶業者がイギリスのこの傾向を察知し、一八世紀後半には発酵の程度を進めた工夫茶《コングウ》（Congou）を開発した。工夫茶は武夷茶よりも味も香りも優れ、値段は二倍であった。紅茶の原型である。中国人は好まなかったが、中国からヨーロッパへの茶の輸出の末期には工夫茶が輸出茶の主体を占めた。

アッサム◉イギリスで茶がすべての階層に普及し、どの家庭でも毎日茶を飲むようになると、中国からの茶の輸入量は膨大になり、支払いのための銀の流出が国家財政上大問題になった。イギリス政府はインド産の阿片《あへん》を中国に輸出して銀の流出を防ごうとし、これがのちの阿片戦争の遠因になる。またイギリスは自国領土内での茶の栽培を目論《もくろ》んでいたが、一八二三年イギリスの植物学者がインドのアッサムの山中で自生の茶の木を発見し、苦心してその栽培に成功した。この茶の木から中国式の工夫茶が製造され、少量が最初のアッサム茶として一八三八年ロンドンに輸入された。その後茶の栽培と製茶はアッサムからセイロン（現在のスリランカ）にも広がり、一九世紀後半にはインド・セイロン製の「英帝国紅茶」が中国茶を駆逐し、イギリスだけでなく世界を制覇するようになった。

イギリスはその優れた技術力で二〇世紀に入る

と製茶の工程を機械化し、品質を向上させて大量の優れた紅茶を安く生産することに成功した。イギリス式のオーソドックス製法では、摘採した茶の若葉を萎凋《いちょう》槽でしおらせて水分を減らし、揉捻《じゅうねん》機で揉んで細胞を傷つけ内容物を滲出させ、発酵室で温度二五度、湿度九五％で数時間発酵させ、熱風乾燥する。この荒茶を各地のロットとブレンドし、一定の品質を維持する。イギリスの紅茶にはポットで淹れると茶葉が広がり、色と渋味の少ないオレンジ・ペコ型と、茶葉を細かく捻じ切り、濃い色に出るブロークン型（CTC紅茶）の二種類がある。現在は安く大量に製造ができ、味も香りも濃く出るCTC紅茶が圧倒的多量に生産されている。

サモワール◉ヨーロッパでイギリスについで茶を愛好する国はロシアで、ロシア人の行くところ必ずサモワールと茶があるといわれた。サモワールは湯沸かし器で、一八世紀の初め頃、やかんと卓上料理用の鍋を組み合わせ、改良して作られた。サモワールが発明された頃の帝政ロシアでは中国の茶は高価で貴重品であり、サモワールを持つことはステイタスシンボルであった。やがて茶の輸入が増えるとロシアではどんなに貧しい家庭でも一家に一台はサモワールを持つようになった。サモワールは暖房機も兼ねた。ロシア人は一日に何度も茶を飲み、長い冬の夜はサモワールが生活の支えであった。ロシア式の茶の飲み方では、予熱したティーポット内の茶葉に、ひたひたの程度の湯をサモワールから注ぎ、サモワールの上部のティーポット受けに載せてポットの湯を煮立て、再びポットに湯を注いで保温用のポットカバーをかぶせて保持する。ロシアの伝統的ティーカップは金属製の把手のついたガラスか磁器のカップで、ティーポットの紅茶を注ぎ、湯を加えて濃さを加減する。今は紅茶に砂糖や蜂蜜を入れるが、昔はロの中に砂糖の塊を含み、ストレートの紅茶を飲んだ。ロシアではミルクは入れない。現在はステンレス、銅、アルマイトで作った電熱式サモワールが使われる。

ティーバッグ◉イギリスでは一九世紀前半から一回分のハーブを布でくるんで使う風習が始まった。一九世紀末にイギリスで一回分の茶葉をガーゼに載せ、四隅を集めて糸でくくったティーボールの実用特許が認可された。一九〇八年これがアメリカで商品化された。ティーバッグはその後イギリスでも生産され、急速に普及した。現在は濾紙《ろし》のヒートシールによるシングルバッグが世界中で利用される。内包する茶葉は香味が滲出しやすいようにさらにブロークンタイプになった。

レモンティーは二〇世紀初頭アメリカで始まったといわれる。アメリカ・ロシア式はレモンのスライスを紅茶に浮かべ、イタリア・フランス式はジュースを落とす。

アイスティーは一九〇四年、かんかん照りのセントルイス万国博会場で、インド紅茶の宣伝マンが、紅茶は熱くして飲むものとの常識に反して紅茶に氷を入れ、大売れに売れたことに始まる。

日本◉わが国では明治以後紅茶は一般に普及せず、政府は輸出の目的で紅茶の生産を試みたが成功しなかった。それでも昭和になり、国産の紅茶が市販された。戦後食事の洋風化とともに紅茶も飲まれるようになったが、外国製品が市場を圧倒し、特に一九七〇年代イギリスやヨーロッパの銘柄紅茶が輸入されると高級紅茶はギフト商品として不動の位置を占めた。今はティーバッグのほかペットボトル入りの紅茶ドリンクが若者を中心によく利用されている。

10・2 コーヒー

眠気払い◉コーヒーの木の原産地はエチオピアのヴィクトリア湖の周辺の高地で、古く先住民のガラ族はコーヒー豆の赤い果肉を食べていた。六〜九世紀にペルシアの軍隊がコーヒーをアラビアに伝えた。コーヒーは初め豆を包む果肉を乾燥させ煮出して飲んだが、一三世紀後半にコーヒー豆を焙煎《ばいせん》し、香り高い黒い液を飲むようになった。コーヒーを飲み物として利用した人々はイスラム教の神秘主義集団のスーフィーと呼ばれる僧侶たちで、一五世紀後半南アラビアにおいてであった。

彼らはコーヒーの興奮作用、不眠作用、食欲低下作用を求め、コーヒーを飲みながら礼拝を行った。やがて眠気払いのための飲み物として一般の人々も飲むようになり、一五五四年トルコのイスタンブールに初めてコーヒーハウスが現れた。中近東を旅行するヨーロッパ人がこの奇妙な飲み物と、人々が素面《しらふ》で語り合うコーヒーハウスに興味を持った。コーヒーは一六一四年初めてアラビアのモカ港からオランダのアムステルダムに輸入された。そして一六五〇年のイギリスを皮切りに、一六七二年フランス、一六七九年ドイツと、ヨーロッパの主要都市に次々とコーヒーハウスが開店した。

コーヒーハウス◉アラビアでは煎ったコーヒー豆の粉を香料とともに煮立て、澱《おり》を濾《こ》さずに飲んだが、ヨーロッパでは煎った豆の粉を熱湯で抽出した液から澱を除き、砂糖とミルクを加え、把手のついたカップ、受け皿、スプーンを用いて飲むようになった。この飲み方はイギリスでの紅茶の飲み方と同じである。ヨーロッパではちょうど身分制社会から近代的市民社会への移行期にあり、人々はコーヒーハウスに集まって素面で歓談し、ビジネスの打合わせをし、政治や経済の情報を交換し、重要な社会的出来事について討論した［図10―2］。コーヒーハウスは新聞社、郵便局、株の取引所、保険会社などの機能も持っていた。しかし一八世紀半ばになるとコーヒーハウスの持つ社会的機能の多くはそれぞれ独立して分離した。イギリスでは家庭での紅茶の普及からコーヒーハウスは衰退していったが、フランスではカフェは芸術家たちのサロンになるとともに政治談義の場となり、フランス革命の勃発に貢献したといわれ、現在も盛り場で賑わっている。

生産◉ヨーロッパへのコーヒーの供給はずっとモカ経由のアラビア産の輸入に頼ったが、オランダは初めセイロン（現スリランカ）、次にジャワでコーヒーの栽培を始め、一九世紀にはジャワ産コーヒーの生産量がアラビア産を凌駕した。ジャワのコーヒーの木はヨーロッパ各地の植物園の温室でも育てられたが、ここから中南米に伝えられた。初めオランダ領ギアナに上陸し、各地に広まった。ジャマイカへは一七三〇年に伝わり、ここで日本人好みのブルーマウンテンが生まれた。フランス領ギアナはコーヒーの栽培を独占し、種子や苗木の領外持ち出しを禁止したが、一七二七年ブラジルの将軍がギアナ総督の夫人を懐柔し、盗みだした苗木をアンデス流域に植えた。ブラジルのコーヒー栽培の中心はその後リオデジャネイロ地区からサンパウロ地区に移り、驚異的に拡大し、一九世紀後半にはジャワを抜いて世界のコーヒー生産量の半分をブラジルが生産した。現在もブラジルが全世界生産量の二八%を生産して一位であり、ベトナムとコロンビアが続く(二〇〇七年)。

飲み方◉現在コーヒーは全世界で常用の飲み物となり、イギリスのような愛茶国でもコーヒーの消費量が茶の消費量よりも多くなっている。わが国も然《しか》りである[図10-3]。コーヒーの主要な産地は中南米、アフリカ、中近東と東南アジアで、それぞれ味と香りが異なる。異なった産地の豆をブレンドし、好みの風味を楽しむ飲み方がヨーロッパで確立された。国によって特徴的な飲み方がある。フランスでは多量の牛乳と混ぜたカフェ・オ・レを朝食に多量に飲む。アメリカでは禁酒法の余波でコーヒーの消費量が大幅に増えたが、浅く煎っ

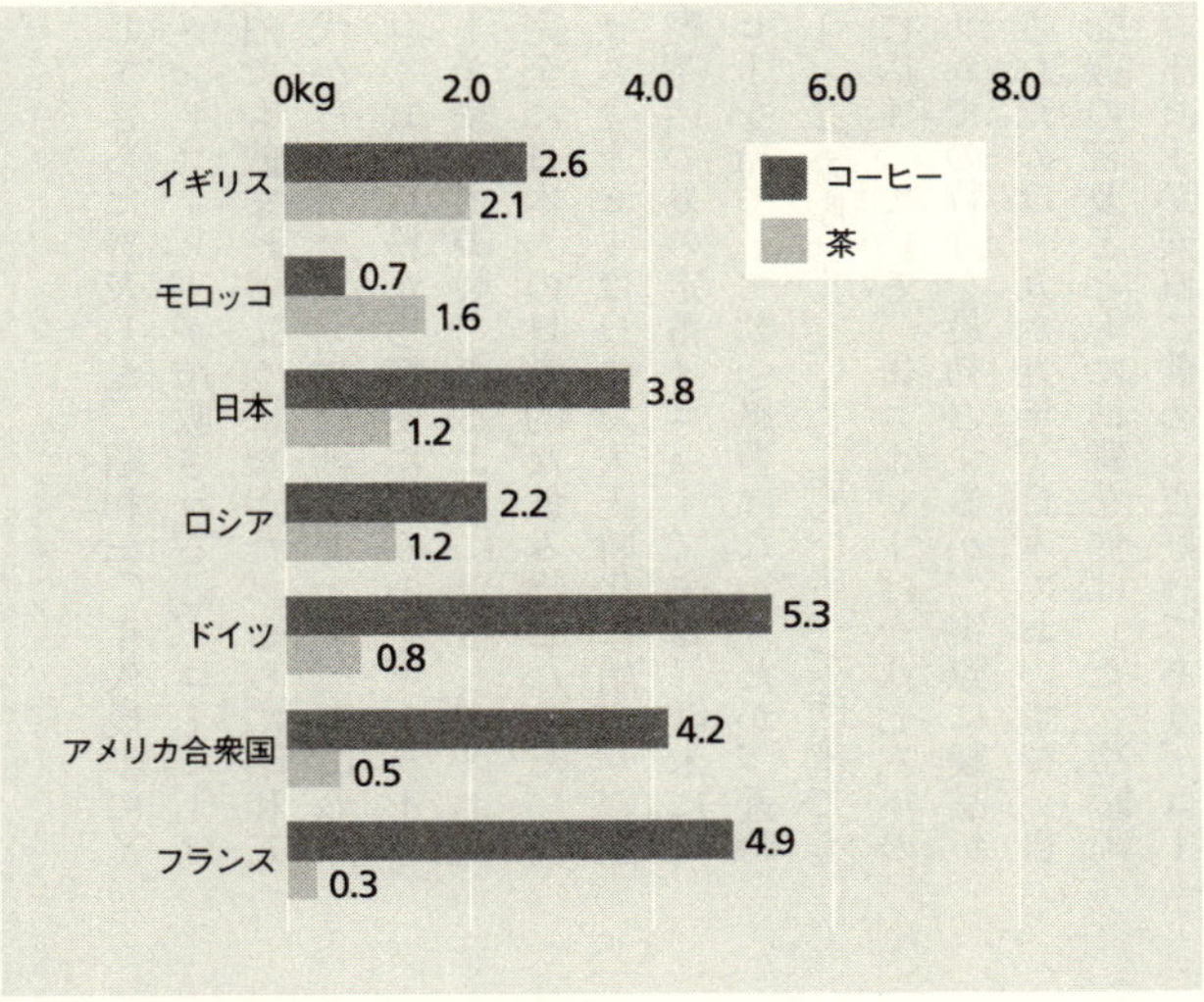

図10-3　主要国の茶・コーヒーの消費量
年間1人当たり(2005年)。『日本国勢図会(2010/2011)』

たコーヒー豆からの「アメリカン」を以前は日に何杯も飲んだ。このほかイタリアのエスプレッソ、オーストリアのウインナコーヒーなどがわが国にもよく知られている。インスタントコーヒーは一九〇〇年在米の日本人化学者加藤博士が発明した。現在スプレイドライ法かフリーズドライ法で生産され、世界各国で日常的に重宝されている。

日本◉日本人が初めてコーヒーに接したのは文化元（一八〇四）年で、長崎奉行所の支配勘定方《かんじようがた》の大田南畝がオランダ船の検分の際にコーヒーを供され、「焦げくさくて味わうに堪えず」と記している。明治以後日本ではコーヒーはなかなか普及しなかったが、大正から昭和にかけ大都市に喫茶店が出現すると、だんだんと庶民に受け入れられるようになった。しかしコーヒーはずっと家庭外で飲む飲み物であり、第二次世界大戦後も喫茶店を通じてさらに普及した。昭和三〇年代後半にインスタントコーヒーが市販されると、コーヒーは家庭内でも飲まれるようになった。さらに昭和五〇年代からサイフォンや濾紙によって、市販の煎ったコーヒー豆粉から簡便に好みのレギュラーコーヒーが家庭で調製できるようになると、コーヒーは完全に日本人の日常的な飲み物となった。

アイスコーヒーは日本で大正時代に始まり、戦後は喫茶店の夏の定番メニューである。欧米にはコーヒーを冷やして飲む風習はなかったが、近時グローバルな喫茶チェーン店によって欧米でも徐々に広まっている。缶コーヒーは一八七六年のアメリカでの特許を最初とするが、実際に製品が市販されたのは一九六九年、日本においてで、自動販売機の普及とともに消費を伸ばした。冷暖両様のコーヒーが安直に飲める点好評であり、コーヒー飲料はわが国清涼飲料水消費量の大きなシェアを占める。缶コーヒーは一九九〇年代から諸外国でも販売され、特に東南アジアで伸長が目立っている。

10・3 ソフトドリンク

ノンアルコール◉小売業界ではソフトドリンクは酒類を除く飲料すべてを指す。日本の清涼飲料水は食品衛生法の規定によると、乳酸菌飲料、乳および乳飲料を除き、アルコールを一%以上含まない飲料で、ミネラルウオーター、茶、コーヒー、ジュース、炭酸飲料など多種類の飲み物が含まれる。欧米ではソフトドリンクという時、通常炭酸飲料を指している。ヨーロッパでは中世から、鉱泉の発泡水が治療効果を持つことが知られていた。一七七二年プリーストリーはビール発酵槽のガスを集め、水に混ぜて初めて人工の発泡水を作り、翌年ラボアジエがこのガスを二酸化炭素と同定した。以後果汁風味などの炭酸飲料の工業的生産が主に英米で発展し、庶民にも愛好された。ソフトドリンクは一般的に冷たい飲み物で、流通、販売における冷却設備の発達が普及に必要であった。一八八六年アメリカでコーラ飲料が発明された。これは西アフリカ原産の常緑樹コーラの種実の抽出液に香料、植物油、砂糖、着色料などを加えた炭酸飲料で、カフェインを含んでいる。コカコーラはアオギリ科の常緑樹コカの葉と実のエキスを含む。コカコーラは第二次世界大戦後、アメリカ軍の将兵によって世界中に広まった。

ラムネ◉平安時代『枕草子』に氷室《ひむろ》に保蔵した氷水に甘葛《あまずら》をかけて飲む記載があるが、江戸時代には夏期冷たい井戸水に砂糖を加えた冷水や、冷やし飴が売られた。明治になってラムネ、サイダーが庶民に愛好される炭酸飲料となり、大正八（一九一九）年にはモンゴルの酸乳にヒントを得て、乳飲料のカルピスが発明された。

第二次世界大戦後日本のソフトドリンクは完全にアメリカ風になった。昭和二六（一九五一）年にオレンジジュースが発売されると瞬く間に全国に普及し、一〇〜四五％の果汁を含む果汁飲料が清涼飲料水の主体になったが、昭和二七（一九五二）年にコカコーラが市販され、これもたちまちに全国に広まった。わが国は自然の水が軟質で美味しく、このような人工の飲料が愛好されることはないと思われていたが、予想は完全に覆《くつがえ》された。自動販売機の普及が大きく貢献した。その後高度経済成長とともにコーヒー、茶系ドリンクなども参入し、ソフトドリンクは庶民の生活に定着し、現在は健康飲料、スタミナ飲料、スポーツドリンクなどの目的別飲料を含め、多種多様な飲料が容易に入手できる。

11 酒

11・1 醸造酒

どの民族も◉どの民族もそれぞれの酒（アルコール性飲料）を持っている。ぶどう糖や果糖を含む果汁は酵母によって容易に発酵してワインやシードルなどを与える。一方穀類などに含まれるでんぷんはでんぷん分解酵素のアミラーゼによってぶどう糖に分解されると発酵して酒を与える。でんぷん原料とアミラーゼ供給源は地域によって異なり、ヨーロッパではオオムギと麦芽《ばくが》の酵素を用いてビールを作り、東アジアでは米、キビなどをでんぷん原料とし、かびの酵素を利用して糖化する。酒の原料はその民族の主食穀物と深い関係にある。

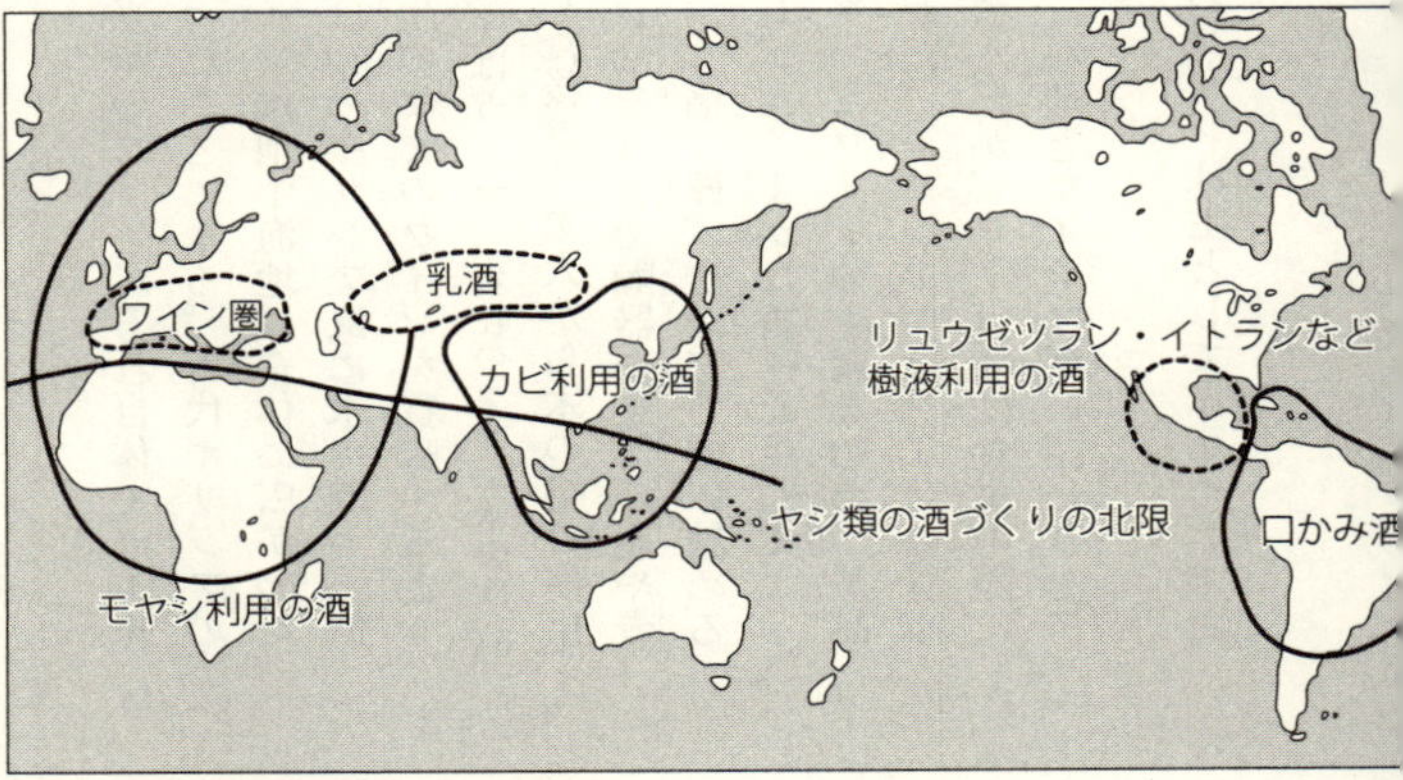

図11-1　世界の伝統的酒造りの分布
小崎道雄、石毛直道編『醗酵と食の文化』より

そのほか馬乳やヤシの実などを原料にした酒もある。最も古い酒の一つは蜂蜜を水で薄めて発酵させたものであった。自然発酵した果汁を飲んだ時から数えると、酒の歴史は人間の歴史とともに長いといわれる。**図11−1**に世界の伝統的な酒造りの分布を示している。

❶ワイン

古代◉ブドウからの酒造りは紀元前約四〇〇〇年頃、中近東のシュメールで始まった。ワインはオリエントからエジプトに渡り、ここで大発展した後ギリシアに伝わった。初期のワインは夾雑物《きょうざつ》の入ったどろどろの液体で、苦味や酸味が強く、蜂蜜を加えて飲んだ。ギリシアでは水で薄め、またチーズ、小麦粉、オリーブ油、松やになどを加え、海水で割ったりした。これはワインの保存のためでもあったが、当時のワインがそれ自体では美味い飲み物でなかったことによる。古代ギリシアの末期になるとワインは地中海地域全体に広がった。

古代ローマでは初めギリシア風に水で割って飲んだが、やがて生《き》のままのワインを賞味するようになった。ローマはガリア（現在のフランスと周辺の地域）を征服した後ガリア人から木の樽の使用を学んだ。ワインはそれまで陶器や土器の瓶や壺に貯蔵していたが、楢《なら》、樫《かし》、櫟《くぬぎ》などの樽に詰めるとワインは熟成し、ふくよかな香味を生じるようになった。ガリアでもワインの生産を始め、製品はローマに送られた。ギリシアではワインは食事が終わってから飲んだが、ローマでは食事の際に飲む習慣ができ、料理とワインは深い関わりを持つようになった。

中世◉中世までのワインは主として赤ワインであ

った。ブドウの栽培とワインの生産は発展し、三世紀末には西ヨーロッパのほぼ全域に広がった。しかし四世紀にヨーロッパで民族大移動が起こり、蛮族が侵入すると農民は離散し、ぶどう園は荒廃した。また八世紀にはイスラム教徒がイベリア半島に侵入し、厳しい禁酒を施行した。かくて中世前半にはヨーロッパでワインの生産が激減し、地方豪族や僧院、修道院などで細々と続けられるだけであった。九世紀にカール大帝(七四二―八一四)がブドウの栽培とワインの生産を推進し、これが広まってやがてヨーロッパ全土で再びワインが大量に生産されるようになった。ワインはキリスト教ではキリストの血液として取り入れられ[図11―2]、ミサやその他の儀式で必須のものとなった。中世のワインは概して薄くて酸っぱく、品質の悪い製品であった。

図11-2
ワインがキリストの血液そのものと信じられた
H・フォン・ランツベルグ『悦楽の園』の挿絵

近世◉近世になってブドウの品種を選び、丹念に造られた銘醸ワインが世に現れるようになった。一七世紀には従来の壺からの量り売りに替わってコルク栓をした瓶詰めワインの流通が始まった。またオークの樽中での貯蔵はワインの熟成を促し、ワインの香味を高めた。かくて美味いワインが庶民にも浸透し、各地に特徴のある銘醸ワインが造られた。シャンパンは瓶内に再発酵により発生した二酸化炭素を加圧下製品中に溶存させた発泡酒で、フランスのシャンパーニュ地方の製品にだけ使用が許される名称である。フランスでは料理に合わせてワインを選ぶようになった。ワインには種皮も一緒に発酵させる赤ワインと、種皮を除いて発酵させる白ワインがあり、それぞれに銘酒がある。一般的に肉料理には赤ワイン、魚介料理には白ワインを用いる。両者の中間のロゼワインもある。現在ワインの生産は古くからのヨーロッパ諸国に加えてアメリカ、オーストラリア、南米、南アフリカなどにも広がり、全世界で消費されるようになった。

中国と日本◉中国にブドウとワインがシルクロードを経て渡来したのは唐の時代（七～一〇世紀）であるが、ワインは中国の食文化に定着しなかった。日本へは安土桃山時代ポルトガルの宣教師ザビエルが山口の大内義隆《おおうちよしたか》（一五〇七―一五五一）に贈ったワインが最初とされる。この時のワインは長期の航海に耐えるポルト（ブランデーを加えてアルコール濃度を高くした甘い酒）であったと思われる。わが国でのワインの製造は明治時代初頭山梨県で始まり、甘いポートワインが薬用を兼ねて広く用いられた。本格的なワインの生産と、外国からの輸入による消費の増加は第二次世界大戦後の、わが国の食生活の洋風化に伴うものである。

❷ビール

ワインより古い◉ビールはオオムギからの酒で、バビロニアで紀元前約六〇〇〇年頃に初めて造られた。古代ではオオムギを発芽させて乾燥粉砕し、水と捏《こ》ね軽く焼いてビールパンを作り、これを粉砕、水とよく混ぜ、自然発酵させるとビールができた。この頃のビールはアルコール分の低い、酸っぱくてどろどろの液体で、人々はストローを使って飲んだ。ビールはほぼ同じ頃エジプトでも造られ、庶民に広く受け入れられたが、ギリシアやローマでは好まれなかった。ビールは中近東から小アジアを経てヨーロッパの北部から西部に広まった。近代まで地中海沿岸がワイン圏で、ヨーロッパの中、北部はビール圏であった。

ホップ◉ビールには初期からいろいろな薬草を入れて風味を増し、薬効を期待する習慣があった。中世ヨーロッパで用いられた薬味は辛子《からし》、カンゾウ（甘草）、ワサビ（山葵）、ニガヨモギ（苦艾）、みょうばん、リンドウ（竜胆）、貝殻、アロエ、松の樹皮などであったが、やがてホップに絞られた。ホップはクワ科の植物で、ヨーロッパでは広く分布している野生の蔓草であった。ホップには保存料の役割もあり、一四世紀にはホップはビールの必須原料となった。ドイツでは庶民の飲み物はビールで、自家醸造でたらふく飲む習慣ができた。一六世紀初めドイツで「純粋令」が公布され、ビールはオオムギの麦芽、ホップそして水だけで造らねばならなくなり、この原則は現在のドイツのビール醸造にも受け継がれている。フランスでは古代からセルボワーズと呼ばれるビールがあったが、ワインが国民の各層に広がり、ビールはむしろ贅沢品であった。近代に入りビールはガラス瓶で流通するようになり、王冠は一八九二年にアメリカで発明された。

エール◉イギリスでは古代に北欧のヴァイキングから酒造を学び、オオムギの麦芽からエールを作った。イギリス人は近世になるまでホップの使用を拒み、甘くてどろりとした、混ぜ物のないエールを好み、ホップは有毒と信じていた。近世になるとドイツでは下面発酵法を採用し、アルコール度と二酸化炭素濃度の高いラガータイプのビールに変わったが、イギリスでは上面発酵法に固執し、ビターと呼ばれた、アルコール濃度五〜六％のエールを好んだ。またビールが冷やして飲まれるのに対して、エールは常温のままか、少し温めて飲む習慣であった。

エールは家庭でも造られたが、男たちはパブに集まって飲んだ。パブは男たちが家族から離れ、友達と語り合う場所で、近世までパブでビターを飲むことがイギリス男性のアイデンティティーの一部であった。一七世紀になるとイギリスでもホップの使用が盛んになり、二〇世紀に入るとラガービールが広く飲まれるようになった。パブは現在も健在で、二〇〇〇年にはイギリス全土で五万五〇〇〇軒のパブがあったが、一九〇〇年より六％減少している。パブでは最近はワインやウイスキーの消費が増える傾向にあるが、やはりビールが最もよく飲まれる。アメリカは二〇世紀初めからドイツ風のラガータイプに切り替え、機械化によって大規模なビール生産を行った。

日本◉東洋には古来麦を原料とする酒はない。わが国には徳川八代将軍吉宗の時、オランダ商館長がビールを献上し、杉田玄白《げんぱく》（一七三三―一八一七）が「殊の外あしきものにて、何の味わいも無く」と記録している。明治時代になってわが国でもビールの製造が始まり、大正時代にはビアホールもできたが、高価なためにビールは庶民の日常的な飲み物にはならなかった。しかし第二次世界大戦後生活の洋風化に伴ってビールの消費は爆発的に伸びた。現在日本は世界で有数のビール飲み国である。最近では缶ビールの消費が多い。また酒税法上ビールではないが、ビールを模した発泡酒や、第三のビールと呼ばれる低価格のビール風味の飲料が広く流通している。

❸日本酒

かびの酒◉東洋の酒は穀物をかびのアミラーゼを用いて糖化して造る。中国から東南アジアでは主にクモノスカビ（*Rhizopus*）を使うが、日本ではコウジカビ（*Aspergillus*）で糖化する。またアジア各国では穀物を粉にして水で練り、餅型にして加熱せずに室《むろ》に入れてかびを繁殖させる餅麹方式であるが、わが国では米を粒のままで蒸し、これにコウジカビの胞子を撒いて室に入れる散《ばら》麹方式である。わが国では古代、蒸した米を噛み、唾液のアミラーゼで糖化する口嚙み酒がもっぱら若い女性によって醸《かも》されたが、やがて渡来した麹を利用する技術に替わった。口嚙み酒は南米にもあった。

発展◉飛鳥《あすか》、奈良時代から平安時代初期までの日本酒は、蒸し米と麹の量に比べて水の量が少なく、糖化の割りにアルコール発酵が進まないので、黄金色の粘稠《ねんちゅう》な液体で、アルコール濃度が低く、非常に甘い酒であった。平安時代には朝廷に「造酒《さけの》司《つかさ》」が設けられ、年間四五キロリットルほどの酒が朝廷によって造られた。

鎌倉時代から室町時代になると、近畿地方の社寺で酒造が行われた。寺院では酒造と飲酒は建前では禁止であったが、実際には盛んに行われた。各寺院は飲みやすく、酔いやすい酒を目標によい酒を造ることを競い合い、新しい技術を開発した。冬の寒い時期に酒造を集中すること、生酛《きもと》の使用、三段仕込み法、精白した米を仕込み米と麴米に用いる諸白《もろはく》の開発など、現在の日本酒製造法の骨組みはこの時期にほぼ確立された。永禄三（一五六〇）年には奈良興福寺で酒を火入れ（加熱殺菌）しているが、これはフランスでパスツール（一八二二—九五）がワインの加熱殺菌法を開発した時より三〇〇年も前のことである。かくて室町時代末期には寺院によって、アルコール度数も風味も現在の日本酒に非常に近い製品が得られていた。

造り酒屋◉一方幕府の許可を受けた民間の造り酒屋が京都、奈良から畿内各地に現れた。寺院製の酒は主として公家、武士などの支配階級に用いられ、造り酒屋の酒は庶民用であった。しかしやがて諸白製造の技術などは民間にも広がり、製品の質は向上した。対して寺院での酒造は衰え、安土桃山時代にはほぼ消滅した。

江戸時代には、集積された技術と、良水の利点を生かして摂津（大阪府、兵庫県）の池田、伊丹《いたみ》、灘《なだ》、西宮《にしのみや》などが酒造の本場となった［**図11—3**］が、舟運の便のよい灘が大きく伸び、その製品は樽廻《たるかい》船《せん》に載せて下《くだ》り酒として江戸へ大量に送られた。酒の大量生産が始まると、地方寒村の農民が冬季出稼ぎで酒造に関わる杜氏《とうじ》の制が作られた。日本酒は世界の酒の中では甘口に属し、醸造酒としてはアルコール濃度は世界で最も高い。

図11-3　伊丹の酒造り
『日本山海名産図会』（1799）

酒を飲む◉古代では酒は神に供え、神事の後皆で飲むものであった。酒に酔うことで精神が非日常的になり、神と交信できると信じられた。奈良時代になると、人々の宴でも酒が飲まれ、酒は人と人を結びつける要素になった。酒はひとりで飲むものではなく、ハレの日に皆と飲むものであり、日常的に酒を飲むことは破廉恥《はれんち》な行為であった。しかし江戸時代雑多な人が住む大都市江戸ではハレの意識が薄まり、人々はハレの日でなくとも居酒屋で酒を飲むようになった。独身男性が多かったことと、商品経済の発達から酒が大量に流通するようになったことも一因であった。居酒屋は元禄の頃にはなかったが、寛政年間（一八世紀末）煮売屋［**図16-4**］が繁盛し、腰掛で簡単に居酒させた。これが居酒屋に発展した。居酒屋は上方《かみがた》にも広がった。

飲酒はハレでなくケの行為となり日常化したが、まだ都市だけの現象で、それも酒は居酒屋や料理屋など外で飲むもので、自宅でひとり飲むものではなかった。地方を含めて飲酒が日常化し、晩酌《ばんしゃく》などが始まるのは明治から大正にかけてであった。この頃には酒はガラス瓶で販売され、一升瓶が登場した。燗酒《かんざけ》は酒を熱からず、冷たからず、その間に温めて客に供するもので、平安時代後期に始まったといわれる。江戸時代には冠婚の儀式以外は日本酒は燗酒が普通になり、燗をつける道具がいろいろ現れた。現在は洋酒の影響で冷酒も多く賞味されるようになった。

11・2　蒸留酒

生命の水◉蒸留の技術は紀元前三五〇〇年頃にはメソポタミアにあり、香水用の精油の採集に用いられた。中世初期にヨーロッパで錬金術が盛んになり、蒸留は錬金術の高度な技術に属し、イスラム世界から優れた蒸留装置が伝来した。ワインの蒸留によるブランデーの製造は一三世紀に始まった。やがて有名なワイン産地のコニャックでワインが生産過剰になり、貯蔵、運搬にかさばらないように蒸留によって容量を小さくし、飲用の前に水を加えて元の容量に戻したが、ブランデーはアルコール濃度が高く、ワインと違った美味さがあったので、そのままで新しい酒になった。ウイスキーはアイルランドでビールから初めて造られ、スコットランドに広がった。中世ヨーロッパでは蒸留酒は「生命の水」と呼ばれた。

蒸留酒は母体となる醸造酒の成分を蒸留によって取捨選択するものである。蒸留は一回だけでは醸造酒の持つ香味が部分的に蒸留酒に移り、よい醸造酒からの蒸留酒では香味が貯蔵中にまろやかに熟成する。近代になって連続式蒸留法が開発され、香味は少ないがアルコール濃度の高い酒が安価に製造されるようになった。また醸造酒としては飲用に価しない酒からの蒸留酒が利用されるようになった。糖蜜からのラム、リュウゼツランの樹液からのテキーラ、ジャガイモなどからのウオッカなどである。

日本◉中国の蒸留酒は白酒《パイチュウ》と呼ばれ、宋代に南方から伝来した。わが国にはコーリャンの醸造酒から造る茅台酒《マオタイチュウ》がよく知られている。現在北京では二鍋頭《アールグオトウ》と呼ばれる二度蒸留した白酒が好まれている。日本の蒸留酒は焼酎《しょうちゅう》で、一四世紀後半から一五世紀初頭にタイから蒸留技術が琉球に伝わった。焼酎造りは一六世紀には九州に上陸し、漸次

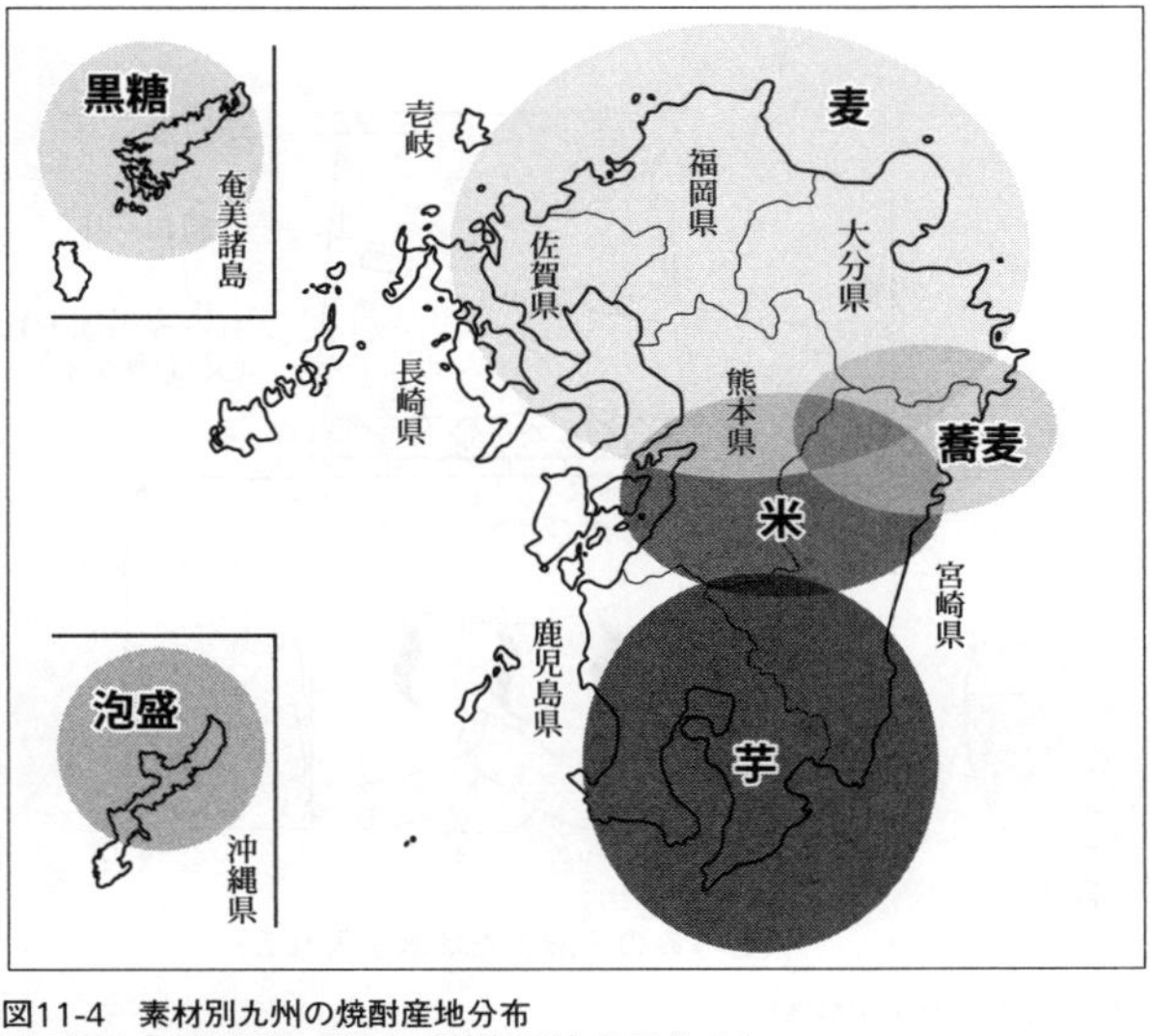

図11-4　素材別九州の焼酎産地分布
山同敦子『本格焼酎の事典』成美堂出版（2004）より

本土に伝わった。米、麦、サツマイモ、ソバなどを麹《こうじ》かびで糖化、発酵させ、生成した醪《もろみ》を蒸留するもので、原料によって香味が異なり、人により好みがある〔図11-4〕。醪からの焼酎は南九州のように温暖で、清酒造りにあまり適さない地方で盛んに作られ、現在も南九州が焼酎の本場である。

本州では元禄の頃（一七世紀末から一八世紀初頭）には各地で新酒の酒粕《さけかす》を蒸留する粕取り焼酎が造られた〔図11-5〕。酒どころ伊丹では新酒のもろみに焼酎を混ぜ、アルコール濃度を高めるとともに防腐効果も狙った。これは柱焼酎と呼ばれた。焼酎は外傷の消毒にも用いられた。沖縄特産の泡盛《あわもり》はタイから伝来した黒麹かびを用い、インディカ米を糖化、発酵させるもので、独特の風味がある。

わが国では二〇〇三年頃から焼酎がブームになり、焼酎の出荷額が清酒の出荷額を上回った。

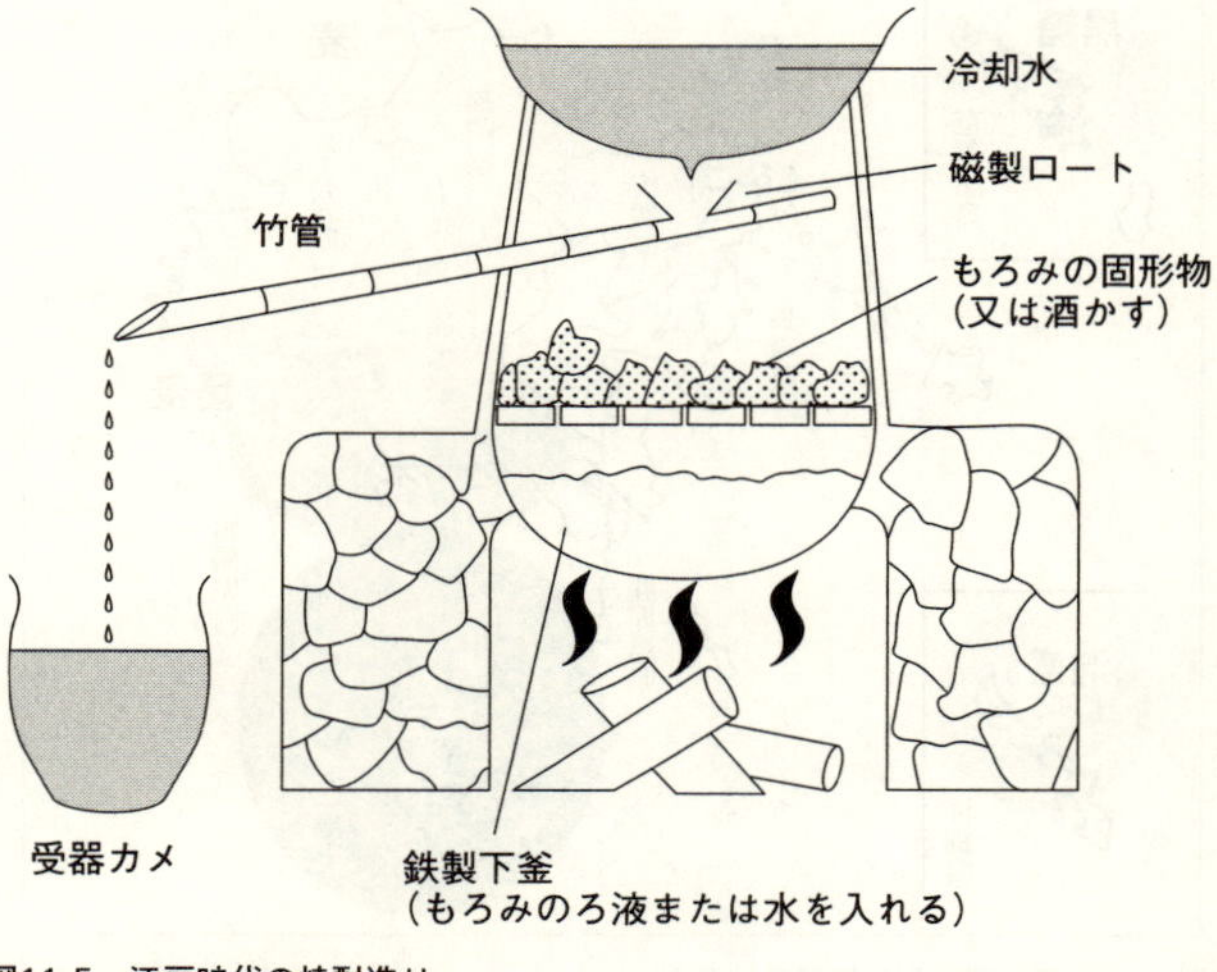

図11-5　江戸時代の焼酎造り
旅の文化研究所編『落語にみる江戸の酒文化』より

混成酒◉草木の成分をしみ込ませ、あるいは糖分などを加えた混成酒には、わが国では梅酒、くこ酒、みりんなどがよく知られているが、ヨーロッパではリキュールと呼ばれ、中世以来多種類のものが作られた。アブサン、キュラソー、ベルモットなどが代表である。リキュールやウイスキー、ジンなどを基酒として作るカクテルは一八世紀末にアメリカで始まって、多くの種類があり、第二次世界大戦後ヨーロッパにも広まった。

11・3 酒の功罪

百薬の長◉酒は百薬の長といわれ、また気違い水ともいわれる。古来酒についての格言は多い。古代ギリシアではプラトンが「中年になり人格が円熟しないうちは、酩酊《めいてい》するほど飲んではいけないが、老人の飲酒は老いを若返らせ、悩む魂を和らげる」と述べた。わが国では空海が『御遺告《ごゆいごう》』の中で、「酒は是治病の珍、風除の宝なり」と述べ、江戸時代の貝原益軒《かいばらえきけん》（一六三〇－一七一四）は、『養生訓』の中で、「酒は天の美禄なり。少し飲めば陽気を助け、血気を和らげ、食気をめぐらし、愁いを去り、興を発して甚だ人に益あり。多く飲めば、又よく人を害する事、酒に過ぎたる物なし。水、火の人を助け、又よく人に災いあるが如し」と書いている。

為政者の立場からは酒の害に関心が集まり、節酒令、禁酒令がどの国でも再々発せられた。わが国での節酒令の最初は大化二（六四六）年で、農作業の忙しい時期の飲酒を禁じた。以来再々節酒、禁酒の法令が出され、鎌倉時代には武家社会の道義的意識から、沽酒《こしゅ》の禁が実施され、酒壺が壊された（建長四〔一二五二〕年）。しかしこれらの規制はあまり守られず、わが国では酒の上での失敗には概ね寛容な風習が続いた。この風習は中国や欧米にはない。近時わが国では飲酒運転による事故で身を誤る人が多い。

禁酒法◉ヨーロッパでも古代からしばしば法令で過飲を規制した。一七世紀ジェイムズ一世の酔っぱらい処罰は有名である。しかし飲酒の害が大きな社会問題になったのは、産業革命で都市に多数の人が流入し、貧しい労働者が生活の憂さを忘れるために、折しも容易に入手できるようになった、イギリスではジン、フランスではアブサン、ドイツではシュナップスなどの安価な蒸留酒におぼれ、家庭を破壊する件数が多くなったからである［**図11－6**］。ヨーロッパ各国政府は対策を講じたが、若い清教徒の国アメリカでは一九世紀半ばから各

図11-6　都市の労働者は安酒におぼれ、家庭を破壊した
J・ハーバー（1826）

州が順次禁酒法を施行し、一九一九年には修正憲法によって連邦禁酒法が制定された。かくてアルコール飲料はアメリカ全土から表向き消滅したが、ギャングによる密造、密売が広がり、一九三三年に憲法の再修正によって禁酒法は撤廃された。アルコールのない青春時代を送ったアメリカ人たちがジュースやコーラが溢れる社会を作ったといわれる。

　イスラム圏ではアルコール飲料は現在も一切禁じられている。コーランにいう「酒は魔性の飲み物なり。焔のごとく汝らを焼き、堕落へ導き、神への祈りを忘れさせるものなり」。

乾杯◉百薬の長であれ、百害の長であれ、古今東西いつでもどこでも酒飲みは多い。イギリスでは乾杯の習慣は四五〇年頃に始まり、一二世紀末頃まで人々は結婚式など教会主催の集会だけで飲んだが、乾杯の音頭で一斉に飲んだ。一三世紀にはエールハウスでの飲酒が日常化し、一六世紀エールの消費が爆発的に増大した。エリザベス女王の治下で国威が高揚し、人々は始終集まって酒盛りをし、乾杯を繰り返しては酒を飲み、人に勧めた。時にシェイクスピアの時代であり、悲劇『ハムレット』は乾杯に始まり、乾杯に終わる。

　わが国の畳の上の酒盛りでは、酔いが回ると人々は立ち上がって踊り、歌った。乱痴気騒ぎである［**図11-7**］。「飲んで騒いで」が酒飲みの通性らしい。

　ひとりで静かに飲む酒もある。若山牧水《わかやまぼくすい》（一八八五―一九二八）に「白玉の歯にしみとほる秋の夜の／酒は静かに飲むべかりけり」とある。月を愛《め》で、虫の音《ね》を聞き、来しかた往く末を想い、ひとり盃《さかずき》を傾ける。人生の深淵に触れることもある。

唐の詩人白居易《はくきょい》（七七二―八四六）に「酒悲《しゅひ》」の語がある。ウオッカやウイスキーのような強い酒を小ぶりのカップで口の中へ投げ込むような飲み方はわが国にはない。

最近はウェブ飲みが若者に広がっている。ひとり自室でパソコンに向かい、親しい友とネット上で会話を楽しみながら酒を飲む。二一世紀の飲み方かも知れない。

図11-7　酒盛りの乱痴気騒ぎ
式亭三馬『一盃綺言』

第II部

料理・食事・食文化小史

12　台所

12・1　台所の構成

日本◉台所という言葉は平安時代の宮中清涼殿《せいりょうでん》にあった台盤所から来ているが、当時は宴会でも生ま物と乾物が膳に並ぶだけ（17・2❹参照）で、料理らしい料理はなかった。台盤所は盛り付けをする配膳室であり、兼ねて宴席に奉仕する女官たちが休憩する場所であった。

先史時代から古代にかけて、世界の多くの民族の一室住居では初め住居の中央に平炉があり、やがて住居の片隅に火熱設備が設けられた。日本では古墳時代になると豪族はかまどを別棟に設けた。平安貴族も日常の調理は別棟の厨《くりや》で行ったが、こ

図12-1
小料理屋の台所
ろうそくの光で、
座って野菜を切る。
流しはなく、水桶がある。
かまどに羽釜が
かかっている。
『梅之春』

れは炊事の臭いや煙を居室から遠ざけるためであった。鎌倉時代の寝殿造りでは別棟にあった調理設備が主屋に取り込まれ、住居内の台所の源流となった。しかし台所の場所は主屋の裏の方に置かれ、やはり接客や居住空間から遠く離された。台所は調理のほかに食料を貯蔵し、精米、製粉を行い、味噌や漬物や干物などを作り保存する場所でもあった。江戸時代から明治時代まで、庶民の住居は部屋数が少なく、調理設備は居室にあったが、上層階級の邸宅では台所は依然として裏手にあり、炊事の臭いや包丁の音が座敷に洩《も》れることを嫌った。大きな邸宅の台所は土間にあったが、江戸では庶民の台所はかまどの位置が低く、調理作業は板の間に座って行われた［図12−1］。明治になってもわが国の庶民の台所の様相は江戸時代からほとんど変わらず、概《おおむ》ね狭くて薄暗かった。むしろ地方の旧家に天井が高く広い台所があった。

ヨーロッパ◉ヨーロッパでも古くは住居の土間の中央に炉が作られ、炉は日夜燃え続けて、そこで肉が焼かれ鍋が煮られた。中世ヨーロッパの農民の家では自在鉤《じざいかぎ》に大きな鍋をかけ、天井には塩漬けの豚肉、ソーセージ、チーズなどを吊し煙を利用して燻製を作った。水は共同の井戸から汲み、甕《かめ》に入れて保持した。この寝食同居の一室スタイルが世界の庶民の台所の基本パターンであった。

しかし貴族の城では食料の貯蔵、加工の場とともに壁側に大きな暖炉を備えた調理場があり、厨房《ちゅうぼう》は広く床も壁も石か煉瓦《れんが》で作られた。しかしたきぎや石炭の粉塵と煙でひどく汚かった。近世になっても厨房は宴会を行う広間から遠い場所にあったが、時代が進むにつれて貴族や富豪の厨房は機能的になり、宴会室に隣接して作られた。近代になりオーブンを備えたストーブが発明されると調理専用の台所が都市の住宅や農村の富農の住居の中に作られるようになり、やがて電気が引かれコンパクトで機能的な台所が都市を中心に普及した。

2DK◉日本では昭和三〇年代以降、日本住宅公団（現都市再生機構）が都市近郊に中層集合住宅を次々と建設した。主たる住宅の規模は2DKで、狭いながら、板の間の台所があり、立って炊事ができる調理台と流しがついた。また台所に小さなテーブルと椅子を置いたダイニングキッチン（DK）の形式となり、主婦は立って料理を作り、家族も配膳を手伝い、台所の食卓を椅子に座って囲む生活が定着した。これが以後のわが国の台所の基本プランとなり、リビングキッチンに広がったが、経済の向上とともに台所はより広く、より明るく、そして多くの機器を備えてより機能的になり、今はシステムキッチンが普及している。食生活が豊かになり、このような台所で和風、洋風、中華風の多様な料理が作られている。しかし煙や臭いを出す直火焼きや、かさ高い料理は作り難くなった。欧米の先進国では豪華で機能的な台所が普及しているが、皮肉なことに最近では日常の食事に台所をあまり使わない傾向が現れている。台所を必要としない食事が広がっているからである。わが国も例外ではない。

12・2　火熱設備

台所の重要な構成因子は火熱設備と給排水である。

暖炉からオーブン◉先史時代人々は地面に浅く穴を

掘って、そこで火を焚き、獲物の肉を炙《あぶ》り、また熱した石に肉を載せて石焼きにした。土器や金属製の容器が用いられるようになると、炉の火で煮込み料理ができた。この頃には住居の中心にあった炉は壁側に移された。中世ヨーロッパでは壁にマントルピース型の暖炉を造り、薪《たきぎ》で火を焚き、暖房、照明に資するとともにたべものを焼きまた煮た。大きな暖炉では前面に支柱で支えられた金串で肉が焼かれ、炉の上には大きな鍋を鉤に吊して日夜煮込み料理が煮られた。近世までこのような暖炉がヨーロッパ各地で用いられた。

一八世紀末になると剝き出しの暖炉が鉄板で覆われるようになり、一九世紀には鉄製の箱のオーブンのついたレンジが作られた。この頃コークスを用いて鉄材が安く得られるようになり、オーブンは広く普及した。熱源も薪からコークスに変わった。食材はオーブンの中で四方八方から高熱を受けるようになり、肉を焼き、また鍋のまま入れて煮物もここで作られた。中近東からヨーロッパにかけては、紀元前からパンを焼くかまどが築かれ、閉じた空間内で間接熱でパンを焼く伝統があった［図4-1］が、この加熱の技法が台所用のオーブンに応用された。オーブンは初め大型であったが、次第に改良されて小型になり、温度調節も容易になった。現在ヨーロッパの家庭の台所には必ずオーブンがある。熱源は今は主に電気である。

中国◉中国では古くは住居の壁側にかまどが造られた。主たる用途は甑《こしき》を載せて穀物や他の食材を蒸すことであった。甑は紀元前二〇〇〇年以上前に中国南部の稲作地帯に出現した。初めは土器であったがやがて金属製の鍋や釜が普及し、大きなかまどの穴に中華鍋を載せ、コークスの強い火炎で多様に操作する、中国独特の油料理や煮物が発達した。オーブンを発明しなかった中国では焼き物は得意でなく、一方ヨーロッパには蒸す料理はほとんどない。

かまどと七厘◉日本では縄文時代の初期から世界に先駆けて土器が作られ、人々は早くから竪穴住居の中央に造られた炉で湯を沸かしてどんぐりの渋抜きをし、獲物の鳥獣の肉や魚を焼いた。米を蒸す土器は底が尖った円錐形の尖底土器の甑《こしき》であった［**図12－2**］。弥生時代末期にはかまどは壁側に作られた。六世紀には可動性のからかまど（韓竈）が朝鮮半島から伝来し、かまどと湯釜、甑が一体になり便利であった。人々はこれを用いて米を蒸した。鎌倉時代になると貴族の住居に角型の二口、三口の土製のかまどが築かれ、このスタイルがずっと続いて江戸時代の中頃には庶民の家庭にも普

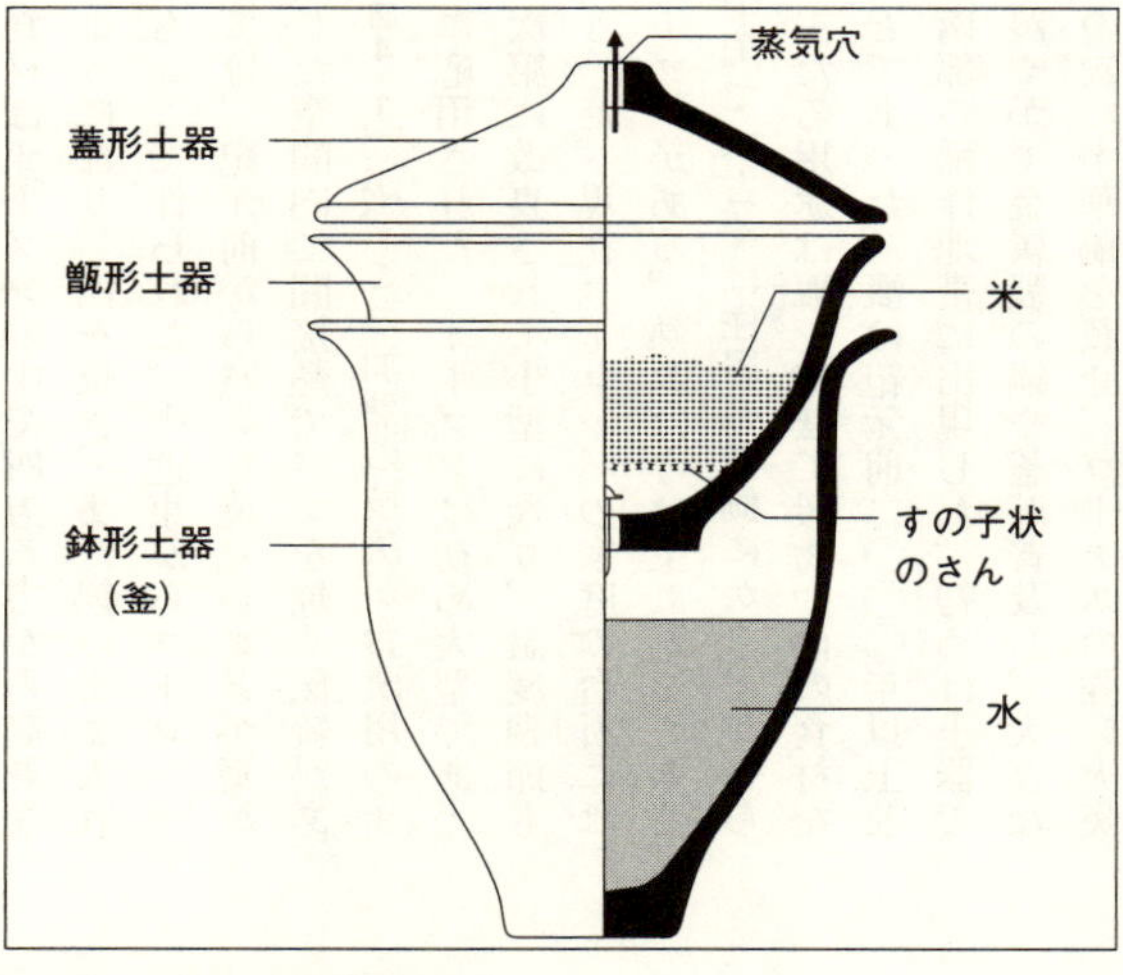

図12-2　弥生時代の甑（こしき）と釜
佐原真『食の考古学』より

及した。

古代の可動式かまどはのち発展して中世には置火炉から火鉢になり、さらに一八世紀初めに七厘《しちりん》に進化した。この頃炭の使用が普及し、小型で煙が出ず、強火が得られる七厘は都市の庶民に重宝され、魚を焼き煮物をするのに愛用された。しかし毎日の炊飯はかまどにかけた羽釜《はがま》で行われた［**図12-1**］。羽釜はかまどの穴にすっぽりはまる丸底で、大きな鍔《つば》を持ち、熱効率が高かった。日本料理は概して強火で短時間加熱する料理が多く、西洋料理のように弱火で長時間、煮崩れするほどに加熱する料理は少ない。これは新鮮で肉質の柔らかい魚介類と野菜を主たる素材とする日本料理と、そのままでは食べられないほど硬い獣肉を扱う西洋料理との違いによる。

囲炉裏◉原始的な平炉が地面から住居の床上に引き揚げられたものが囲炉裏《いろり》［**図12-3**］で、日本独特の火熱設備である。中世に公家や武家の屋敷に造られ、切り炉、火炉などと呼ばれたが、のち農村で普及した。囲炉裏は農山村では家の中心をなし、暖房、照明と料理の場であるとともに、食事と接客、それに家族団欒《だんらん》の場でもあった。鍋を自在鉤に吊して煮物をし、串に刺した魚を火の周りに立てて焼いた。囲炉裏の煙は住居の殺菌保持に役に立った。

ガスこんろ◉明治時代の中頃石炭ガスが熱源として導入され、大正時代末期には大都市で普及し、庶民の暮らしには革命であった。ガスこんろが炊飯にも焼き物や煮物にも利用された。第二次世界大戦後ガスの利用が全国の都市に広がり、ガスの本体も天然ガスに替わり、容量あたりのカロリーが高くなった。農村にはプロパンガスが普及し、薪から解放された。

全国どの家庭の台所でも複数の火口を持つガスレンジが普通になって、やかんや鍋の底が平たくなった。台所の熱源として電気はわが国では長くガスに及ばなかったが、炊飯はほぼどの家庭でも電気炊飯器になった。近時は電磁ヒーターの利用が伸びている。さらに一九七〇年代から、マグネトロンから発生するマイクロ波を食品に照射して食品自体を発熱させる、全く新奇な原理に基づく加熱装置として電子レンジが出現して急速に普及し、冷凍食品の消費進展に寄与している。農村ではプロパンガスの普及とともに歴史のある囲炉裏が消失した。

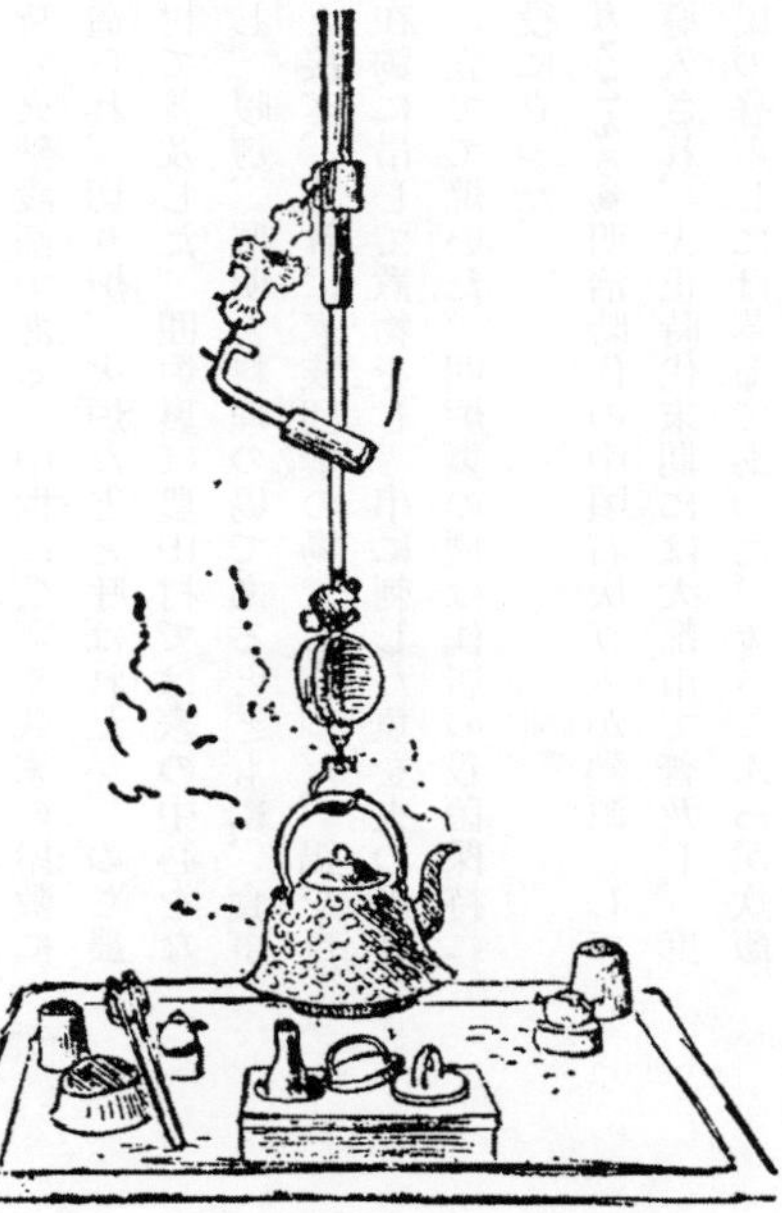

図12-3　囲炉裏
E・S・モース
『日本その日その日』
より

12・3　水の問題

人間は水で苦労した◉どの国でも台所の水の問題では長い苦労があった。古代ローマは優れた上水道と下水道のシステムを運営したが、ローマ帝国の崩壊とともにこれらは失われ、ヨーロッパの中世を通して集落では近くの川や池の水を汲み、井戸を掘った。城壁で囲まれた都市は人口密度が高く、水不足と汚水の始末は深刻な問題であった。一三世紀ロンドンやパリでは市民の大半は毎日水売りから水を買った。ロンドンやパリでは人口が急増し、水不足に加えて下水道の不備から生活排水や汚物が街路に溢れ［**図12–4**］、テムズ川やセーヌ川は真っ黒に汚染したが、庶民は止む無くその水を毎日汲んで用いた。これらの河川から取水する上水道もひどい水質であった。しかし一九世紀にな

図12-4　二階から汚物を街路へ捨てる15世紀の版画。ボルスト『中世ヨーロッパ生活誌』より

って上水道に砂濾過法、下水道には沈殿法が開発され、ヨーロッパの都市では良質の上水が各戸に供給され、汚水は処理されるようになって、衛生的な台所仕事が可能になった。日本料理に比べると西洋料理は水仕事が少なく、一般家庭の流しは概して小ぶりである。

日本◉わが国の場合、古代から近世に至るまで、川や池で野菜や魚を洗い、飲み水を桶に汲んで家まで運んだ。この仕事は女性の役目で重労働であった。また集落の中に井戸が掘られた。女たちは毎日井戸に集まって食材や衣類を洗い、飲み水を汲み上げた。水は住居内には甕に入れて置かれたが、流しの設備はなく屋内で水作業をすることはなかった。中世になると寺院や貴族の邸宅には川から筧《かけひ》で水を引き、住居の軒下に水船《みずぶね》を設けたが、台所に流しはなかった。室町時代になると社寺や上層階級の住居では台所の一部に割竹で簀《す》の子床が作られ、ここで料理や洗い物をした。料理の種類が多様になり、洗い場が必要になったからである。この形式は江戸時代を通して続いた。大名や富商の邸宅では内井戸と簀の子流しのある台所や、流し元に筧で外から水を引いた台所などが現れた。しかし排水の処理はなく、汚水はそのまま屋外の溝に流された。

江戸は人口が多く水が不足したので、早くから神田上水や玉川上水が引かれ、街角に井戸のような水溜の桝《ます》が設けられ、人々はここから水を汲んで家に持ち帰り、土間の甕に蓄えた。しかし朝夕水売りから水を買う家もあった。木管を用いた上水道は地方の城下町にも敷設された。

日本の近代的な上水道は明治の中頃大都市から始まったが、初期は各戸の台所に蛇口をつけるに至らず、市内の各地に共用栓が設けられ、人々はそこから水を運んだ。やがて各戸に水道が引かれ、大正末期には主要な都市の上水道はほぼ完成した。また明治の半ばにはポンプ式の井戸が導入され、さらに電動式になって日本の主婦の水の苦労は大幅に軽減された。

箱流しは一七世紀末に発明されたが、明治になって給水事情が改善されると、各戸に置かれるようになった。初めは木製の箱に銅板やトタン板を貼ったものや、コンクリート製、タイル貼り、琺《ほう》瑯《ろう》製であったが、戦後になってステンレススティールの流しを持つ流し台が普及した。わが国では都市には早くに上水が供給されるようになったが、下水道が整備されたのは戦後もかなり経ってからである。

12・4 台所道具

❶切る道具

包丁◉戦後しばらくまでは日本のどの家庭にも、出刃《でば》包丁と菜切り包丁の和風包丁二本が必ずあり、刺身《さしみ》包丁を持つ家も多かった。当時の主婦は日常の料理で魚をさばき、刺身を作り、大根やにんじんの細工切りができたのである。今は多くの家庭では三徳ナイフと呼ばれる洋風包丁一本ですべての調理をこなしている。欧米の台所で使う包丁は小さなペチナイフと肉の塊を切る牛刀の二種類だけである。食卓には小ぶりの肉切りナイフ、ケーキナイフなどが備えられる。日本料理では食卓に刃物が供されず、素材は必ず調理の段階で箸で摘めるか、箸で切れるように処理される。中国料理で用いる包丁は刃の広い中国包丁で、これ一本だけで肉も魚も野菜もすべて切り分ける。わが国にはほかにそば包丁、いか包丁など特殊な包丁が多数ある。プロの料理人にとって包丁は最も大切な道具で、常に手入れを怠らない。

日本の包丁の一つの特徴は、菜切り包丁を除いて他の包丁が片刃ということである。外国の包丁はすべて両刃である。片刃の包丁は軟鋼の刀身の片側にだけ硬鋼を重ねて刃付けするもので［図12-5］、使い方に癖があるが両刃の包丁よりもよく切れる。しかも日本料理の特徴である魚介や野菜の、細やかで多様な形への切り分けに片刃の包丁は大変有効である。

まな板◉包丁で切るために食材を載せる板がまな板で、日本では古くからあった。特に平安時代以降主人が包丁と真魚箸《まなばし》をふるってまな板の上の鯉などを見事にさばいて見せるショーは宴席の重要な儀式であり余興であった［図12-6］。この頃のまな板は長さが約一メートル、幅が約六〇センチメートル、厚さ約一〇センチメートルほどの大きなもので、脚がついて机のようなものであった。やがて専門の料理人が宴席や厨房でまな板の前に座って魚鳥をさばき野菜を切った［図12-1］。このような人を包丁人あるいは単に包丁と呼び、のち板前と呼ぶようになった。

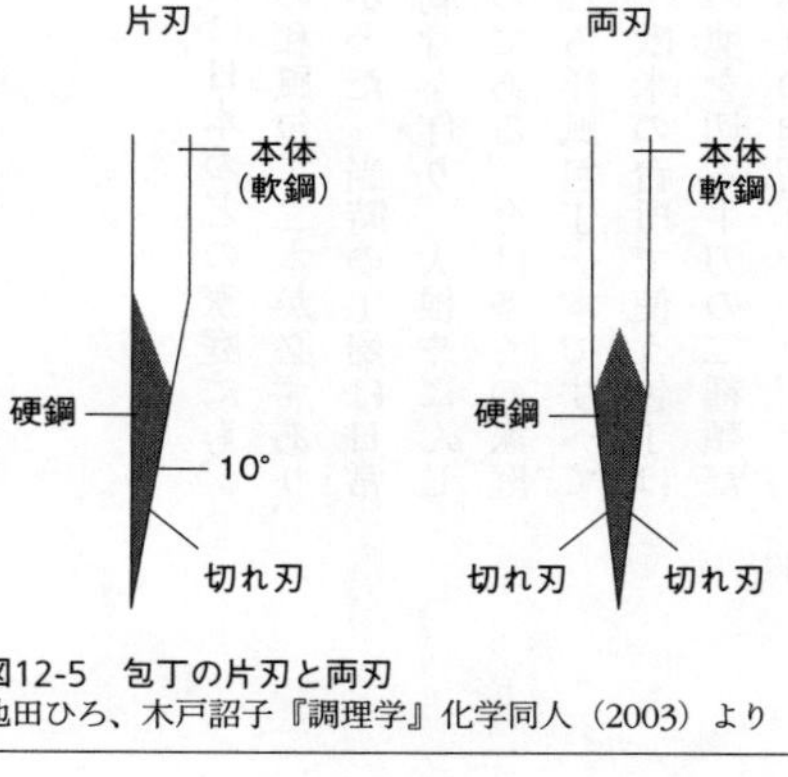

図12-5　包丁の片刃と両刃
池田ひろ、木戸詔子『調理学』化学同人（2003）より

図12-6　包丁師
『七十一番職人歌合』（室町時代後期）

江戸時代になると小ぶりで脚のないまな板が一般に用いられるようになり現在に至っている。以前は魚鳥用と野菜用と二枚そろえたり、裏表で用途別にしたが、今はほとんど区別なしに使われる。また檜《ひのき》、銀杏《いちょう》、椹《さわら》などの古来の木製のほか、最近ではポリエチレン、ニトリルブタジエンゴムなどの合成樹脂製のものがよく用いられる。

欧米の台所では肉製品、チーズ、果物などを切るために小ぶりのまな板を使うが、野菜などを切り刻むには素材を片手に持って、別の片手のナイフで鍋の上で切ることもある。タマネギのみじん切りなどもこのようにして切るが、キュウリの輪切りやジャガイモの拍子木切りなどは、手まわしの小さな器具か電動式のプロセッサーを使う。しかし欧米の煮物料理では野菜はたいてい切り刻まずに鍋で煮て、食べる時に皿の上で切る。中国のまな板は大きな堅い木を輪切りにしたものである。

❷火にかける道具

甑、鍋、羽釜◉鍋と釜は煮炊きの道具であるが、釜は飯炊き用であり、鍋は煮物や汁物に用いられる。しかしこのような区別は江戸時代に始まったものである。日本では古代は湯釜に載せた甑で米を蒸し［**図12―2**］、平安時代になって鍋で煮て姫飯《ひめいい》を作った。わが国の農民は少量の米に麦、ヒエ、キビなどの雑穀や木の実、いも、野菜などを加えたかて飯を食べてきたが、これは鍋で炊いた。古代は土製の鍋（堝）が用いられたが、中世西日本に始まって鋳物の鍋が普及するようになり、のち鉄製になった。江戸時代には江戸や大坂で毎日米の飯を食べる人口が増え、それとともに炊飯専用の羽釜が発達した。羽釜は厚手の鉄製で底が深くて丸く、かまどにすっぽりとはまるように鍔《つば》があり、厚く重い木の蓋がついた［**図12―1**］。羽釜は戦後電気炊飯器が普及するまではどの家庭にもあった。

鍋は近代まで広く炊飯に用いられたほか、煮魚、野菜の煮物や汁を作るのに用いられた。庶民の使う鍋は戦国時代の終わり頃から鉄製が普及した。鍋は囲炉裏に鉤《かぎ》で吊し、また五徳《ごとく》に載せて火にかけたが、元禄時代に発明された七厘で日常的に使用され、鍋料理が始まった。鍋は明治になってガスこんろ（焜炉）にも合った。大正時代になり西洋料理や中華料理が庶民に広まるとフライパンや中華鍋が台所に備えられるようになった。これらは煮物でなく、それまで馴染みの少なかった炒め物や揚げ物用で、各家庭に必需品となった。鍋は現在料理のタイプに合わせて素材、形状ともに多種類のものがある。

やかん◉やかん（薬缶）は名の通り薬を煎じる道具であった。わが国の薬は古来草木を乾燥したものを湯で煎じた。室町時代末期に上層階級に抹茶による茶道が普及したが、庶民は煎じた番茶を飲み（10・1❶参照）、茶を煎じるのにやかんを用いた。しかし江戸時代後期から都会で煎茶が普及すると茶葉に湯を注ぐだけで美味い茶が飲めるようになり、やかんは単なる湯沸かしになった。材料は銅であったが、明治時代になって真鍮《しんちゅう》に変わり、現在は主にアルマイト製が用いられている。

❸下ごしらえの道具

すり鉢◉日本では石臼が中国から伝来するまで、穀物や木の実を粉にするには硬質の須恵器《すえき》の鉢に入れて棒で擂《す》りつぶした。これがすり鉢の粗形で、のちには内面に刻み目がつけられ、硬質の備前焼がよく用いられた。初めの頃の粗い櫛目《くしめ》の程度の刻み目は江戸時代には内面の全面に目をつけるようになった。すり鉢は平安時代末期に使われ始め、中世にわが国の料理の多様化に応じて、粉作り器具から調理器具に変化した。味噌を擂って初めて味噌汁が作られ、ほかにゴマ、クルミ、豆腐などを擂り、魚のすり身を作ってかまぼこにした。江戸時代には長屋の貧しい家にもすり鉢は必ずあったといわれる。中国の南東部やタイには小ぶりのすり鉢があるが、薬や香辛料を擂りつぶすのに用い、料理に使うことはない。欧米には食材を擂りつぶすという意識がなく、必要があれば牛刀の脊で叩きつぶす。中国も同様である。欧米では細かい網の目を通して濾《こ》す操作が多用される。煮物を濾してポタージュにし、またソース作りにも濾して材料を混合する。欧米の家庭の台所には濾し器が必需品である。

大根おろし◉大根おろしは江戸時代まではわさびおろしと呼ばれ、刺身や握り寿司の普及とともにおろしわさびを作るのに必需品であった。すり鉢が素材を完全に擂りつぶすのに対して、おろし金《がね》は素材の細胞をばらばらにすることが目的である。しかしわさびなどは細胞を破砕して辛味などの細胞成分を溢出《いっしゅつ》させることが望ましく、大根やリンゴなどは完全に細胞を傷つけない方がよいとされる。プロの料理人は目的によって鞣《なめ》したサメ皮などおろし道具を選ぶ。おろすという技法は粉チーズを例外として西洋料理にはなく、中国料理にもない。

❹蓄える道具

壺と甕◉日本では縄文時代から土器の壺と甕があった。壺は上部がつぼんでいるもので密封ができ、甕はつぼまずオープンであるが両者の境界は曖昧である。甕の上部が開いたものは鉢である。弥生時代以降甕は穀物を貯蔵し、漬物を漬け、馴れずしを作り、さらに酒や酢、味噌などの製造に用いられるようになった。甕の素材は須恵器から信楽《しがらき》や常滑《とこなめ》などの陶器に変わった。水甕は生活の必需品で、井戸から運んだ飲料水を蓄え、柄杓《ひしゃく》で汲んで用いた。壺は酒などの容器であった。

桶◉木製の貯蔵容器は桶で、奈良時代衣料用の麻の繊維を入れる苧《を》（＝麻）笥《け》が平安時代には水桶などとして台所で用いられた。桶は初めは檜や杉の薄片を円筒形に巻き、合わせ目を桜などの皮で縫い、底をつけた曲物《まげもの》であったが、室町時代に短冊形に切ったスギ材などを組立て、竹（のちには針金）のたがで締めた桶が出現した。木の桶は軽くて持ち運びに便利でいろいろな用途に使われた。桶に蓋をつけると樽になるが、樽はもとは酒を入れる容器で、陶器や漆器《しっき》でいろいろな形のものが作られ、壺型で三本脚がついたものもあった。桶や樽は一〇石《こく》、二〇石と大きなものも作られるようになり、醬油、酒、味噌などの生産や運搬に使われた［**図11−3**］。杉などの新しい樽は酒にかぐわしい香りを移した。江戸時代上方から樽廻船によって大きな樽に詰めた灘《なだ》の酒を江戸に運び、空いた樽は野田などで醬油造りに利用された。現在の台所のアルミニウムやプラスチックの洗い桶は古来水が不自由であった頃の名残で、食材や食器の洗い物に水を節約して使う智恵が今も生きている。

西洋◉西洋では桶はエジプトで紀元前二八〇〇年頃には作られていた。これは優れた木工技術によるものであるが、桶はもっぱら桝として容量の計量に使用された。樽は古代ガリアなどヨーロッパの森林地帯で古くから作られ、紀元一世紀には普及していた。この地方には古くからビール文化があり、ビールを入れる樽であったが、ローマ帝国に征服され、ワインを造るようになると樫材でワイン樽を作りローマへ運んだ。ヨーロッパの樽はワインやウイスキーの熟成に用い、真ん中が膨らんでいることと、横に置くことが中国や日本の樽と異なる特徴である。中国では桶や樽は唐代後半に初めて作られ、竹のたがを持つ樽は一二世紀に始まった。樽の普及は中国ではヨーロッパに大きく遅れていた。

冷蔵庫◉台所の貯蔵庫として今は冷蔵庫が必需品である。ヨーロッパでも日本でも古代貴族たちが、冬の雪や氷を洞窟などに蓄え、夏期の暑い頃に賞味したが、氷を食品の保蔵の目的に用いたのはずっと新しい。天然の氷を寒冷地から都会に運ぶ事業はアメリカでは一九世紀初頭に始まり、日本でも明治の初めに函館から東京に天然氷を船で運んだ。一九世紀後半にはアンモニアの気化熱を利用した冷凍機が発明され、人造氷が安く利用されるようになると、欧米で断熱材を入れた木のキャビネットの最上段の棚に氷を載せる氷冷蔵庫が発明され普及した。わが国でも戦後しばらくまで夏期には町の氷屋が冷蔵庫のある家に毎日氷を配達した。家庭用の小型電気冷蔵庫はアメリカで戦前から普及し始めていた。わが国では戦後進駐軍の撤退の後日本の家庭向きの電気冷蔵庫の生産が始まり、経済の成長とともに爆発的に普及し、昭和五〇年代前半には普及率が一〇〇％近くになった。現在は大型で大きな冷凍室を持ち、氷温室もついた冷凍冷蔵庫が多く用いられている。

13　料理

言葉◉料理の語は、料（はかる）と理（おさめる）の意で、中国で唐、宋の時代の用語である。それ以前は割烹《かっぽう》と呼ばれ、割は切る、烹は煮たり焼いたりすることを意味した。この二つの語が現在わが国で用いられているが、料理の方が一般的で、素材に人工的な処理を加えて食べやすく、美味しくする操作と、その結果でき上がったたべものの両方を指す。第二次世界大戦後調理という語が料理の操作の意味で用いられるようになり、調理師、調理学のようにも使われる。

ヨーロッパでは英語の「クッキング」(cooking)、フランス語の「キュイジーヌ」(cuisine) などすべてラテン語の「コケーレ」(coquere) に由来し、これは火にかけることの意である。西洋では料理とは端的に素材を火にかけることを意味する。世界の多くの文明国では料理とは複数の食材を組み合わせ、様々な方法で火熱処理をし、調味料や香辛料を加え、元の食材になかったような新しい複雑な味を創造することである。しかし日本では料理は、素材にいろいろ人手をかけるよりも、単純で直截的に素材の持つ味を生かすことに重点を置いて発達して来た。日本料理は「料理をしないことが最高の料理」と逆説的にいわれるほどである。

13・1 主要な料理

❶焼き物

直火焼き◉火を使う料理の最初は、どの民族でも焚火《たきび》に肉をかざして焼く、直火焼き《じかび》であった。火にかけることにより硬い肉も柔らかく美味しくなった。やがて石を熱し、肉を載せて焼く方法や、地面に穴を掘り、焼け石に大きな葉で包んだ肉を載せ、土をかぶせて蒸し焼きにする方法が考案された。火熱装置の発達しなかった太平洋の島々では近代まで土中での蒸し焼きを続けた。

ヨーロッパでは古くは牛一頭を太い串にさし、大きな焚火で豪快に直火焼きをしたが、炉が普及すると炉の火で肉塊や鳥獣を焼いた。肉がまんべんなく火に当たるように串を回転させる道具も考案された。

肉の小塊を火の近くに置くと表面が焦げ、速やかに中まで火が通る。大きな肉塊は火から離してじっくり焼くと火が中まで段階的に通った。近火の直火焼きはグリルと呼ばれステーキの祖形であり、遠火の直火焼きはローストで、日本語の焙るに当たる。ローストビーフは古くはこのようにして作られた。のちグリルは串焼きや網焼きになり、ステーキは近代になると薄く油を敷いた厚手の鉄板に載せて焼く。ローストビーフはオーブンの密閉空間内で焼くようになり、鳥も兎も魚も今はオーブンで焼く。オーブンは四方八方から加熱されるので、炉の時のように肉を回転させる必要がない。

アメリカにおける特徴的な肉の直火焼きは、先住民の伝統も入れたバーベキューで、野外料理として好まれる。直火焼きは最も原始的な料理で、焦げた香味と脂肪の滲出、水分の蒸散による味の濃縮により愛好者が多いが、焼いている間の調味が難しく、火にかける前に下味をつけるか、焼いた後で調味し、あるいはソースをかけて食べる。

油焼き◉中国の古代には燔《はん》や炙《しゃ》と呼ばれる直火焼きの料理が多かったが、今は少ない。中国料理は強火の熱を中華鍋に受けて、鍋の中で油を使って加熱調理することが特徴である。中国で直火焼きは烤《カオ》といい、インドのタンドール系の独特のかまどで焼いた烤鴨《カオヤー》（北京ダック）や烤羊肉《カオヤンロウ》（いわゆるジンギスカン料理）が有名である。

焼き魚◉わが国では直火焼きの焼き魚は重要な料理のレパートリーである。近世になって七厘と炭と金網が普及すると、イワシやアジ、サンマなどを焼き、するめを焙るのが庶民の日常生活の楽しみであった。しかし現在煙は嫌われ、魚は煙の出ないガスレンジの魚焼き器で焼かれる。

日本の焼き魚は西洋料理のグリルの技法によるもので、似た料理は韓国、イラク、アフリカの地中海岸やイベリア半島などにあるが、多くの文明国の料理には直火の焼き魚はまれで、中国や欧米では魚は鉄板やオーブンなどを用いた間接熱で焼くのが普通である。

江戸時代の鍬《くわ》焼きや鋤《すき》焼きを別として、フライパンのような鉄板に載せて魚や肉を焼く技法は日本では明治時代になって渡来した、新しい調理技法であった。素材が鉄板にくっつかないように油を敷いて加熱することから、この料理は炒《いた》め物とされるが、目玉焼きは焼き物である。また焼き飯や焼きそばも焼き物と呼び、わが国では炒めるという語と焼くという語の区別が曖昧である。中国では紅焼魚翅《ホンシャオユイチイ》（ふかひれの煮込み）のように、炒め煮を焼と表現するが、焼という語は火熱を加えて料理するという一般的なニュアンスを持っている。

❷煮物、汁物

鍋◉新石器時代になって土器が発明され、その後金属製の鍋が作られると、調味料、香辛料とともに肉、魚介、野菜などを煮る料理は、どの民族においても重要なレパートリーになった。ヨーロッパでは近世に至るまで、日常の食事は肉と野菜のごった煮で、硬い肉を野菜とともにくたくたになるまで煮込んだ。ごった煮の大鍋は日夜暖炉にかけられた。ごった煮は大皿に盛られ、人々はそれを小皿に取り分けることなく、指でつまみ、またスプーンで食べた。これが煮物でありスープの祖形で、スープは今でも皿に盛られ、飲むといわず食べるという。近代になり煮物は鍋ごとオーブンに入れて作られるようになった。ごった煮から液の部分を分離して、コンソメやポタージュのような汁物として独立した料理になるのは、ヨーロッパの主要国でも一九世紀になってからである。ヨーロッパのごった煮風スープは今はお袋の味と呼ばれ、イギリスのシチュー、フランスのポトフ、ドイツのアイントプフ、イタリアのミネストローネ、ロシアのボルシチ、それに魚介を主とする南仏のブイヤベースが有名である。

羹◉日本は縄文時代の初めから土器があり、主にトチなどの堅果の渋抜きに用いられたが、肉や魚、いも、野菜などの煮込みも作られた。低温で焼成する初期の土器での煮物は土が滲み出て不味かったと思われる。古墳時代に朝鮮半島から土師器《はじき》が渡来し、以後庶民の鍋、釜は中世まで土製であった。鉄製の鍋や釜は奈良時代から宮廷や貴族の家庭にあったが、わが国は鉄の生産量が少なく、鉄は中世までまず武器、次に農具に使われ、鉄製の調理器具が庶民に普及するのは近世になってからである。

古代から中世にかけてわが国にも中国伝来の煮込み料理があり、羹《あつもの》と呼ばれたが、当時の食膳の主体は生ま物や干物を並べたものであった［図17－2］。室町時代になって金属製の鍋の使用により料理の様相が一変し、羹が煮物と汁物に分化した。日本の伝統料理の始源をなす本膳料理（17・3❷参照）の基本構成は飯と香の物のほか一汁一菜で、煮物も入る。わが国ではごった煮風の料理は近世末期に鍋料理が出現するまで発達せず、魚と野菜は別々に煮られ、併せて器に盛られた（炊き合わせ）。室町時代以後は味噌と醬油が調味料として普及したが、野菜の煮物や汁物には調味料とともに、うま味を加えるために出しが用いられた。煮るという操作は日本料理で最も多く用いられる。

汁◉出し汁に調味料と具を入れ煮て作る料理が汁で、味噌仕立て、澄まし仕立て、潮《うしお》仕立てなどの基本形があり、具によって納豆汁、薩摩《さつま》汁、とろろ汁、けんちん汁、のっぺい汁など多彩で、地方色の豊かなものもある。以前は飯に合わせたものを汁といい、酒に合わせたものは吸い物と区別されたが、今は両者に実質的な違いはない。西洋料理では汁物のスープの誕生は新しいが、東アジアの箸・椀文化圏では早くから汁物が発達した。

❸蒸し物

粒食地帯◉紀元前四〇〇〇年頃の仰韶《ヤンシャオ》文化の時代以後の遺跡から、中国では土器の蒸し器が多数出土している。蒸し器は主食の穀物を蒸すほか料理にも使われた。論語に「煮食は薄膳なり」とあり、古代は蒸した料理が煮た料理よりも上等であった。蒸す技法は煮る技法に比べると食材の呈味成分の溶出を防ぎ、土器の泥臭さの混入を避け、食材の均一な加熱を可能にした。蒸す技法は中国文明圏の中国、朝鮮半島、日本と東南アジアの一部に特徴的な調理方法で、主食穀物の粒食地帯とほぼ一致している。中国では西方から小麦が伝来すると北部が粉食圏になったが、饅頭《マントウ》や焼売《シュウマイ》のような小麦粉の蒸し料理を開発した。蒸す料理は北アフリカのクスクス（穀粉を粒状に練り、蒸してマトンのトマトソースで和えて食べる）を例外として、世界の他の文明圏にはほとんどない。ヨーロッパの料理にも蒸し煮（フランス料理のブレゼ）の手法があるが、蒸し物という意識はなく、欧米の台所に蒸し器はほとんどない。

蒸籠◉日本には水稲の伝来とともに蒸す技術が伝来し、かまどに土器の釜と甑を載せて米を蒸した［**図12-2**］。室町時代になって日本料理が多様化すると、料理に煮物や蒸し物が現れた。江戸時代になると塩蒸し、酒蒸し、茶碗蒸し、土瓶蒸しなどの蒸し物が作られたほか、菓子作りに蒸す操作が用いられた。そばも初期は蒸した。蒸し器は近世では木製の蒸籠《せいろ》と呼ばれる、井桁《いげた》に組んだ四角い枠の底に桟をつけたもので、竹の簀《す》の子を敷いて食材を載せ沸騰する釜の上に置いた。蒸籠は何段も重ねることができた。江戸では蒸籠は長屋の奥まで普及したという。そばは初期の伝統から、今でも小型の蒸籠風の容器に盛るのが正式である。

ご飯蒸し◉最近までわが国ではどの家庭でも三食とも米飯を食べていた。残った冷飯は蒸して温めるのが普通であった。明治時代後期から冷飯を蒸す道具として、蒸籠とは別に「ご飯蒸し（ご飯ふかし）」が現れ、昭和初期にはアルマイト製のご飯蒸しがどの家庭にもあるようになった。湯を沸かす部分と蒸す部分が一体となっており中底で別れている。ガスこんろに載せて用いた。ご飯蒸しは冷飯を温める以外に茶碗蒸しを作り、いもをふかし、中底を外して大量の湯を沸かすのにも便利な道具であった。しかし今ではほとんどの家庭にご飯蒸しはない。冷飯を温める仕事は今では電子レンジの役目である。

❹揚げ物、炒め物

天ぷら◉日本の伝統料理は脂肪分の少ないことが特徴の一つであるが、江戸時代半ばになって、たっぷりの油を煮立てて揚げる天ぷらが出現した。日本の油料理は奈良時代に中国から渡来した唐菓子《からくだもの》が最初であるが、鎌倉時代から室町時代にかけて中国へ留学した僧たちが精進料理を将来し、野菜、きのこ、豆腐などをごま油で揚げた。また戦国時代には南蛮料理が伝えられ、揚げ物もあったが当時は広い普及には至らなかった。油が高価であったからである。日本の揚げ物料理には別の系譜があった。琉球は古来中国の影響が強く、早くから豚肉を食べ、油料理を日常的に作っていた。魚のすり身を揚げたつけ揚げが琉球から薩摩に伝来し、やがて上方にも伝えられた。江戸時代になると菜種油が比較的安価に入手できるようになり、揚げ物が庶民の料理として広まった。

上方では魚のすり身を揚げたものを天ぷらと呼んだ。江戸では魚介や野菜に溶いた小麦粉の衣をつけて揚げたものを天ぷらと呼び、すり身を揚げたものは薩摩揚げと呼んだ。やがて江戸風の天ぷらが全国的に広まるが、関西には衣をつけた天ぷらと、すり身の天ぷらの両方が並存し、現在に至っている。天ぷらは江戸の下町の屋台で売られ、庶民に愛好されたが、高級料理屋では扱わず、また一般家庭で作ることもあまりなかった。揚げ麩《ふ》、油揚げやがんもどき（上方ではひりょうず）などの揚げ食品も庶民に普及した。わが国の伝統的な揚げ物はからっと揚がって、揚げたては油っこくないことが特徴である。わが国では少量の油で加熱する炒める技法は近代に至るまで発達せず、炒め物は焼き飯、焼きそばのように多くは焼き物と表現し、野菜炒めのような料理名は少ない。

フライ◉ヨーロッパでは料理の主体はオーブンで肉を焼くことと、肉と野菜を長時間煮込むことで、食材を油で揚げる料理は比較的少ない。英語では揚げ物も炒め物もともにフライ（fry）と呼び、炒めるに相当する方法は「パンフライイング」（pan frying）で卵の目玉焼きなどがこれに入る。食材が浸る程度の油で揚げる場合は「シャロウフライイング」（shallow frying：浅いフライ）と呼ばれる。わが国の天ぷらのように大量の油で揚げる場合は

「ディープフライング」(deep frying：深いフライ)と呼ばれるが、西洋料理では大変少ない。フランスでは炒めるはソテーと呼び、揚げるのフリールと区別するが、やはり大量の油での揚げ物はほとんどない。しかしルーマニアやポルトガルなどヨーロッパの各地には天ぷらに対応する料理があり、最も有名なものはイギリスのフィッシュアンドチップスで、タラなどの白身魚の切り身に、小麦粉を卵と牛乳で溶いた衣をつけて「ディープフライイング」し、揚げポテトとともに食べるもので、産業革命の頃以来庶民のスナックである。

とんカツ◉明治時代以降わが国に洋食と呼ばれる和洋折衷料理が発達した(17・5❶参照)が、揚げ物が特に好まれた。コロッケととんカツがカレーライスと並んで最も好まれる洋食であった。とんカツは豚肉の厚い切り身やヒレ肉の丸々一本を、衣をつけてからりと揚げるもので、衣はさっくりした口当たりで、中身までよく火が通り、肉は美味い肉汁をたっぷり含んでいる。ヨーロッパの有名なカツレツはイタリアのミラノ風カツレツとオーストリアのウイン風シュニッツェルであるが、いずれも肉を紙のように薄く叩いて火の通りをよくし、少量の油で炒めるように揚げる。わが国のとんカツは江戸時代以来の天ぷらの技法による「ディープフライイング」の成果である。揚げる技法は日本では加熱料理法としては最も遅く始まったが、天ぷらととんカツは世界に誇る揚げ物料理である。しかし歴史が浅いだけに表現法は混乱しており、肉の揚げ物はカツレツと呼び、魚の揚げ物はフライと呼ぶ。鶏肉には両方が用いられる。

中華鍋◉中国は世界で最も油料理の発達した国で、中華鍋一個を使って、ごく少量から大量までの油を用い、火熱の具合と加熱時間を多様に変え、多種類の料理を作る。油料理は炒菜《チャオツァイ》と炸菜《ヂャーツァイ》に分けられる。炒菜は少量の油で食材を高温に短時間炒める料理、炸菜は多量の油の中で揚げる料理で、いずれもいくつかの技法がある。中国料理では火の通りにくい食材では低温と高温の二度揚げをすることが多い。中国で油料理が発達した理由は、早くに鉄鍋が普及し、また石炭の普及から強い火力が容易に得られたこと、そして植物油の大量生産に早くに成功したことである。

❺生ま物

刺身◉刺身《さしみ》は日本料理の中心をなす料理で、魚介類の生食は日本料理の特色の一つである。刺身の前身は鱠《なます》で、中国から渡来した。中国では古代に生まの鳥獣肉を細切し調味液に浸けて食べ、膾《なます》と呼んだが、のち生魚を同様に調理するようになり、鱠の字もできた。しかし中国では肉料理が隆盛になり、一三世紀末頃から鱠は消滅した。中国では現在生まの魚介は、南部の海岸地帯の一部を除いてほとんど食べず、また生まの肉も食べない。わが国では鱠が中国より渡来後、宮廷や貴族の宴席に供された。魚肉を細く切り、酢を主とする調味液に浸け、薬味をあしらった料理である。刺身は室町時代に鱠の一種として作られ、鱠よりも厚く切り、調味液は和えずに別に添えて供した。江戸時代後期に醤油が普及するまで刺身に添える調味液は四条流の包丁書によると魚種によって異なり、鯉はわさび酢、鯛は生姜酢、鱸《すずき》はたで酢、鱶《ふか》は辛子酢、鰈《かれい》はぬた酢であった。刺身の材料は魚介類が主であるが、江戸時代には生ま、または茹でた椎茸、木茸《きくらげ》などのきのこ類、ちしゃ、あさつき、たけのこなどの野菜や豆腐、こんにゃく、菊の花などの刺身もあった。こんにゃくの刺身は現在も山村で食されている。明治時代以降魚介の刺身はもっぱらわさび醤油で食べるようになった。鱠は酢の物として生き残り、生ままたは軽く手を加えた魚介類や野菜を二杯酢、三杯酢、ごま酢、酢味噌などと和えて供する。

海外の生食◉世界の多くの国では生魚を食べる習慣は少ないが、フランスでは生まのカキなどの貝類を非常に愛好する（5・2❺参照）。また魚介類を酢と香辛料の漬け汁に漬けたマリネも鱠に類する料理といえる。世界各地の海岸地帯や島嶼《とうしょ》には生魚を食べるところもあるが、すべて酢か柑橘類のしぼり汁に強烈な香辛料や油を加えて食べる。また肉食民族は生まの肉も食べず、ほとんどが火にかけて食べる。生まの牛肉の有名な料理はヨーロッパのタルタルステーキと朝鮮半島のユッケで、前者は牛肉を細切し、調味料や香辛料と混ぜて丸め、卵黄を載せてそのまま食べる。わが国には以前からとりわさ（鶏肉のささみの刺身）があるが、最近では牛肉のたたきが市販されている。最近世界各国で寿司がブームになり、魚介類の生食がグローバルに認知されているが、生まの魚介の自然な風味を楽しむわが国の嗜好とは大きく異なる。

サラダ◉野菜を生まで食べる風習はヨーロッパでは古くからあり、古代ローマではレタスをよく食べた。ヨーロッパでは肉を食べた後は必ず生まの青菜を食べるのが健康によいと信じられていた。中央アジアの遊牧民も羊肉を食べる時、生まの香草を一緒に食べた。サラダはラテン語の塩を意味するsalに由来する言葉で、ヨーロッパでは初めは野菜に塩を振っただけで食べていた。近代になるとドレッシングで和えるようになった。ドレッシングは酢と油と香辛料で作るビネグレット系と卵黄を含むマヨネーズ系がある（14・1❹参照）。やがてサラダは料理の一品として独立し、現代では生ま野菜のほか茹でた野菜や果物、チーズ、ハム、ベーコンなどの肉製品、調理した魚介類なども用い、ソースも生まクリームを加えるなど多様化している。サラダは加熱調理をした材料を使っても必ず冷やして供される。サラダは肉料理の後で供されるのが普通であるが、前菜になる場合もあり、この時はやや濃厚なドレッシングが用いられる。現在はサラダに向くような歯あたりがよく、香気のある野菜が多種類栽培されている。

漬物と和え物◉中国と朝鮮半島では古来漬物と薬味として以外に生ま野菜を食べる伝統がなく、必ず茹でるか炒めるかして食べてきた。日本も古代以来近世まで、大根おろしを除くと野菜を生まで食べる風習はなかった。しかし広義のサラダについての解釈に従うと、わが国には古くから和え物やおひたしがある。調味料には酢に薬味を加えたたで酢、辛子酢、わさび酢などと酢味噌、二杯酢、三杯酢などがあり、西洋のサラダとの違いは油を用いないことである。しかしサラダのように大量に食べるものではない。漬物はピクルスなど西洋にもあるが、東アジアでは古くから発達し、特に日本では材料の野菜、漬け方が地方によって多様であり、多彩である。

13・2 盛り付け

目で食べる◉日本料理は目で食べるといわれる。美しい盛り付けには料理の美しい切り分けとバランスのよい取り合わせ、それと料理にマッチした食器が必要である。見た目を豪華にするために菊や桜の花やバランなど、味に無関係だが装飾価値の高いものを添えたり、彩りをよくするためだけに青や赤の食材を加えることが行われる。刺身のしらが大根などのつま（けん）や洋食のパセリは飾りとして用いられ、ほとんどの人が食べずに残す。西洋料理では一皿の料理を美しく見せる目的だけに食べないものを添えることはない。中華料理も同様である。

江戸時代後期には刺身の皿に庭園風の盛り付けをするなど、自然を人工的に創作することも行われた。また大きな器に少量の料理を小綺麗《こぎれい》に盛り付ける風潮は早くから関西の料亭にあったが、関東大震災を契機として東京から全国に広がった。現在家庭料理でも彩りに気を配ったり、季節の食材を意識的に添えるなど日本人らしい配慮が生きている。

日本料理を美しく盛り付けるためには料理を美しく切り分けることが重要で、江戸時代に会席料理が完成した頃高度な包丁技術によって魚や野菜の多様な切り方が考案された。食材を切ることは西洋料理では下ごしらえの一部に過ぎないが、日本の伝統料理では綺麗に切ることは上手に煮炊きすることよりも重要であった。

欧米の装飾◉美意識の内容は異なるが、西洋料理の歴史にも過剰な装飾の時代があった。古代ギリシアから古代ローマ時代の宴会にはクジャクを料理した後羽根をかぶせ、クジャクの元の姿にして皿に盛って出した。また鳥の丸焼きにナイフを入れると生きた小鳥が飛び出す趣向もあった。このような遊びの趣向は中世を通して近世までヨーロッパ貴族社会に生き続けた。近代フランス料理の創始者といわれるアントナン・カレーム(一七八四―一八三三)は料理の盛り付けに建築学の原理を導入し、壮大な外観の料理を宴席に供した[図13-1]。

近代から現代にかけて西洋料理では余分な装飾は皿から排除されたが、これは生活のテンポの変化から料理を実質的に楽しむ風潮が広がったからである。フランス料理では一皿に一料理であるが、ガルニチュールと呼ばれる付け合わせには彩りや食欲増進効果なども配慮される。しかし付け合わせの主たる目的は主菜との味覚と栄養のバランスで、肉料理に揚げポテトのような簡単なものもあるが、多くは主菜に劣らぬくらい手間をかけている。凝った料理には凝った付け合わせが添えられるものである。西洋料理は中華料理と同様にたっ

図13-1
カレームの盛り付け
カレーム自身のスケッチ

ぷりの量が皿に盛られることが普通で、装飾的な外観に重点を置くことはない。

13・3　配膳

平面展開型◉会席料理にはすべての料理が最初から並べられる平面展開型または同時展開型と、料理が順序に従って一品ずつ供される立体展開型または時系列展開型の両方がある。平面展開型では前菜からデザートまで、すべての料理が最初から目の前にあり、客は好みによって順不同に料理に箸をつける。刺身を一切れつまみ、焼き魚を少しむしり、汁を一口吸い、天ぷらをかじるように、あちこち同時に食べ進んでもよい。新しく料理が追加されることはなく、空になった椀や皿が途中で下げられることもない。初め熱かった料理は冷たくなり、冷やしてあった料理はぬるくなり、膳は漸次乱雑になる。しかし食事の自由度は高い。また給仕の人手がかからない。

時系列展開型◉会席料理の時系列型の場合、最初に盃と箸、それに前菜など冷たい料理が載った膳が出され、以後料理が順序に従って出てくるが、前の料理が食べ終わった頃に次の料理が供され、空いた食器が下げられる。喰い切り型ともいわれる。料理を順序に従って一種ずつ味わう方式である。料理の順序は概ね**図13—**

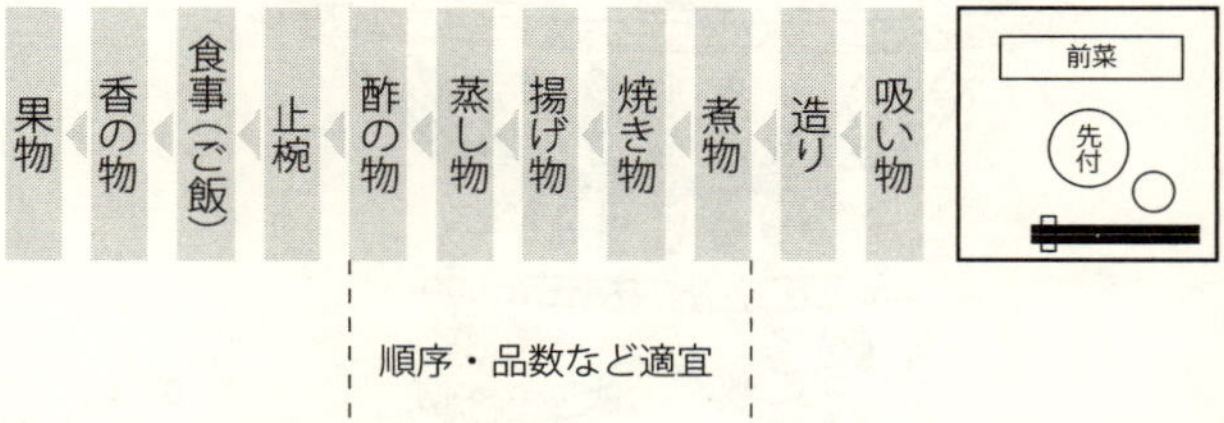

図13-2　時系列型会席料理の基本様式
辻勲『日本料理』より

2のようであるが、多様である。料理が一通り終わると止椀《とめわん》に続いて食事とデザートが供される。座敷で食事の場合は給仕人が頃合を見て新しい料理を運び、空いた食器を下げるが、前の料理が済んでいない場合は膳に数種の料理の椀や皿が並ぶことがある。

わが国独特の供食形態であるカウンターでは、カウンターの両側に客と料理人が向かい合い、料理人は客の食事の進行状況を見ながら次の料理を作り、客は料理人の手作業を見ながら料理を楽しむことができる。また気の利いた会話も可能である。

フルコース◉フランス料理のフルコースは時系列型で、オードブルに始まり、スープ、魚料理、肉料理と決まった順序で料理が各自に配られる。食卓には予定される食事に必要なフォーク、ナイフ、スプーンなどの食具が各人の前に順序に従って並べられ、予定される飲み物のグラス類もすべて並べられる。しかし皿はパン皿を別として常に一枚だけである。食事が始まり、一つの料理が食べつくされて皿が空になると給仕人によって皿が下げられ、新しい皿と次の料理が配られる。前の料理が終わらないうちに次の料理が供されることはない。料理が終わってデザートに移る前に食卓はいったん片付けられ、あらためてデザート用の皿とコーヒー碗が配られチーズ、菓子、果物が順次供され、最後にコーヒーで締めくくるのが普通である。

大皿料理◉フランスで、ロシア式サービスと呼ばれる現在の時系列型個人配膳方式が宮廷に取り入れられたのは一九世紀後半で、それまではヨーロッパの他の国の貴族の宴会と同様に、たくさんの大皿が食卓に所狭しと並べられ、それぞれの皿には豪勢に料理が盛られ、人々は初めの頃は手づかみで、後にはフォークやスプーンを使って取り分けて食べた。ヨーロッパの豪華な宴会は三部構成で［**表5**］、それぞれにたくさんの料理が供された。第一部の料理があらかた消費されると食卓を片付け、あらためて第二部の料理が並べられた。第三部についても同様である。それぞれの交替の間に余興が演じられ、アントルメと呼ばれた。この語は今はデザートとほぼ同意語になっている。

個人膳◉わが国では平安時代の大饗料理以来ずっと個人膳形式で推移し、大皿に盛られた料理を取り分ける伝統はないが、配膳は平面展開型であった。中世から近世にかけて発達した懐石で初めて時系列方式が採用され、熱い料理は熱いうちに、冷たい料理は冷たいうちに食べることが図られた（17・3❷参照）。料理の数が少なかったから可能であったといえる。

中華◉中国料理では現在大皿に盛られた料理が順序に従って食卓の中央に供され、人々は適宜各自の小皿に取り分けて食べる。しかし前の料理が食べ終らなくても次の料理が出され、食卓にはいくつもの大皿が並存することになる。時系列型と平面型の混合である。中華料理の大きなテーブルの中央の回転テーブルは、イギリスの「レイジースーザン」（lazy Susan：調味料などを置く小さな回転テーブル）を明治時代わが国で拡大改良したもので、大皿はこの上に載り、回転によって各人の手の届く位置に移動される。世界の多くの民族では平面展開型の配膳が主で、時系列型は少ない。

家庭で◉欧米では一般家庭でも時系列型である。正餐でもレストランのフルコースのように豪華ではなく、概ね前菜、主菜、デザートを基本とした構成で、フランスではオードブルかスープ、魚料理か肉料理、チーズとデザートで、イタリアではアンティパスト（前菜）、プリモピアット（パスタ、リゾットなど）、セコンドピアット（魚か肉の料理）、ドルチェ（デザート）である。必ずこの順序で料理は供され、プリモとセコンドが同じ皿に盛り合わされることはない。レストランでは専任のボーイが料理を運び、空いた皿を下げるが、家庭では主婦が料理の段取りを予《あらかじ》め調えておき、台所から順次料理を運び、空いた皿を下げる。食事の準備、進行、後始末には家族全員が手伝うことが多い。

14 調味料と香辛料

14・1 調味料

味を作る◉人間はたべものに味をつけて食べる動物である。味の好みは民族によって異なり、食材の差異とともに民族の食文化を特徴づける大きな因子である。調味料の役割は素材の持つ味を強調し、または抑制することと、素材と調味料の複合によって新しい味を作ることである。日本の料理は食材の種類が多くその特性を大切にするので、食材と調味料ははっきりと区別されるが、西洋料理では素材の種類は少ないが、たんぱく質や脂肪が多く含まれ、加熱などの処理が調理の主体となるので、調味料という独立した概念は乏しい。西洋料理では調味料は食塩だけとの見方もある。

❶六味

人間が感じる味は塩から味、甘味、酸味と苦味の四つが基本で、これに辛味とうま味を加えることがある。辛味については香辛料のところで扱う。

塩から味◉塩（塩化ナトリウム）は必須栄養素であるが、狩猟民族は動物の肉、内臓、血液、髄液などから摂取するので、塩の必要量は少ない。これに対して農耕民族は穀物や野菜からカリウムの摂取が多く、それとバランスを取るためにかなりの量のナトリウムを取らねばならない。塩は呈味効果が大きい。原始時代獲物の肉を焼き、初めて塩を振って食べた時、人々はその美味さに驚喜したと思われる。

塩はアメリカ、中国、ヨーロッパなどでは内陸の岩塩鉱、鹹湖《かんこ》、塩池などから採れ、その他の国々では海水を蒸発させて採取してきた。現在世界の塩の生産量は内陸性が約六〇%、海水性が約四〇%である。わが国は内陸性の塩資源がなく、古代は土鍋で海水を加熱蒸発させ、また海水で濡らした海藻を焼く藻塩《もしお》焼きで製塩した。奈良時代末期から塩田法が始まって時代とともに発達し、瀬戸内海での入浜式［**図14-1**］、太平洋、日本海での揚浜式によって製塩が行われ、海浜から内陸部へは塩の道によって運ばれた。戦後瀬戸内海で枝条架式流下法が開発されたが、現在はわが国で開発されたイオン交換膜による製塩法で純粋な塩化ナトリウムが生産されている。しかし料理には従来の方法による海塩が好まれる場合がある。

塩は必須の生活物資であったので、中国では前漢（紀元前二世紀）以来塩は政府の専売制になり、塩税は国家財政を大きく支えた。わが国では明治三八（一九〇五）年日露戦争の戦費を賄うため塩は専売になったが、平成九（一九九七）年に専売は解かれた。

塩はすべての調味の基本をなし、動物性、植物性を問わずすべての料理に用いられ、味噌、醬油などの複合調味料の基本的成分である。伝統的日本料理の煮物の塩分濃度の基準例は**表1**

料理	塩分濃度
芝煮	1/180
沢煮	1/160
含め煮	1/130
煮浸し	1/120
煮染め	1/100
白煮	1/90
うま煮	1/70
すっぽん煮	1/40 - 50
寒露煮	1/38
加羅煮	1/30

表1　煮物における塩分濃度の目安
『調味料全書』柴田書店（2001）より

図14-1　赤穂の塩浜（入浜方式）
海岸の砂浜の一画を平らにならし、海水を撒いて陽に乾かし、砂を桶に入れて海水で濃い塩水を浸出し、釜で煮詰める。
海水を汲む仕事は女性に拠った。『日本山海名物図会』（1754）

のようである。塩から味は米食によく合い、少量の塩気のおかずで多量の米飯を食べることが戦前までのわが国庶民の食事スタイルであった。塩はまた他の味への干渉効果が大きく、少量を加えると砂糖の甘味を増大し、酢に混ぜると酢の刺激的な味を穏やかにする。塩は調味料として以外に防腐剤として重要であり、どの民族も鳥獣の肉や魚介を古くから塩蔵した。ヨーロッパでは中世から近世まで、庶民の日常の食肉の中心はもっぱら塩漬けの保蔵肉であった。

甘味◉甘い味はどの民族でも最も好まれる味である。動物でもネコ科などを除き多くの動物が甘い味を好む。先史時代以来人々は甘い果実を求め、蜂蜜を採取した。甘味料の中心をなす砂糖の原産地はニューギニアともインドともいわれ、紀元前二〇〇〇年頃にはインドでサトウキビの栽培が始まった。紀元前三二七年にマケドニアのアレクサンドロス大王がインドへ遠征し、インドでは蜂の助けによらず植物の葦《あし》から蜜を作ることを知り驚いた。紀元前三二〇年ギリシアの駐インド大使は砂糖を石蜜と紹介した。砂糖はアラブの商人によって中世初期にヨーロッパに将来されたが、貴族社会で医薬や香辛料の扱いであり貴重品であった。近世になり新大陸のアメリカに、ヨーロッパ諸国は植民地でのサトウキビの栽培を盛んに行い、砂糖は漸次ヨーロッパの庶民にも広がり、紅茶やコーヒーに砂糖を入れる習慣が普及を助長した。一七四五年ドイツのマルクグラーフが飼料作物の甜《てん》菜《さい》（ビート）から砂糖を分離し、甜菜からの製糖工業がヨーロッパで始まった。かくてヨーロッパ各地で甜菜糖の生産が盛んになり、一九世紀末には砂糖は日常的に入手できる安価な食品になった。

日本では古代からの甘味料は飴《あめ》、甘葛《あまずら》、干し柿などであった。百済から伝来した蜂蜜は定着しなかった。砂糖は唐僧の鑑真《がんじん》が七五四年に日本に伝来したが、貴重な薬品であった。室町時代頃から中国の砂糖が輸入され、砂糖ようかん、砂糖まんじゅうなどの菓子が作られたが高価であった。しかし江戸時代後半には中国からの砂糖の輸入が増え、また南西諸島や四国をはじめ国内各地での生産も始まって砂糖は徐々に庶民層にも普及した。明治になり、日清戦争で日本が台湾を領有したことから砂糖は国内で大量に生産されるようになった。戦後は北海道の甜菜糖を除き海外からの輸入に頼っている。しかし一九六〇年代後半に異性化糖が発明され、でんぷんから砂糖と同様の甘味料が液糖として安価に供給され、加工食品や飲料はもっぱらこれに依存したが、最近は合成甘味料のスクラロースやアセスルファムカリウムが少量で加工食飲料に甘味を付与し、カロリーも微量でダイエットにも貢献している。

砂糖は紅茶、コーヒー用以外は主に菓子作りに用いられる。わが国では料理にも砂糖を加えて味を複雑にし、あまからという言葉もある。しかし世界の他の食文化圏では調理に砂糖を加えることは少ない。欧米ではその代わりデザートに甘い菓子をたっぷり食べる。

砂糖は安価になったこともあり、戦後欧米やわが国の飽食社会では消費が激増したが、砂糖が肥満や糖尿病など生活習慣病の一因になると指摘され、人々の砂糖離れが始まり、たべものの甘味を抑える傾向にある。またサッカリン、アスパルテーム、ステビアなどの合成甘味料が用いられるようになった。砂糖には食品の保水作用、でんぷんの老化防止作用、たんぱく質の凝固抑制作用などがあるが、苦味、酸味など他の味を隠す作用もあり、多用すると素材の微妙な風味を殺《そ》ぐことがある。

酸味◉酸っぱい味は料理の味を引き締め、爽快な感じを与える。酸味料の酢は醸造酒から酢酸菌の作用で生成する。それ故酢の原料は各民族の酒である。ワイン文化圏ではワインビネガー、ビール文化圏ではモルトビネガー、そしてわが国では米酢が造られる。日本への中国からの酢の伝来は応神天皇の頃（四～五世紀）といわれる。イスラム社会のように酒を醸造しない社会では酢は生産されず、柑橘類のような酸味のある果汁で代用している。また太平洋の島々、アフリカ、東南アジア、インドなど大規模な酒造のないところでも醸造酢はなく、ライムやタマリンドなどの酸味の果汁が用いられる。わが国でも酢が産業として造られたのは江戸時代からで、それまでは梅酢やユズなどの柑橘類の汁が料理に用いられた。

酢を使った料理はわが国では古くは鱠《なます》（13・1❺参照）で、のちに酢の物に発展し現在に至っている。酢がないと作れない料理は多数あるが、酢が単独で味付けに用いられることは少ない。砂糖、塩、醤油、味噌などとともに使うと、酢に風味をつけるとともに互いの味を強調したり和らげたりする。日本には酢の物に和える調味酢に二杯酢、三杯酢、甘酢、加減酢、ごま酢、黄味酢、酢味噌などがある。米酢はビネガー類に比べて独特の柔らかな風味があり、酢の物に向いている。ユズ、スダチなどの果実汁は甘味と香りを持つ複合酢である。中国には黒醋《ヘイツー》と紅醋《ホンツー》があり、黒醋は餃子のたれなどに、紅醋はふかひれ料理などに用いられる。

酢は調味のほか野菜や魚介の下ごしらえに用い、また酢漬けのように保存食料に利用する。欧米の酢の消費量は日本に比べて非常に多く、肉料理に合わせたサラダのドレッシングのほか、魚介類や野菜の酢漬けに用い、マリネのように料理にも使う。ヨーロッパでは酢以外の酸味料としてレモンやオレンジが一三世紀頃十字軍によってオリエントからもたらされた。

苦味◉苦味は不好味で幼児は嫌うが、人は成長するにつれて食経験を重ねるとともに苦味のある飲食物を嗜《たしな》むようになる。塩から味や甘味は生命維持に関わる原始の味であるが、苦味は文明社会が発達し、人々が精神的ストレスを持つようになり、そのストレスを緩和するために見出した、いわば文明の味である。苦味は多くは刺激を伴い、それがストレス緩恕に作用するが、年齢や民族を問わず好まれるのはほろ苦さである。適量の苦味が食品の味を引き立て特徴づける例はビールのホップ、コーヒー、茶、ココアのカフェインなどや、シェリー酒、八丁味噌、ニガウリなどである。苦味には食塩、砂糖、酢酸《さくさん》のような単純な苦味物質はなく、苦味を持つ食材を適量混合すると料理の味に深みを与える。

うま味◉西洋料理のように肉が主体の料理では肉のエキスや脂肪が味の中心になり、野菜をともに煮込む時は塩を加えるだけで一応の味覚は満足させうる。しかしわが国では野菜の煮付けや魚介の汁を作る時、素材の味が淡泊なので、塩や醬油に加えてうま味料の出しを加えて初めて料理の味が形成される。出しは塩から味の緩和剤と考えられ、甘味の料理には出しは不要である。出しは普通コンブ、鰹節、シイタケなどを熱湯に浸してうま味成分を抽出したものである。化学的研究によって出しの主たるうま味成分は、コンブがグルタミン酸ナトリウム、鰹節がイノシン酸、シイタケがグアニル酸、貝柱がコハク酸と解明された。うま味成分間の相乗作用もあり、少量のイノシン酸を混ぜるとグルタミン酸ナトリウムのうま味が増強される。グルタミン酸ナトリウム（SMG）は現在は発酵法によって大量に工業生産され、家庭で使用されるほか業務用や加工食品製造用に大量に消費されている。また海外にも輸出され、特に中国、韓国、東南アジアでは料理に多用されている。欧米ではSMGはフレーバー増強剤として肉製品など加工食品製造に添加される。

出し◉日本の出しに相当するものは中国料理の湯《タン》とフランス料理のフォンとブイヨンであるが、わが国のように出しを取るため専用の食品を開発し、出しを取った後は廃棄する技法は世界に例がない。鰹節は何か月も手間をかけて作り、数分間で役目を終える贅沢な使い方である。中国でも欧米でも鳥獣肉を煮込んで煮出し汁を取った後、素材はスープの具にするか、別の料理に用いる。鳥がらなどは煮出した後廃棄するが、それらは元々食品ではない。

わが国の出しの材料として重要なコンブは江戸時代に北海道のコンブが北前船によって大量に入手されるようになって、関西で重要な出しの原料になり、明治時代以降全国に普及した。北海道の土地によってコンブに特徴があり、料理人は用途によってコンブの産地を選ぶ。六種類の昆布のうち、真昆布、利尻昆布、羅臼昆布が上品な出しを与え、高級料理に用いられる。

鰹節は一七世紀後半に土佐（高知県）で開発された（5・2❸参照）もので、昆布とともに鰹節は最高級の出しを与える。植物性の料理には動物性の出し、動物性の料理には植物性の出しを用いるのが基本であるが、両者を混合して用いることも多い。サバやムロアジなどからの雑節や、きのこ類、えび、貝類、アワビなどの干物からも出しが得られ、料理の種類に応じて用いられる。明治時代後半以降庶民は安いカタクチイワシの煮干しを味噌汁や煮物の出しによく使った。戦後しばらくまでは各家庭で毎日鰹節を削り、昆布から出しを取っていたが、現在は工場生産の顆粒状の出しの素が市販され、またSMGを主とする化学調味料や天然の出しを含む多種類の調味料が安価に手に入り、家庭で出しを取る手間は大幅に楽になった。

❷油脂

油っこい◉油脂は揚げ物などの加熱媒体であるとともに、料理に好ましい味、香り、質感を与える調味料でもある。油脂は一種のうま味を与えるが、塩から味、酸味、苦味などの刺激を和らげ、味わいをまろやかにするとともに味に重みをもたらす。それは呈味そのものよりも呈味に関わる物性的作用であると考えられる。わが国は伝統的に油気の少ない料理で、世界の味覚文化の中で特殊とされるが、江戸時代に始まった天ぷらから明治時代以後のコロッケやとんカツなどと、現在ではかなり油脂の風味に馴染んでいる。しかしわが国では油っこい風味は忌避され、天ぷらやとんカツもからりと揚がった、さっぱりした味わいが好まれる。

他の食文化圏、特に寒冷な地域では油脂は重要なエネルギー源であり、古来油っこいたべものが好まれ、近代に至るまでヨーロッパでも中国でも脂身の多い肉が赤身の肉よりも上質とされた。ヨーロッパでは中世を通してソースは酸味が主で油脂は用いなかったが、一六～一七世紀以降ソースに油脂を加え、調味したバターや生クリームをたっぷり用い、こってりした料理を作るようになった。肉に脂肪分が少なくて不味いと感じる時は豚脂などで肉を包んでローストし脂っこさを補足することもあった。中国料理では皿に盛り付けた後料理にごま油やピーナッツ油を振りかけ、朝鮮半島では餅や味付け海苔にごま油を塗る。

種類◉油脂の種類には地域の嗜好がある。ヨーロッパでは地中海沿岸地方はオリーブ油［図14-2］、フランスなど中部ヨーロッパはバター、そして北部では豚脂が好まれる。南イタリアでは料理の味はオリーブ油の質で決まるといわれる。インドは

図14-2　古代オリーブの収穫
アテネのワイン瓶に描かれたアンティネメスの絵（紀元前920年頃）

ギーと呼ばれるバターオイル（6・4❶参照）を常用し、東南アジアからオセアニアにかけてはココナッツミルクを使う。中国は油料理の発達した国であるが、最上等の食用油はアヒルの油（鴨油）で菓子に用いる。料理用は古来豚脂がよく用いられたが、最近ではダイズ、ナタネなどの植物油のほか、鶏皮と脂身を時間をかけて煮溶かし、ネギとショウガで香りをつけた鶏油《ヂーユウ》もよく使う。料理の仕上げに振りかける油に、辛い料理には唐辛子をごま油で煮た紅油《ホンユウ》を使う。朝鮮半島では豚肉は食べるが豚脂は使わない。

わが国では油脂を調味料として加えることは少ないが、脂の乗った旬の魚を喜び、油揚げを野菜の煮付けや味噌汁に加え、またきんぴらごぼう、けんちん汁などで油の風味を楽しんできた。牛肉にサシが入った霜降り肉がすき焼きなどで好まれるのは牛脂によって煮た野菜が美味しくなるからである。若い人はいろいろな油脂に馴染み、従来の日本料理にない味を好む。刺身をマヨネーズで食べる感覚は若者のものである。最近は健康志向から植物性の食用油を多く用いる傾向にある。

❸発酵調味料

醤◉発酵調味料は東アジアでよく発達した。中国には古代醤《ひしお》と呼ばれる多数の調味料があり、紀元前三世紀の『周礼』には王の食用に一二〇種類の醤が記録されている。孔子は『論語』に「料理にふさわしい醤がなければ食べない」と述べており、醤は重要な食事の因子であった。醤は種々の食品の塩漬けであるが、発酵させて成分を部分分解し、うま味を生じさせるものが多かった。

味噌◉五～六世紀頃中国で麹《こうじ》を用いた発酵食品が

作られ、世界最初の農書『斉民要術』にも記載されている。日本では飛鳥時代大宝律令（七〇一年）に未醤の字が現れ、主醤という官職があった。平安時代の『日本三代実録』（九〇一年）に初めて味噌の字が現れる。以来ダイズの発酵食品である味噌は全国で広く作られた。味噌は手頃な桶があれば難しい技術がなくても作られるので、武家でも農家でも各戸で作った。麹の選択や仕込み条件、タイミングなどででき上がった味噌の風合いが違い、各戸で好みの味噌を作った。手前味噌の言葉がある。当時味噌は豆や穀物を粒々に残したたべものであり、重要なたんぱく質源であった。戦国時代味噌は重要な兵食で、武将は味噌の製造と保持に気を配った。室町時代にすり鉢が普及すると味噌を擂ってペーストにするようになり、この時点から味噌は調味料になった。味噌汁が作られ始め、いろいろな料理の味付けに味噌が用いられた。日本の味噌は麹かび、酵母、乳酸菌の絶妙な協調によって製造され、普通米味噌、麦味噌、豆味噌に分ける。地方的分布は**図14―3**のようである。

醤油◉わが国の醤油の始まりは紀州（和歌山県）である。鎌倉時代初期、由良興国寺の開祖覚心（法燈国師）が留学先の宋から径山寺《きんざんじ》味噌（刻んだ野菜を漬け込んだ味噌）を伝来したが、醸造中に発酵槽の底に溜まった液体が優れた調味料であることを発見し、液体調味料としての利用を思い立った。醤油の製造は近くの湯浅を中心に始まり、また関西の多くの寺院でも酒（11・1❸参照）とともに発酵食品の研究が行われた。その結果味噌醸造の際のたまり液を集めるのでなく、端的に液体の調味料を製造する技術が開発された。日本の醤油製造技術の特徴はダイズとコムギをほぼ同量用い、加熱処理した後双方に麹を加えて混ぜ合わせ、塩水を加えたもろみ（醪）を発酵、熟成させるものである。醤油の製造は味噌と異なり、高度な技術と、発酵槽を収める蔵など設備も必要で、早くから企業として経営された。濃厚な液体調味料の出現はわが国の料理に革命的変化をもたらし、日本料理はこの時に生まれたといえる。醤油は湯浅近辺のほか大阪湾沿岸の各地で造られるようになり、一時製品はアジア各地からオランダにも輸出され、フランスでディドロ（一七一三―八四）の『百科全書』（一七五一―七二）に記載されている。

関東◉一七世紀後半には醤油製造は関東の野田、銚子（ともに千葉県）でも始まり、大企業となり、現在に至っている。江戸時代関東の醤油製造業は大消費地の江戸の需要を基盤にしている。江戸時代中期まで江戸で消費される醤油は関西からの下

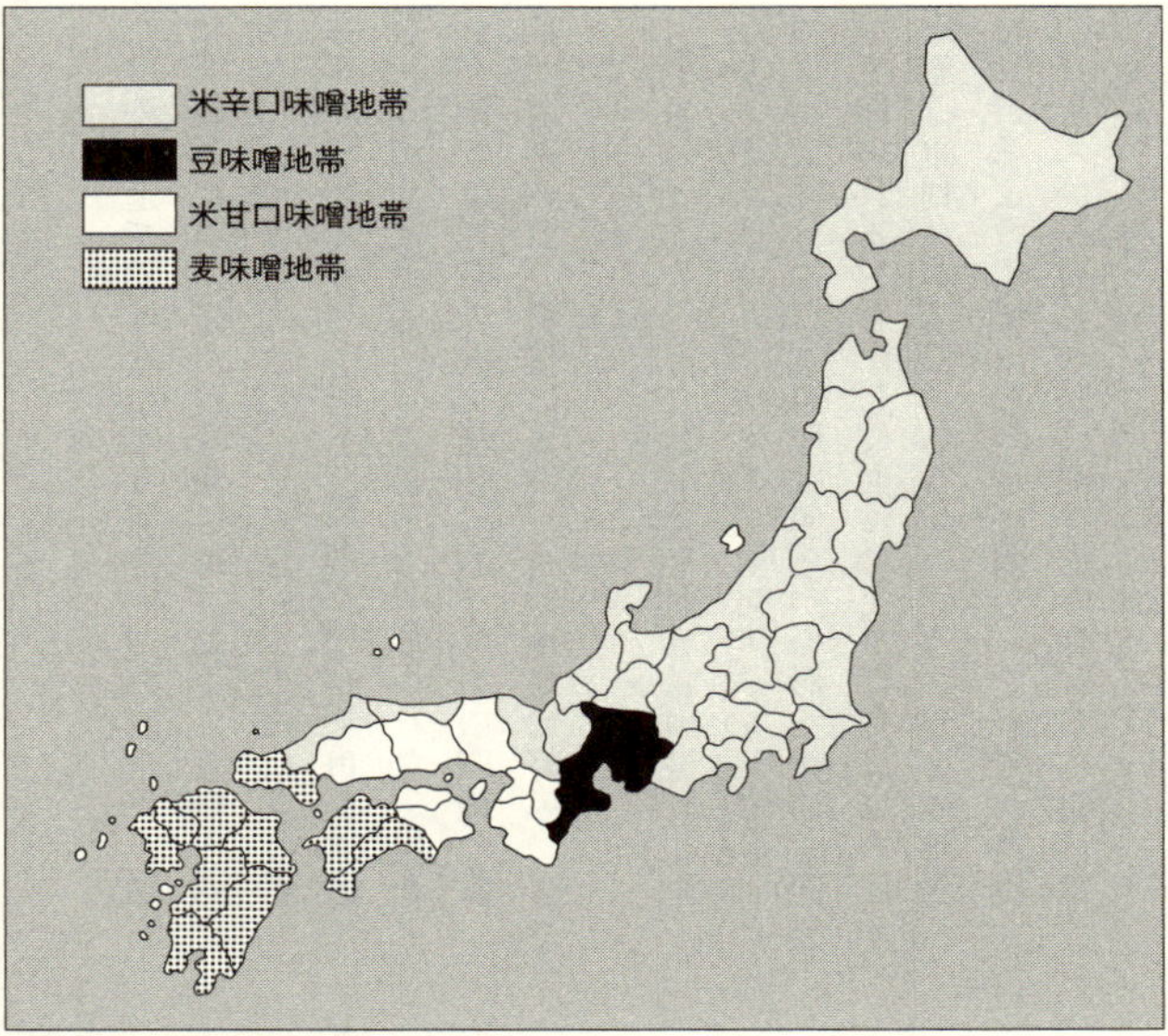

図14-3　各種味噌の生産地分布
石毛直道監修『講座　食の文化　第3巻』より

り醬油が主であったが、文政四（一八二一）年の調査では江戸で消費された醬油のほぼ全量を関東産の醬油が賄《まかな》っていた。関東平野が良質の素材を提供したことに加えて、業者の熱心な技術革新の成果で製品の質が向上した。幕府は醬油が生活必需品として普及するにつれて何度か価格統制を行ったが、天保一一（一八四〇）年には野田、銚子産の七つのブランドの醬油に「最上醬油」の格付けを与え、統制から除外した。

淡口《うすくち》醬油◉寛文六（一六六六）年播州龍野（兵庫県）で淡口醬油が作られた。塩分は高いが色と香りが薄い醬油で、料理の素材の風合いを生かす効果があり煮物、吸い物などに重宝で、関西一円に広がった。淡口醬油は現在も伝統的な日本料理には必須であり、日本の現在の醬油生産量の約一五％を占めている。一七世紀末期には東海地方でダイズだけの醸造で濃厚なたまり醬油が造られ、また逆に実質的にコムギだけを用いて、ほとんど無色透明な白醬油が造られた。一八世紀末期には防州柳井《やない》（山口県）で絞りたての醬油を用いて再び醸造を行う再仕込醬油（甘露醬油）が造られた。現在わが国では通常の濃口醬油に加えてこの四種の醬油が製造され、料理により、また地域の好みによって利用されている。

醬油はそれなくしては日本料理が成り立たないといわれるほど、日本の料理に不可欠の万能調味料で、大部分の日本料理は何らかの形で醬油を使って作られる。しかし反面このように何にでも使える、便利な調味料があるために、フランス料理におけるように個々の料理に対し、それぞれ特別のソースが発展しなかったともいわれる。醬油は戦後握り寿司とともに世界に広がっている。フランスのヌーヴェル・キュイジーヌ（19・6参照）にも隠し味として醤油が使われ、醤油は新しい調味料として欧米ででも認識されている。

ジャン◉中国の醤油は日本と同様の原料と造り方で、一般的な生抽《ションチョウ》とうま味の濃い老抽《ラオチョウ》がある。中国は調味料が無数にあり、多数の醤《ジャン》がある。中国の醤は味噌の仲間や、多種類の調味料を調合した複合調味料で、組成は雑多である。わが国によく知られている例では、豆板醤《ドウバンジャン》はソラマメとコムギを塩水中米麹で発酵させ、唐辛子粉を加えたもので、四川料理に不可欠である。甜麺醤《テンメンジャン》は小麦粉に米麹を加えて発酵させた甘味噌で、北京ダックに欠かせない。芝麻醤《ヂーマージャン》は白ごまを煎って擂りつぶしたもので、棒棒鶏《バンバンジー》のごまだれに使う。最近人気のあるXO醤は干し貝柱、干しえび、中国ハムを細かく刻んで炒め、ニンニク、生姜、唐辛子などを加えて味付けしたもので、近時中国料理に新風を吹き込んでいる香港で作られた。これらの調味料は組み合わせても用いる。例えば麻婆豆腐《マーボードウフ》や回鍋《ホイコウ》肉《ロウ》のたれには、豆板醤と甜麺醤を一対二の割合に混ぜ、紹興酒で伸ばし、オイスターソースを少々加えて作る。中国料理は料理に合わせて多種類の醤を組み合わせ、いろいろな合わせ酢、合わせ油、酒類も用いて実に複雑な味を作り上げる。次項のフランス料理におけるソースによっても作られる味も複雑であり、これらに比べるとわが日本料理は単調な調味圏にあると感じざるをえない。

魚醤◉魚介の肉や内臓を塩とともに発酵させると塩辛《しおから》ができるが、その発酵物の液体を集めたものは魚醤と呼ばれる調味料である。わが国にも日本海側にしょっつるやいしるがある。東南アジアでは魚醤は不可欠な万能調味料で、代表的な魚醤はベトナムのニョクマム、カンボジアのタクトレイ、ラオスのナムパー、タイのナムプラー、マレーシアのブドゥ、フィリッピンのパティスなどで、それぞれの国の特徴的な味を作っている。塩辛をペーストにし、または乾燥させた調味料にはインドネシアのトラシ、フィリッピンのパゴオン、マレーシアのブラチャンなどがある。中国には江南に魚露《ユイルウ》と呼ばれる魚醬があり、山東半島にはエビの塩辛のペーストの蝦醬《シャージャン》があって、その上澄液は蝦《シャー》油《ユー》である。エビ塩辛のペーストは東南アジアの各地にもある。魚醬は日本の醬油に比べると塩分やアミノ酸含量は同じくらいであるが、酸味が少なく、糖分とアルコールを含まず、独特の臭いが特徴的である。魚醬は調味料であるとともに副食物でもある。東南アジアに比べると、東アジアでは穀物の生産が古代から多かったことから、臭いが穏やかで、複雑で微妙な味を与える穀醬が早くに魚醬に取って替わった。

ヨーロッパにも古代ローマにガルムと呼ばれた魚醬があった。これはサバ、イワシなどの魚に大量の塩をまぶして大きな壺に入れ発酵させたもののしぼり汁で、どの料理にも用いる万能調味料であった。しかしローマ帝国の滅亡とともにガルムは消滅し、以来ヨーロッパに魚醬はない。

❹ソース

ウスターソース◉わが国でソースといえば一般にウスターソースを指す。このソースは一九世紀中頃イギリスのウスターシャー州でインドのソースを参考にして作られた。日本へは明治時代中頃に伝来し、洋食の発展とともに日本人の舌に合うように大きく改変されて普及した。戦前にはコロッケ、カツレツからカレーライス、スパゲッティ、サラダに至るまで、洋食には何でもこのソースをかけるものと思われていた。このように工場生産されて瓶詰めで市販され、汎用される卓上用ソースにはほかにトマトケチャップ、チリソースなどがある。日本の醬油も英語では「ソイソース」(soy sauce)と呼ばれこの範疇《はんちゅう》に入る。わが国では戦後たべものの多様化に応じて、そばつゆ、焼肉のたれ、とんカツソース、お好み焼きソースなど、料理に特化した調味料が多数市販されているが、いずれも醬油をベースにした調合調味料である。

フランス◉フランス料理では個々の料理に合わせたソースを料理の一部として作る。食卓に供される料理は調味済みで、食事をする人に許される味の変更は卓上の食塩と胡椒《こしょう》を振りかけることだけである。フランス料理のソースの種類は何百とも何千ともいわれるが、このような状況は料理にソースが重視されるようになったエスコフィエ(19・4参照)の頃(一九世紀末)に確立された。ソースは鳥獣の骨や肉を煮出した出し汁(フォン)でつなぎのルーを延ばして作る。エスコフィエは基本となるグランドソースとして白色系と茶色系のいくつかのソースを挙げ、それらから派生する多数の応用ソースを記載した。ブイヨンはスープのための出し汁で、同様に作る。

フォンとルー◉ソースの土台をなすものはフォンで、白色系ソースには白いフォン、茶色系ソースには茶色のフォン、家禽料理のソースには鶏のフォン、魚料理のソースには魚の出し汁(フュメ)が用いられる。白いフォンは牛のすねの骨とすね肉を野菜、香辛料とともに煮込んで濾《こ》したもので、茶色のフォンは炒めた野菜、焼き色をつけた牛の骨やすね肉を香辛料と煮込んで濾したものである。鶏のフォンは白いフォンの牛骨の代わりに鳥がらを用い、魚のフュメは白身魚のあらをタマネギなどと白ぶどう酒で煮込み、さらにレモン汁、香辛料を加えて煮詰めて濾したものである。フォンで延ばし、ソースにとろみを与えるルーは小麦粉をバターで炒めて作り、炒める程度で色調が調節され、白いルー、ブロンドのルー、茶色のルーがあり、それぞれのソースの色彩を作る。

現況◉エスコフィエの時代以来肉料理には茶色系基本ソースのエスパニョールソース（ブラウンソース）と、その応用ソースのドミグラスソースが頻用され、料理に重厚な風味を与えてきた。しかし一九七〇年頃からこれらは疎外され、代わって仔牛の骨と肉を素材とする、軽い風味のフォンドボーによるソースが主流になった。現代は人々の味覚も変わり、健康志向もあって重い味は敬遠されるようになったのである。また濃厚なルーを使わず、フォンドボーを濃縮しただけのフォンドボーリエとして用いることが多い。魚料理にはかつてはフュメドポアソンをクリームやバターで仕上げた濃厚なソースが不可欠であったが、近時は同様な理由で利用が少なくなった。フュメをオリーブ油、酢、香草などで風味をつけてソースに仕上げる。ベシャメルソース（ホワイトソース）は小麦粉をバターで炒め、牛乳で延ばして作るソースで、かつてはグラタン、クリーム煮などに広く用いられ、フランス料理で最重要な基本ソースの一つで多くの応用ソースもあるが、やはり重厚な風味が嫌われ今日では利用が少ない。近時は素材をつぶして香草などを加えて煮詰め、濾したクーリがソースとして使われる。オマールのクーリがオマール料理のソースになる。野菜や果物のクーリはミキサーを使って簡単に作られる。

マヨネーズ◉冷製ソースにはマヨネーズソースとビネグレットソースが基本である。マヨネーズソースは一八世紀半ばに発明された。これに茹で卵、タマネギ、パセリなどのみじん切りを加えたタルタルソースと、ケチャップも加えたサウザンドアイランドドレッシングはわが国で広く好まれる。ビネグレットソースは酢と油を一対三の割合で混ぜ、塩と胡椒を加えただけのソースでフレンチドレッシングとも呼ばれ、多数の応用ソース（ドレッシング）があり、サラダに用いられる。デザート用には甘味のソースがある。

軽く◉フランスで重厚なソースが敬遠されるようになった時期はちょうどヌーヴェル・キュイジーヌ（19・6参照）の勃興の時期と一致する。豊かな社会になり、多彩で新鮮な食材が自由に入手でき、調理の機器も便利になり、効率的な調理作業が可能になって、エスコフィエの時代の調理環境とすっかり変わった。高級レストランの先進的なシェフたちは伝統的なソースを脱した料理に挑戦した。世の多くの人々も重厚な古典的味付けを忌避した。生活スタイルも味覚も一〇〇年前からすっかり変化したのである。健康志向もあった。好まれた料理は軽やかで胃に優しい風味であった。

しかし永い伝統の味は庶民に愛され続け、高級レストランでは古典的ソースが影を潜めても、カフェ、ブラスリーなどの庶民的レストランではドミグラスソースなどがずっと利用されていた。そしてヌーヴェル・キュイジーヌが終わると、伝統的ソースがまた見直されてきたが、現代風にアレンジされる。キーワードは量も味も軽くである。

14・2　香辛料

❶歴史

スパイスとハーブ◉香辛料は料理に辛味、香味あるいは色彩を与え、わずかの量で料理の風味を引き立てる。スパイスは植物の花、種子、葉茎などを乾燥したもので、生まの葉茎などで香りの高いものはハーブと呼ばれるが、両者の境界ははっきりせず、スパイスでありハーブでもある植物も多い。世界の各民族はそれぞれ特徴的な香辛料を古来用いてきたが、特にヨーロッパとインド文明圏では香辛料は食文化の中で大きな比重を占めてきた。

ヨーロッパ◉シナモンやコショウが古代ギリシアで知られていた。その後クローブ、ショウガ、ニクズクなどが紀元前後のローマに現れている。これらは中近東の商人からもたらされたが量は少なく貴重品であった。香辛料は当時は薬であったが、料理に用いると絶妙な香味を生じた。しかし古代ギリシア、ローマの人々は香辛料が遠く熱帯アジアの産物であることは知らなかった。アジアの認識すらなかった。ヨーロッパにおける香辛料への熱狂的な欲求は中世に起こった。一二世紀以降何回かの十字軍遠征がヨーロッパの人々に中近東のイスラム社会の先進的な文明に触れさせ、多くの新しい文物を教え、その中にアジア原産の多種類の香辛料があった。当時ヨーロッパには多数の領主が存在し、彼ら王侯貴族たちは再々宴会を開いて相互に交歓し、また部下の統率に努めたが、料理は畜肉や狩猟で得た野獣や野禽の肉を焼くか茹でて、ただ塩などを振りかけて皿に積み上げただけであった。香辛料はこれらをすばらしい香味の料理に変えた。また冷蔵庫のない当時常温に置いた肉類は時間が経てば変質し異臭を発するが、胡椒などの香辛料は変質を遅らせ異臭を除く作用があった。貴重で高価な香辛料をふんだんに使った料理を提供することは富と権力の誇示であった。かくてヨーロッパ中の王侯貴族は香辛料を猛烈に欲求したが入手は思うに任せなかった。

大航海時代◉熱帯アジアで生産された香辛料はアラブの商人によって海路または陸路を経て地中海東端のアレッポ、ベイルートかアレクサンドリアの港湾都市に運ばれ、ここでイタリア半島のベネチアの商人が買い取り、ヨーロッパ中へ売りさばいた。需要の多かった香辛料は胡椒、シナモン、クローブ、ナツメグであったが、最も求められた胡椒は一五世紀半ば、インドでの原価がベネチアでは一五倍になり、ヨーロッパの諸侯には三〇倍もの値段が要求された。胡椒は黄金に匹敵するほど貴重であり、花嫁の持参金や、身代金、税金にも用いられた。香辛料は熱帯原産でヨーロッパでは栽培できず、入手にはイスラム系商人の仲介が必須であった。これを排除するためヨーロッパからアフリカを迂回《うかい》してアジアに至る航海のコースを発想したのはポルトガルのエンリケ航海王子で、その夢はヴァスコ・ダ・ガマが一四九八年にアフリカ最南端の喜望峰を回り、インドに到達して達成された。香辛料はかくてイスラム圏を通ることなくヨーロッパへ輸送されるようになった［**図14-4**］。一六世紀初期ポルトガルの首都リスボンにおける胡椒の価格はベネチアでの価格の五分の一になり、同世紀末にはヨーロッパの全輸入胡椒の七〇%をポルトガルの船が運んだ。

ヨーロッパにおけるアジア産香辛料の需要は近代に入ると急速に減少する。アジアとの直接交易で入手が容易になり貴重品でなくなったこと、フランスに始まる料理革命で過剰な香辛料の使用が忌避されるようになったこと、産業革命以後冷蔵庫の普及でスパイスの保存作用が不要になったこと、そして唐辛子、オールスパイスのような中南米産の新しい香辛料が伝来したからである。しかし現在はスパイスとハーブの価値が見直され、世界各地の産品が集められて料理や菓子、飲料にデリケートな風味、香味を与える、重要な脇役として料理人や料理愛好家に親しまれている。

インド◉スパイスの原産地圏にあるインドは太古以来日常の食事にスパイスを多用してきた。胡椒、生姜、うこんなどはインド原産であるが、時代とともに東南アジア諸国からクローブ、ナツメグなど、アラビア半島を越えて地中海沿岸からクミン、コリアンダー、サフランなど、そして一六世紀に

図14-4　スパイスの収穫と白人の買付け
『マルコポーロの驚くべき生涯』（15世紀）の挿絵

はスペインから唐辛子などを導入し、多種類のスパイスを混ぜてカレーを作り、インド人は実に上手にスパイスを使ってきた。東南アジアの島々で居住民も知らなかった香辛料を発見し、利用を広めたのは多くはインド人であった。

スパイスは食欲を増進し、食事に刺激と香味を与えるもので酷熱の熱帯での食生活に必須であった。現在もインドではすべての家庭にスパイスを粉砕、混合するための小さな石臼あるいはすり鉢を備え、香辛料をうまく用いて料理を作っている。普通の家庭で保持する基本のスパイスはターメリック、クミン、マスタード、唐辛子、コリアンダー、胡椒などと混合スパイスのガラムマサラである。

ガラムマサラの基本的組成はコリアンダー五、クミン二と黒胡椒、シナモン、カルダモンとクローブ各一の割合で、これらを混ぜ、乾煎りして粉に挽き、湿気を避けて保存する。普通半年分か一年分を一度に作るが、家庭によって用いる香辛料の種類と量比が異なり、それぞれ独特の風味である。ガラムマサラは香味付けにどの料理にも使う。茹でたジャガイモも塩とガラムマサラを振りかけるだけで絶品の料理になるという。

中国◉中国では古くからニラ、ニンニクなどの葷菜、山椒《さんしょう》、生姜、辛子などの辛味料、コエンドロ（コリアンダー）、ウイキョウなどの香料による、特異な刺激性の辛味と香りを好んだが、これらは料理の香辛料というよりも薬の意識が強く、薬味料であった。しかし一〇世紀頃から中国の各都市は大発展し、商工業が盛んになり南アジアなど海外との交易も活発になった。一三世紀の宋代には東南アジアとの交易から胡椒が大量に輸入され、中国人に熱烈に愛好された。一五世紀末には中国の胡椒の輸入量はヨーロッパ全体の輸入量よりも多かった。中国では新鮮な鳥獣肉が常に入手しやすく、ヨーロッパのように肉の保存、消臭に胡椒を用いる必要はなかった。中国における胡椒の愛好は宋代、元代に都市住民の消費生活が向上し、食生活が豊かになり、香辛料が食生活にもよく使われるようになったことを示している。その後クローブ、ナツメグなどの香辛料も輸入されるようになった。しかし中国では薬味料との観念も永く続いた。

日本◉日本は魚や野菜の自然の風味を大切にする国で、古来香辛料の使用の最も少ない食文化である。それでもわさび、山椒、茗荷《みょうが》、葱、ゆずなどを控えめに用い、薬味と呼んできた。日本では香辛料は食材の風味を引き立てるだけで、人工的な香味で食物の自然の風味を殺してはならないとされてきた。しかし戦後世界各地のスパイスとハーブの価値が料理愛好家に認識され、料理や嗜好品の好ましい脇役として多数の香辛料が市販されている。

❷辛味の香辛料

辛味◉辛味は、塩から味、甘味など他の味覚が味蕾上の味覚細胞に刺激を与えて知覚されるのと異なり、舌、口腔内のバニロイド受容体（カプサイシン受容体）で感じる痛覚による。これは発汗、発熱を伴うことがある。辛味には口の中がカーッと燃えるように熱くなり、尾を引くホットな辛味と、ツーンと鋭く鼻に抜け後に残らないシャープな辛味がある。前者の代表は唐辛子で、後者の代表はわさびである。主要な辛味香辛料を辛さのタイプで並べると図14−5のようになる。

唐辛子◉現在世界で最も広く用いられ、最も辛いスパイスである。トウガラシの原産地は南米のボリビア中部地域が定説である。トウガラシは早くに周辺に広がり、八〇〇〇年前にメキシコで好んで食されていた。トウガラシには辛味と芳香の程度の違う九〇以上もの品種があり、ピーマンのような辛味の全くない野菜もある。最も辛い品種はメキシコのユカタン半島に住むマヤ族のハバネーロ品種であるが、日本の鷹の爪も猛烈な辛味である。古代アステカでは唐辛子料理の辛さを六段階で表現した――辛い、たいそう辛い、非常に辛い、激辛、究極に辛い、逃げ出すほど辛い。現代にも通用するレイティングである。トウガラシの辛味成分はカプサイシンで種実内の種子が所在する胎《たい》座《ざ》に多く含まれる。

一六世紀初頭唐辛子はヨーロッパに伝来したが、肉と脂肪に重点を置く西洋料理は特に辛い風味を偏愛することはなく、新しい辛味料を特に評価せず従来からの胡椒を依然として重用した。しかし穀類と野菜が大きな比重を持つ地域では唐辛子は速やかに最重要のスパイスになった。インドのカレー、中国四川省の辛い料理、朝鮮半島のキムチなどはそれまでの胡椒、山椒、生姜などに換えて

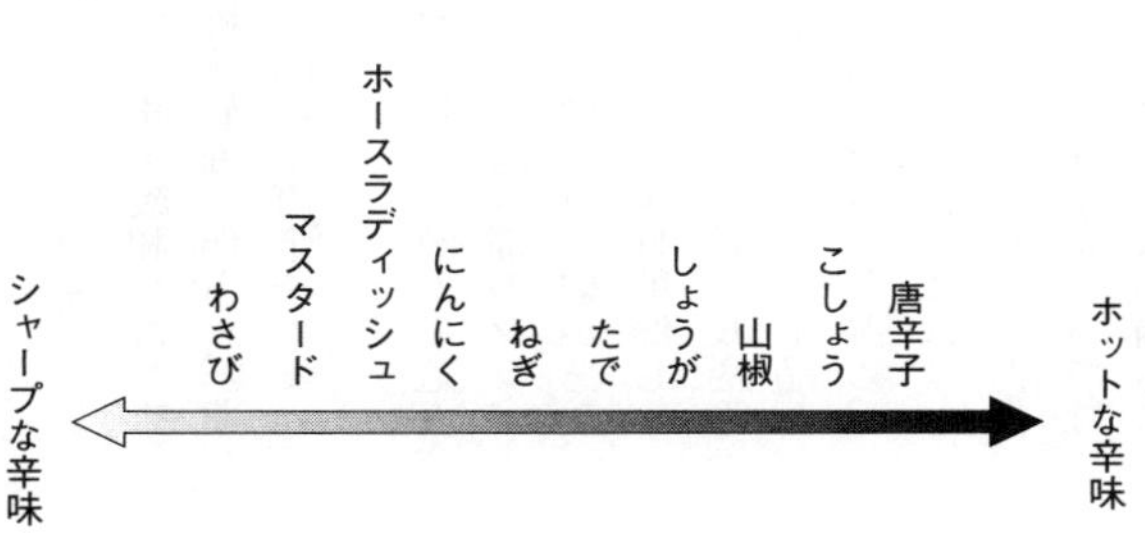

図14-5　辛味スパイスのタイプ
朝岡勇、朝岡和子『スパイス名人宣言』雄鶏社（1996）より

唐辛子に依存するようになった。ヨーロッパではハンガリーだけが唐辛子を愛好し、グヤーシュ(唐辛子入りのシチュー)などのハンガリー料理に必須な素材で、唐辛子の粉末をパプリカとして販売している。パプリカは辛味よりも芳香を重視するもので、現在の品種のトウガラシが品種改良で得られるまでは、収穫したトウガラシの種実から手作業で胎座を除去して辛味を和らげていた。パプリカは鮮やかな赤色と甘い香りのスパイスである。

唐辛子を含む辛い汎用ソースには欧米にチリソース、チリパウダー、タバスコなどがあり、中国には唐辛子味噌の豆板醤、韓国にはコチュジャンがある。日本には唐辛子は戦国時代末期(一六世紀中頃)にポルトガル人によって伝来したが、日本の料理には唐辛子の強烈な辛さはそのままでは調和せず、山椒、陳皮《ちんぴ》、黒ごま、アサの実、カラシの実、アオサなどと混ぜて辛味を緩和した七味唐辛子が江戸時代江戸日本橋薬研《やげん》堀で作られ、薬味として使われてきた。わが国には唐辛子の葉の佃煮もある。

胡椒◉コショウは多年生の蔓植物で灼熱の赤道直下にしか育たず、原産地はインド南西部のマラバル海岸(ケララ州)である。黒胡椒と白胡椒があり、前者は未熟のうちに採取した種実を天日乾燥したもので、後者は完熟した種実を水につけて皮を取り乾燥したものである。白胡椒は穏やかで上品な辛味を持ち、現在全生産量の約四分の一を占め、残りは強烈な辛味の黒胡椒である。古くにはインド北部原産の長胡椒もあり、古代ギリシアや古代ローマにも伝わった。胡椒は中世ヨーロッパでは最重要なスパイスであり、肉の保存のほか調理にも用いられた。胡椒風味のステーキはルイ一四世が好んだといわれる。

胡椒は中国には漢代にインドから伝来した。日本には奈良時代に伝わった。正倉院には一五二粒の当時の胡椒の種実が保蔵されている。当時は薬品であった。胡椒は肉を用いない日本の伝統料理には合わず、ほとんど利用されることなしに推移した。わが国の家庭で胡椒を日常的に使うようになるのは戦後肉食が多くなってからである。わが国の粉胡椒は黒胡椒と白胡椒を混ぜて辛味を和らげているが、最近は黒胡椒の粒を単独で使う家庭も増えてきた。下ごしらえに使う塩胡椒は普通塩と胡椒を3：1の割合に混ぜる。

マスタード◉ヨーロッパで最も古い辛味料（洋がらし）である。マスタードの種子はヨーロッパ、エジプト、中国で有史以前の遺跡で発見されている。マスタードはアブラナ科のカラシナの種子からペーストか粉に作り、古代ギリシア、古代ローマ以来香辛料であり医薬品であった。カラシナは地中海沿岸が原産地で、安価で胡椒を買えない人々も利用した。マスタードは多くの料理とよく調和し、中世アジアから胡椒が多量に輸入されるまでは、ヨーロッパで最も広く使われたスパイスであった。

今もソーセージ、ローストビーフ、ホットドッグから、わが国ではおでん、肉まん、焼売など、世界で広く用いられる。インドではマスタードをカレーに入れるほか、漬物、豆のダルスープ、揚げ餃子のサモサなどに用いる。洋がらしとは別に日本には和辛子があり、香りは高いが辛味は少ない。洋がらしは種子の粉末を水で溶くとすぐに使えるが、和辛子は特別な加熱方法であく抜きをする。わが国の一般家庭ではマスタード（辛子、和辛子）はチューブに入ったペーストを使うが、この使用形態は日本独特である。

生姜◉生姜《しょうが》はアジアらしい香辛料で東アジア、東南アジア、インドで古くから広く使われてきた。日本でもおろし生姜、甘酢漬け、すしのがり、焼き魚の筆生姜など馴染みが深い。現在わが国で一般に市販されているのは大生姜と呼ばれる品種で香りも辛さも弱く、漬物、砂糖漬けやがりなどに向いている。昔の生姜は小型でもっと辛かった。他のアジア諸国の生姜は今でも小型で辛い。ヨーロッパには生姜は胡椒よりも早くに渡来し、胡椒と同じくらい高価であった。しかし近代にはアメリカで大量に栽培され、生姜（ジンジャー）は庶民のスパイスになり、ジンジャーブレッドやジンジャーエールなどが普及した。ジンジャーは辛味よりも香りのスパイスである。

山椒◉日本に古くからある香辛料は山椒《さんしょう》とわさびである。山椒は木の芽、葉、若い実はハーブとして、熟した実や樹皮はスパイスとして用いられる。木の芽田楽、吸い物の吸い口、鰻の蒲焼きに粉山椒、佃煮に実山椒などとわが国では身近な香辛料である。山椒は辛味以外に麻痺《まひ》作用があり、健胃剤や駆虫剤など医薬としても用いられてきた。中国では東南アジアから胡椒が輸入されるまでは山椒が主要な辛味剤で、古代の四川料理は山椒が用いられた。四川省には蜀椒《しょくしょう》と呼ばれる特別辛い山椒があった。山椒は唐辛子にない痺《しび》れるような辛味があり、本場四川省の麻婆豆腐には唐辛子に山椒を混ぜる。

わさび◉わさびは日本特産のスパイスである。刺身も、握り寿司も、ざるそばもわさびがないと形をなさないが、洋風や中華風の料理には合わない。

わさびを口に入れると辛さが鼻に抜け涙が出るほど辛いが、すぐに消える。唐辛子などが喉を通った後も全身が熱くなるほど辛さが残るのと大きく異なる。日本の辛味料は単純で一過性のはかないものである。生姜、山椒、辛子などの他の辛味スパイスも、日本料理では少量で、きつい刺激が一瞬に通り過ぎるような使い方をする。広く利用されている練りわさびや粉わさびはヨーロッパ原産の西洋わさび（ホースラディッシュ）が使われる。西洋わさびは安価で保存性が高い。

❸香味の香辛料

セリ科とシソ科◉世界の香りのスパイス、ハーブや香味野菜にはセリ科とシソ科の植物が多い。セリ科にはアニス、クミン、コリアンダー、フェンネル、パセリ、セロリなどがあり、わが国のミツバ、セリ、アシタバなども含まれる。シソ科にはオレガノ、セージ、タイム、バジル、ローズマリーなどがあり、わが国のシソはハーブであるとともに梅干しの着色料でもある。これら二つの科以外の植物の香辛料ではカルダモン、クローブ、シナモン、ディル、ナツメグ、ベイリーフ、メース、バニラなどが有名である。これらのうちシナモン、クローブ、ナツメグのように辛味も持つものもある。辛味のスパイスにも山椒、ジンジャーのように香味を持つものもある。中国では八角（スターアニス）、陳皮などが日常の香味料である。

インドと南アジア◉シナモンはインド、東南アジア、中国が原産で、中国では桂の名で紀元前二七〇〇年に記載があり、地中海沿岸には紀元前八世紀に到達し『旧約聖書』に記されている。最も古いスパイスの一つで、南アジア全体、中国、アラビア半島で太古から料理に利用されていた。六年くらい育ったクスノキ科の木の樹皮を剝ぎ、適当な長さに切って乾燥させたもので、産地によって香気が異なる。日本には奈良時代唐菓子とともに伝来し、近世以降肉桂あるいはニッキの名で和菓子に用いられている。

クローブは未熟の蕾を乾燥させたスパイスで、モルッカ諸島が原産で、インドには紀元前後に伝わり、中国と地中海沿岸へは二世紀に伝わった。中国では形が「丁」の字に似るので丁字と呼ばれ、息をきれいにする作用があるので皇帝に言上する臣下は必ず丁字を嚙んだ。

ナツメグはニクズクの木の種子内の仁を乾燥したもので、種子の仮種皮はメースである。モルッカ諸島の南方のバンダ諸島が原産地で、インドには五世紀に伝わり、中国には八世紀に伝わった。

シナモン、クローブ、ナツメグの香気成分は共通でオイゲノールであるが、その含量と他の成分の違いで異なった香味を示す。新大陸アメリカから伝来したオールスパイスはこれら三種の香辛料を混ぜた様な香気を持っている。

カルダモンはインド南部とスリランカが原産地だが、紀元前六世紀にインド北部にも広がり、ギリシアには紀元前四世紀に伝来している。中国には二八一年にトンキンから献上された。

地中海◉温暖な気候の地中海沿岸は多種類のハーブ、スパイスを産するが、古代からオリエントからもたらされた強烈なスパイスに圧倒されて影が薄かった。しかし地中海沿岸産の優れたスパイスは早くにスパイス王国インドに知られ、インドで重用された。コリアンダーは紀元前七〇〇〇年頃のギリシア南部の洞窟で種子が発見されており、紀元前一三五二年のツタンカーメンの墳墓の副葬品中にもあった。コリアンダーは古代ギリシア、古代ローマで重要なスパイスであったが、使い道の多い香料で現在に至るまで世界各地で広く用いられている。インドと中国には紀元前後に伝来した。

　クミンはコリアンダーと同じくらい古いスパイスで、紀元前二〇〇〇年頃エジプトで重要であった。コリアンダーと同じ頃にインドに伝来し、インドでも愛好された。キャラウエイはヒメウイキョウの種子で、原産地は中央ヨーロッパで古代ギリシアでは知られなかったが、古代ローマには伝わっていた。パン、ケーキやリキュールの香り付けに加えるが、ヨーロッパ以外ではあまり利用されていない。アニスはアナトリアが原産地で、菓子やリキュールに用いる。

中国と日本◉八角は中国原産で特に醤油との相性がよい。最近まで中国とベトナム以外ではあまり使われなかった。八角に肉桂（シナモン）、丁子（クローブ）、山椒と陳皮を混ぜた混合香辛料の五香《ウーシャン》粉《フェン》は最近中国以外でもよく用いられる。

　わが国では平安時代に記録された香辛料は生姜、山椒、わさび、辛子、蓼《たで》に加えて、コブシ、アララギ、胡桃、タチバナの樹皮、ニレの樹皮と、「こにし」の名でコリアンダーがある。コリアンダーは鱠《なます》に、樹皮類は漬物に用いられた。わが国の料理はユズやミョウガのような、そこはかとない香りを添えて旬を味わい、強い人為的な香りは忌避してきたが、強い臭いを発するネギや、ワケギ、ニラ、ノビルなどは好んだ。わが国の古来の香辛料は多くはハーブである。使用に当たって水さらしをすることがあるが、西欧ではハーブの香りを大切にして水にさらすことはない。ユズは新芽、蕾、花落ち、未熟果実、熟した実の果汁と皮のように生育の各段階で多様に使われ、シソは葉のほか芽じそ、穂じそも使われる。

明治以後新しい香辛料が欧米から渡来したがほとんど定着しなかった。多種類の欧米の香辛料が小さな瓶詰めになってデパートやスーパーマーケットの棚に並ぶのは戦後もかなり経って、本式の西洋料理を家庭で作るようになってからである。

❹彩色の香辛料

ターメリック◉料理や菓子を染める風習は熱帯地方に特に多く、そのための草木が熱帯では多数知られている。ターメリックの鮮やかな黄色はインド人が好む色で、料理にも重用され、カレーの色である。カレー粉は一八世紀にイギリスで作られ、インドには本来ないが、現在はインスタント食品として逆輸入されてインドのスーパーに並んでいる。わが国で市販のカレー粉の典型的な組成は、約四〇％がクミン、ナツメグ、シナモンなどの香味のスパイス、約三〇％がターメリックなどの彩色のスパイス、約二〇％が唐辛子などの辛味のスパイスで、残り約一〇％がメーカーに特徴的なスパイスである。わが国では今は小麦粉、油脂、調味料とスパイスを調理して固めたカレールーが主流である。ターメリックは日本でも鬱金《うこん》の名で古くから染料、医薬として知られていた。市販のたくあんはターメリックで着色されている。

サフラン◉黄色のサフランはヨーロッパで古くから料理に重用された。サフランは秋咲きクロッカスの赤い雌蕊《めしべ》を集めて干したもので、一グラムのサフランを作るには約一七〇個の花が必要で、古来ヨーロッパではサフランはスパイスの王者といわれ、高価であった。サフランの偽物製作者は中世ヨーロッパでは死刑を含む重い刑に処せられた。現在サフランは洒落《しゃれ》た料理に用いられ、フランスのブイヤベースやスペインのパエリアには欠かせない。わが国で豊後《ぶんご》名物の黄飯の着色料であるクチナシの色素はサフランの色素と同じクロシンである。クチナシ、ベニバナ、キンセンカなどはヨーロッパの庶民の間でサフランの代わりに彩色の香辛料として用いられてきた。

❺ハーブ

百香擾乱◉温帯の文明圏には多数の木や草の花があり、花や葉茎によい香りや味わいのあるものがあり、古くから庶民が利用してきた。ハーブである。世界には五〇〇種以上のハーブがあるといわれるが、日本でよく知られている代表的な欧米のハーブはラベンダー、ミント、カモミール、バジル、タイム、ローズマリー、セージ、オレガノ、パセリ、マリーゴールド、チコリ、ディル、フェンネル、ベルガモットなどで、それぞれ料理に用いられるほか、体調を整える作用があり、古来薬草でもあった。例えばラベンダーにはストレス解消、カモミールには整腸、セージには消化促進、チコリには利尿、ディルには安眠作用がある。料理に用いる以外にハーブはハーブティー、入浴剤、ドライフラワー、ポプリなどとして生活空間をよい香りで満たし、さらにハーブの芳香成分を用いて療養を行うアロマテラピーも盛んである。

14・3　嗜好

東日本対西日本◉たべものの嗜好は個人ごとに異なるが、民族、地域、年層、あるいは社会の集団によって特徴的な嗜好があり、食文化の特徴的様相をなしている。日本国内の地域による食文化の違いの例は関東と関西の対比がよく論じられる［**表2**］。関東と関西、あるいは江戸と大坂の嗜好の差はそれぞれの立地的、歴史的背景に大きく依存しているが、もっとマクロ的に東日本と西日本の食文化の差を代表している。日本の東と西で好まれる食材、味付けや食の風習などに違いがある。一例として正月の雑煮の餅の形は東日本ではどこも角形の切り餅であり、西日本では丸餅である。東西の境界は新潟県糸魚川市と静岡県御前崎を結ぶ線といわれ、この境界線はサケとブリ、牛肉と

項目	関東	関西
味付け	濃い口醬油に鰹節	薄口醬油に昆布と鰹節
麺類	そば	うどん
寿司	握りと細巻き	箱鮨とばってら
すき焼き	肉と野菜を割下で煮る	肉を焼いて調味し、具を加える
たぬき	かけの麺に揚げ玉	そばに油揚げ
食パン	6～8枚の薄切り	4～5枚の厚切り
かき氷	シロップの上に氷	かいた氷にシロップをかける
しるこ	こし餡のしるこ	粒餡のぜんざい
ジュース	オレンジなど単品ジュース	ミックスジュースを好む
中華まん	肉まん	豚まん

表2　関東と関西の食文化の違いの例
せんべい、桜餅、ネギ、正月の祝い魚、ウナギの蒲焼、ところてん、食肉などについては該当箇所で触れている。

豚肉の嗜好圏および味付けの濃い薄いの嗜好圏の境界線とほぼ一致し、地理的には中央構造帯のフォッサ・マグナとほぼ平行する。しかしもっと西方の三重県長島町辺りを境界とする説もある。

テクスチャ◉たべものの美味しい不味いは味によるほか、口当たり、歯応え、舌触り、喉ごしなどの感覚が大きく影響する。これらは食品の物性あるいはテクスチャによるもので、一説ではたべものの美味しさは三五％の味と六五％のテクスチャで決まるといわれる。テクスチャの好みは民族や地域の食文化を特徴づける主要な要因となっている。日本語はテクスチャの効果、あるいは食感を表現する語彙《ごい》が豊富であるが、関連する擬音語、擬態語を**表3**に集めた。

粘り嗜好◉日本の特徴的なテクスチャの好みは粘り嗜好と総称される。粘り嗜好の一つの要素はぬ

歯ごたえ	かすかす、かちかち、がちがち、かりかり、がりがり、くちゃくちゃ、ぐにゃぐにゃ、こちこち、こりこり、さくさく、しこしこ、しゃりしゃり、にちゃにちゃ、ねちゃねちゃ、ばさばさ、ぱりぱり、ぷつぷつ、ふにゃふにゃ、ぶよぶよ、べたべた、ふわふわ、ぽきぽき、ぽりぽり、ほろほろ、ぼろぼろ、もちもち、やわやわ
舌ざわり	あっさり、こってり、しっとり、まったり、くたくた、くちゃくちゃ、ぐちょぐちょ、くにゃくにゃ、こてこて、ごろごろ、さわさわ、ぎとぎと、ぐじゃぐじゃ、ぐじゅぐじゅ、ずるずる、とろとろ、ぬるぬる、ねとねと、どろどろ、にゅるにゅる、ぬめぬめ、ぬらぬら、ぬるぬる、ねちねち、ねとねと、ねばねば、ふかふか、ぷりぷり、べちゃべちゃ、べとべと、ぼそぼそ、ぼろぼろ、もさもさ、ねっとり
喉ごし	ごぼごぼ、さらさら、さわさわ、しゃーしゃー、すいすい、すらすら、するする、ずるずる、だぼだぼ、つるつる、とくとく、ぼそぼそ

表3　たべものの食感を表現する擬音・擬態語
主に山口仲美編『暮らしのことば　擬音・擬態語辞典』講談社（2003）より

るぬるした感触を好むことで、とろろ汁、ナメコ、納豆、生卵など、滑るような口当たりの食品が該当する。一方お茶漬けのさらさらやそばのつるつるも口当たりはよく、共通するところは噛まないことで、これらのたべものは喉ごしを味わっている。

わが国の米飯はジャポニカ種でうるち種でも粘りがあり、もち米ではもちもちした弾性が加わる。穀類のもち種嗜好は照葉《しょうよう》樹林帯と呼ばれる、ヒマラヤの麓から中国南部を通り西日本に至る地域に共通の嗜好で、この地域ではイネのほかアワ、キビなどのもち種も作り、近世に新大陸から到来したトウモロコシにももち種を作り上げた。粘性と弾性を併せ持つ粘弾性の食品はかまぼこ、こんにゃくに代表される。日本の粘り嗜好は古代以来たんぱく質と脂肪の少ない食事が永く続いたため、粘り気のあるたべものに重厚さを求めたものである。欧米には粘り嗜好はなく、かまぼこやこんにゃくのような粘弾性の食品はゴムのようと嫌う。わが国では霜降り肉やマグロのとろのように口当たりの柔らかいものを好むのに対して、欧米では歯応えのある肉を好む。しかし微妙な口当たり、舌触りの嗜好は欧米にもあり、フランスではアイスクリーム、キャビア、フォアグラのように口の中で優しく溶けるたべものを珍重する。また茹でたインゲンのバター炒め、ぐちゃぐちゃに煮たホウレンソウのクリーム煮のような歯を使わない離乳食のような料理も好む。ステーキでもフランス人は生ま焼けを好むが、イギリス人は好まない。

15 食べる道具

15・1 たべものを口に運ぶ道具

分布◉現在地球上の人口の約四四%がたべものを直接手でつかんで食べ、約二八%がフォークとスプーンを使い、約二八%が箸を使って食べている。古代はどの民族も手食であったが、東アジアでは比較的早く、三〇〇〇年以上も前にまず匙《さじ》、ついで箸を使うようになった。ヨーロッパでは食事用のフォークが一般化するのは一八世紀で、それまでは王侯貴族も手食であった。現在手食圏以外の人々は手食を不潔、野蛮と考えがちだが、それは食文化の違いで、手食圏の人々はたべものを口に入れる前に指先でたべものを味わっており、道具を使う食べ方よりも優れた賞味方法であるという。

❶手食

アラブ◉現在の手食圏はアフリカ、中近東、インド、東南アジア、オセアニアと中南米の先住民や中国の少数民族で、イスラム教徒とインド文明圏の人々が大部分を占める。代表的なアラブイスラムの場合、食事の前に必ず丁寧に手を洗い、口をすすぐ。食卓は銅製の大きな盆で、絨毯《じゅうたん》を敷いた床の上か、低い台の上に置かれる。人々は盆を囲み、あぐらをかくか片膝を立てて座る。食事の前に主人がアラーへの感謝の祈りを唱える。多数の料理が盆の上に一時に全部並べられ、会食者は右手の親指、人差し指、中指の三本の指を使い、共通の皿から料理を一口分に丸めて口に運ぶ［**図15-1**］。取り皿の小皿はない。使う指はこの三本と

図15-1
アラブイスラムの食事風景
立っているのは
給仕人とハエ追い。
石毛直道監修
『講座　食の文化　第1巻』
より

決まっており、一本指は憎しみ、二本指は傲慢《ごうまん》、四本指と五本指は大食漢を示すものとされる。左手でたべものをつかむことはサタンの習性とされ、不作法の極みである。食事が終わると「ごちそうさま」に相当する食後の祈りを唱える。食卓を離れる時に家人に水を注いでもらって手を洗う。イスラム社会では客人がいる時は女性は会食に加わらない。

インド◉インド文明圏でもイスラムと同様にやはり右手の三本の指を使って食事をするが、イスラムと違って料理は各個人に分けて供される。金属製の大きな丸盆に主食の米飯またはチャパティやナン（4・1❸参照）が置かれ、おかずのダールと呼ばれる豆の煮物、野菜のカレーなどが小さな金属製の碗に盛って並べられる。これらのおかずを飯にかけ、あるいはチャパティやナンで包んで手食で食べる。食前食後には必ず手を洗う。

ヨーロッパ◉ヨーロッパでも近世までは手食であった。宴会では人々はベンチに座り、食卓の大皿や大鉢に盛られた料理に手を伸ばして食べた。時代とともに共用のナイフやスプーンが備えられたが、一八世紀に個人用のフォークが普及するまでは、貴婦人たちもご馳走を指で摘んで食べた［**図15−2**］。食前食後によく手を洗う以外に宗教的規制はなかったが、細かい食卓のマナーがあった。宴会の場合、客はいったん席に着くと自由に鼻をかんだり、かゆいところをかくこともできず、トイレにも行けなかった。たべものを口一杯に入れて話をしない、音を立てて噛まない、一度口に入れたたべものを共通の皿に戻さない、などの作法があった。優雅な指使いで口の周りやワイングラスを汚さずに料理を食べることが要求された。一八世紀にフ

図15-2　貴婦人たちもご馳走を指で摘む
ファン・デン・ヘッケ（1648）

ランスで個人用のフォークが宮廷の宴会で用いられるようになっても、ルイ一四世（一六三八―一七一五）は手づかみで食べることを好んだ。イギリスでもアン女王の時代（一八世紀初頭）手食が宮廷の正式のマナーであった。

❷フォーク、スプーンとナイフ ナイフが最も古い◉この三点がセットになって食卓に並べられるようになるのは、フランスの宮廷では一七世紀末のことであり、イギリスではさらに遅れ、ヨーロッパの各都市に普及するのは一九世紀になってからである。この三点のうちではナイフが最も歴史が古い。中世には食卓にローストされた大きな肉塊が大皿に盛って出されると、主人が会食者の前でナイフで切り分け、皆に配った。その後肉切り役は貴族の子弟が務めるようになり、この役は名誉であった。参会者はトレンチャー（4・1❸参照）に載せて配られた肉を指で摘んで食べた。一六世紀には参会者が各自小さなナイフを持参したが、その後主人側が一人ずつにナイフを用意するようになった。個人用ナイフは分けられた肉を小さく切るほか、煮込み鍋から肉片を突き刺して取り出し、口に運ぶ道具でもあった。古い時代の食卓用ナイフは切っ先が鋭かった。

スプーン◉近世までヨーロッパではスープは肉と野菜のごった煮で汁気は少なかったが、スプーンは早くからあった。中世中期の食卓ではスプーンが一本用意され、客はその共通の一本を使って汁物を回し飲みした。やがて客はそれぞれ自分のスプーンを持参するようになり、各自が自分のスプーンを共通の大皿に入れて料理をすくった。庶民のスプーンはたいてい木製であったが、貴族は銀製で家紋を入れたり、華麗な装飾を施したスプーンを作らせた。

フォーク◉食事用のフォークは一〇世紀頃バグダッドの貴族が創製した。しかし料理用の大型のフォークは聖書に記載があり、ヨーロッパでは古くから大鍋の中の肉を刺すのに用いられていた。食卓用のフォークは一一世紀にビザンチンの皇女がベネチアに輿入《こしい》れした時に持参し、やがてイタリア各地に広まった。一五三三年にフィレンツェのカトリーヌ・ド・メディチスがフランスの皇太子と結婚した時、個人用のフォークがフランスに渡来し、フォークは上流階級からフランス中に広がり、やがてヨーロッパ各地に普及し手食はなくなった。

四本歯◉初めフォークは二本歯で、一八世紀末に四本歯が現れたが、それにはパスタが関与したとの説がある。新大陸から到来したトマトがヨーロッパで普及すると、パスタはトマトソースとよく合い、一七世紀末にはパスタ料理がイタリア南部で大流行した。当時は茹でてチーズとトマトソースをかけた熱々のスパゲッティを指で高々と頭上に摘み上げ、上を向いて大きく開けた口に落とし込む食べ方であった［図15−3］。時のミラノ国王フェルディナンド二世も大のパスタ好きで、宮廷での宴会にスパゲッティを出すように命じた。式部官らは王命とはいえ、手づかみで空に向かって大口を開ける食べ方では壮麗な宮中の宴会にそぐわないと苦慮したが、一人の式部官の思いつきで、フォークを四本歯にすることで問題を解決した。

当時のフォークは肉塊を刺すためのもので、長く鋭い二本歯であったが、四本歯にすることでフォークの歯は短く、先端は丸くなって口に入れやすくなった。四本歯のフォークはスパゲッティを挟み上げて食べられるようにしたが、パスタ以外の料理も口に運ぶのに便利で、ヨーロッパ各地の上流階級に広まり、やがて一般化した。

中国◉中国にはヨーロッパよりもずっと早くにフォークがあった。初期青銅器時代の遺跡から出土し、多くは骨製で、餐叉と呼ばれ二本歯が多かった。餐叉は古代はよく使われたが、箸が普及するにつれて消滅した。餐叉は肉を焙る道具であり、また食べる道具でもあった。今は中国料理にフォークに類するものはない。

❸箸と匙

起源◉箸文化圏は中国、朝鮮半島、日本、ベトナムと東南アジアの一部である。箸は中国に始まった。紀元前五世紀頃の湖北省の墳墓から竹製の箸、

図15-3　近世イタリアの屋台のパスタ屋
M・モリナーリ編『パスタ万歳！』リベルタ出版（1999）より

雲南省の遺跡から青銅製の箸が出土している。紀元前一世紀の漢代には箸はかなり使われていたが、主に羹《あつもの》の実を取るのに用い、飯には匙《さじ》を使った。匙は箸よりもずっと古くに出現し、新石器時代の遺跡から骨製や角製の匙が出土している。元代（一三〜一四世紀）まで中国北部の人々は飯も汁も匙ですくって食べた。コムギの粉食になる前の華北は主食がアワやキビの粒食で、飯はぽろぽろで匙で食べるのに向いていた。明代（一四〜一七世紀）になると江南の粘り気のある米が華北にも広まり、箸で飯を食べるようになった。江南では早くから箸で米飯を食べていた。唐代まで箸は食卓に横向きに置かれたが、元代には北方民族のナイフの置き方にならって縦向きに置くようになり現在に至っている。米飯を食べる時はわが国のジャポニカ米と違い、中国のインディカ米は粘り気が少ないので、飯の塊を箸で摘み上げるのでなく、食卓に肘をついて飯碗に口をつけ、箸でかき込むようにして食べる。匙はだんだんと使わなくなり、今は磁器の湯匙《タンチー》（ちりれんげ）をチャーハンに使うほかは汁物だけに用いる。朝鮮半島には中国の古代の遺風が残り、現在も匙と箸をセットにして食事をする。飯と汁、それに柔らかい料理には金属製の匙を用い、箸は水分の少ない料理を摘む時だけに用いる。

日本◉『魏志倭人伝』には、「倭人は手食する」とあるので、弥生時代の日本人は手づかみで食べていた。箸は奈良時代に中国から伝来した。平城宮跡から出土した箸は檜の細い丸棒で、宮中の饗宴と貴族階級に用いられたが、官僚は家庭では手食であった。平安時代になると箸は市街地の遺跡からも出土し、家庭にも普及したと思われる。正倉院にはピンセット様の金属製の箸が保存されているが、これは大嘗会などの祭祀に用いられたものである。奈良時代に箸とともに匙も伝来し、中国文化を尊んだ宮中の宴会で用いられたが定着せず、何時しか消滅した。正倉院には佐波理《さはり》と呼ばれる、銅と錫の合金製匙が残っている。

時代がずっと下がって明治時代にカレーライスなどの洋食の普及からわが国で西洋のスプーンが家庭に常備されたが、和風では江戸時代末期から鍋物に陶製のちりれんげが登場しただけであった。ちりれんげは汁を口に運ぶスプーンではなく、鍋から各自の取り椀へ料理を運ぶ杓子《しゃくし》である。しかしラーメンやチャーハンではこれがスプーンとして用いられる。中国や朝鮮半島と異なり、わが国は早くから箸だけで食事をする文化を育てた。これは汁物は他国と異なり、椀に直接口をつけて飲む食法が原因である。かくて日本には外国にない箸文化が発達した。

箸文化◉平安時代から室町時代にかけて、宴会の席で魚鳥を大きなまな板の上で切り刻んで見せる包丁式が盛んになると、右手の包丁に対して左手で魚鳥を押さえるために、大振りの真魚箸《まなばし》が用いられた［**図12-6**］。またわが国の箸文化には取り箸があり、煮物や漬物など共通の大皿や大鉢で出された料理を、中立の取り箸で各自が自分の小皿に取り、各自の箸が直接共通の容器の料理をつまむことはない。中国や朝鮮半島では各自が自分の箸を直接共用の器に入れる直箸《じかばし》方式である。わが国でも戦後鍋料理が盛んになると直箸方式が行われるようになった。

わが国では各自が普段に使う箸は茶碗や湯呑みと同様に各自専用の個人箸である。朝鮮半島には個人箸があるが、中国にはない。わが国ではハレの場合用に、一回切りで使い捨ての割り箸を江戸時代後期に発明した。初めは竹製が多かったが、今は間伐材《かんばつざい》を使った木製が多い。割り箸はランクにより数種類がある。わが国は箸だけで食事をしてきたので、箸の使い方のマナーがあり、嫌い箸と呼ばれる禁忌がある［表4］。日本の箸は中国や韓国の箸と異なり、先が尖っていることが特徴であるが、これは魚の骨の間の肉をせせるのに役立つからである。

15・2 たべものを盛る器

❶日本の器

土器◉料理を盛る器はどの民族も粘土を焼いた土器に始まった。その前は木の葉、木の板などで、

移り箸*	一つのおかずを食べ、すぐ別のおかずに箸をつける。
握り箸	箸二本を握ると料理を挟めない。
刺し箸	料理に箸を突き刺して食べる。
寄せ箸	皿などを箸で手前に引き寄せる。
叩き箸	箸で食器や食卓を叩いて人を呼んだり、楽器代わりにする。
せせり箸	箸を爪楊枝代わりにして歯をせせる。
箸渡し	箸と箸で料理のやりとりをする。韓国ではマナーに反しない。
立て箸	椀に盛った飯に箸を立てる。仏前に供えるスタイルである。
迷い箸	どの料理を食べようかと迷い、食膳で箸をあちこちと動かす。
涙箸	箸先から汁をぽたぽたと落として食卓を汚す。
受け箸	箸を持ったままご飯のお代わりをする。
ねぶり箸	箸についたものをねぶって取る。
指し箸	食事中に箸で人を指す。

＊ご飯とおかずは交互に食べるのが原則であったが、現在はご飯の摂取量が少ないので、おかずからおかずへ箸が動くのは容認されている（一色八郎『箸』による）

表4　嫌い箸（箸使いのタブー）

そのほかひょうたん、椰子《やし》の殻や貝殻を用いる民族もあった。土器は日本の縄文土器が約一万二〇〇〇年前に始まり世界で最古といわれるが、飛鳥時代になっても地方の民衆は木の葉を皿代わりに用いていた。『万葉集』に有間皇子《ありまのみこ》の歌がある。「家にあれば笥《け》に盛る飯《いい》を草枕／旅にしあれば椎《しい》の葉に盛る」。縄文土器は煮炊き用の深鉢が主で、晩期に小型の皿や浅鉢が増え、弥生時代から古墳時代には皿が減り、壺、鉢、高杯《たかつき》が増えた。

土師器と須恵器◉古墳時代に軟質土器の土師器《はじき》が大陸から伝来し、ついで硬質の須恵器《すえき》が伝来した。弥生時代には大鉢に飯を盛り、皆が手を伸ばして食べたが、古墳時代には各自が小皿に取り分ける食べ方が始まった。平城京の遺跡から出土する食器は大部分は土師器で、口径一五センチメートルくらいの糸底のない深皿が多く、飯、おかずに共用であった。この時代から汁は碗に口をつけて飲んだ。須恵器は主に貯蔵用に用いられた。中世を通して上流階級は主に漆器、庶民は土師器と木器の食器を用いたが、中国製の陶磁器が日宋、日明貿易によって渡来した。わが国では鎌倉時代に無《む》釉《ゆう》の陶器が焼かれ始めた。

漆器◉日本の古くからの食器のも一つの系譜は木器である。木をえぐって作った木椀は古代から近代までわが国の庶民によって広く用いられた。中世から近世には各地に木地師《きじし》と呼ばれる木工職人が集落を回り、木椀や木鉢を作って農民に供給した。白木の木器は安価であったが汚れやすく、割れたりした。漆《うるし》の技術はアジア東南部に始まり、中国には殷代（紀元前一六～紀元前一一世紀）に伝わって、漢代（紀元前二世紀～紀元三世紀）に高度に発達した。日本では縄文時代から漆器が作られ、土器に漆をかけたり、彩色漆器や籠《かご》に漆を塗った藍胎《らんたい》漆器など高度な技術があった。奈良、平安時代から中世にかけて上流階級の食器はほとんどが漆器であった。室町時代に始まった本膳料理（17・3❷参照）の飯椀、汁椀から皿、鉢、盆や膳に至るまですべて漆器であり、この伝統は江戸時代の会席料理に継承された。わが国は湿気の多い風土で漆器の生産と保持に適し、古来その手触り、口当たり、温かみが好まれた。鎌倉時代には蒔絵《まきえ》など華麗な作品が作られ、室町時代には根来塗《ねごろ》（赤漆塗）の椀が武士や僧侶に愛好されたが、いずれも高価であった。しかし江戸時代に地方の各藩が殖産興業の一端として漆の栽培と漆器の生産を奨励したこともあって、江戸時代中期には漆器の食器が庶民にも普及した。特に汁椀は圧倒的に漆器で、内朱外黒塗が好まれた。

陶器◉日本で施釉の陶器の生産は一二世紀末に瀬戸（愛知県）で始まり、美濃《みの》（岐阜県）へ広がった。陶器は粘土を高温で焼き釉薬《うわぐすり》をかけるので、それまでの土師器に比べ吸水性がなく丈夫であった。瀬戸、美濃のほか、常滑《とこなめ》、信楽《しがらき》、備前、唐津など各地に窯場が発達した。陶器の碗は厚みがあって重いが、熱い湯を入れて持つことができた。陶器の発展には茶道の発展が大きく影響し、茶の湯で好まれる楽、志野《しの》、黄瀬戸、織部《おりべ》などの茶陶が生まれた。

磁器◉石英質を粉砕して焼く磁器は日本では有田（佐賀県）で江戸時代初期に始まった。豊臣秀吉の朝鮮侵攻の際に多数の陶工が日本に連行され、各地に磁器窯が築かれた。有田の技術は瀬戸、京都など各地に広まった。磁器は陶器と比べると、薄くて軽く、硬くて強い上に口当たりがよい。さらになめらかで白い生地に絵が映え、藍色の染付や色絵など陶器にない清潔感と美しさがあった。また磁器は型抜きによる大量生産が可能で、手作りの陶器に比べて割安であった。江戸時代中期には有田で生産が盛んになり、伊万里焼の名でヨーロッパへ輸出もされた。国内でも江戸や上方に大量に出荷され、初めは主に皿と小鉢であったが、やがて磁器の飯碗が作られ、一八世紀末には江戸や上方の料理屋で膳に磁器が漆器と並ぶようになった。以後有田や京都（清水焼《きよみず》）の碗や皿は高級品として流通し、庶民には江戸時代後期から明治時代にかけて主に瀬戸や美濃の磁器が瀬戸物と呼ばれて普及した。江戸時代磁器を扱う店は茶碗屋と呼ばれ、磁器全般を茶碗と呼ぶ習慣ができ、現在も飯碗を茶碗と呼んでいる。この呼称の名残はほかに茶碗蒸しがある。わが国は軟質の赤焼土器を世界に先駆けて開発したが、その後は大陸の技術に学んだ。しかし陶磁器の歴史は日本は中国、朝鮮半島に比べるとずっと遅く始まったが、優れた技術開発によって世界有数の焼き物文化を築き上げた。

茶碗の変遷◉明治時代には家庭でも磁器の飯碗、磁器や陶器の皿や鉢類と漆器の汁椀が定着した。磁器は美しさ、堅牢さに加えて使用後の後始末の容易さが庶民に評価され、漆器は高い保温性と手触りと口当たりの良さが好まれた。現在の飯碗は丸みの少ない平形が多いが、少し前までは丸い半球形に近く大きかった。また飯碗の重さも現在は約一〇〇～一〇五グラムで、漆器椀の九〇～一二〇グラムとほぼ同じである。これは薄くて軽い磁器碗を焼く技術が発達したことと、昔に比べて飯碗の容量が小さくなったからで、戦後の高度成長期以降日本人がおかず喰いになり、米飯を食べる量が減ったことと関連している。

銘々器と個人器◉どの民族も初期は大振りの共用の器に盛った料理を皆が直接手を伸ばして食べ、やがて一人ずつの銘々器が現れ、各自が共用器から銘々器に自分の分を取って食べた。さらに最初から皿や碗に一人分ずつの料理を盛って配るようになった。中国では銘々器は漢代までに出現し、日本では弥生時代末期に始まった。わが国では早くに一人用の銘々膳が普及したので古代から宴席では個人別に料理が供された。家庭では鍋や大鉢に盛った料理を各自が共用の取り箸で銘々の小皿や椀に取り、各自の箸で食べた。幕末から明治にかけて全国の家庭に箱膳が普及し、各自はそれぞれ自分専用の食器を持つことになった。自分の食器は軽く洗っただけで何度も使用するが、家族であっても他の人が使った食器は不潔であるとの清潔観があった。やがて箱膳がちゃぶ台に替わると、自分の食器が同じ食卓に他の人の食器と並ぶことになり、混同を避けるために食器の大きさや絵柄で各自の食器を区別した。個人器あるいは属人器という。わが国では普通飯碗、湯呑みと箸が個人器で、汁椀や皿、鉢などは共通で使う。韓国では飯碗、汁椀、箸と匙が個人器である。中国や西欧にはこのような風習はなく、個人器は世界で珍しい食文化である。

多種多様◉日本の食器は漆器と陶磁器のほかに金属、ガラス、竹、白木、紙などで作られ、現在素材、大きさ、形、色彩、模様の違った多種多様な食器が市販されて、わが国の食膳はまことに賑やかである。日本料理は目で食べるといわれるが、食器の華麗さも大きく貢献している。一般家庭でも多種類の食器を保有しているが、洋皿など洋風、中華風の食器とコーヒーカップ、紅茶茶碗、グラス類も加わって、わが国では庶民の台所でも食器の豊富さでは世界に例を見ないと思われる。近時プラスチックの食器も出回っているが、わが国では主に学校や病院の給食用や弁当容器として用い、家庭での普通の食事にはあまり使わない。しかし韓国や東南アジアでは陶磁器と同じように使用されている。また日本では金属製の器は普通食事に用いないが、中国や朝鮮半島では錫や銅またはそれらの合金製、あるいは実用的にステンレススティール製の食器が重宝されている。

❷西洋の器

手食時代◉土器はメソポタミアでは紀元前六〇〇〇年頃に日干し土器が始まったが、ヨーロッパではクレタ島で前三〇〇〇年頃無彩土器が始まり、その後草花模様の単彩土器に発展した。土器は重く壊れやすいので、遊牧社会では発達しなかった。古代ギリシアでは前一〇世紀に幾何学模様の彩文土器があったが、オリエントの影響を受けて芸術性の高い黒絵土器が作られ、前六世紀には赤絵土器が出現した。古代ローマでは赤絵土器の共用器と銘々器が用いられたが、ローマ帝国の滅亡以後ヨーロッパでは長く共用器だけが用いられた。ローマ帝国の末期に石英質の陶土をかけて焼いた、浮彫りのある赤色陶器（テラ・シギラータ）と鉛釉陶器が開発された。以来ヨーロッパでは焼き物文化は低調で、青緑色の鉛釉陶器が中世を通して約一〇〇〇年間変わることなく用いられた。この間青銅や鉄製の食器が作られたが、王侯貴族は銀製の食器を用い、農民は主に木製の皿や鉢を用いた。

ヨーロッパには漆はなく木製は白木であった。中世の宴会では銘々皿の代わりに板状に焼き、数日おいて硬くなったパン（英語でトレンチャー、フランス語でトランショワール。15・1❷参照）が用いられた。

ヨーロッパの焼き物◉一一世紀頃オリエントの美しい錫《すず》釉陶器がイスラムによってイベリア半島に伝えられ、一四世紀にはスペインで生産された製品がマジョルカ島を経てイタリアに輸出された。その後イタリア各地でこのマジョルカ陶器が焼かれるようになり、ヨーロッパ各国にも広がって、いろいろな釉薬が発明された。そのうちオランダで東洋の磁器の風合いを模したデルフト陶器が開発され、イギリスでも生産が始まった。一八世紀になるとイギリスや北欧で大量生産による安価な陶器が庶民にも流布し、陶器のディナーセットが登場した。一方一六世紀から一七世紀にかけてヨーロッパの列強は東洋に進出し、磁器を発見して、その美しさに驚嘆し、中国の景徳鎮や日本の有田の磁器がヨーロッパの上流階級に熱狂的に受け入れられた。ヨーロッパではよい素材がなくて東洋風の磁器は焼けなかったが、一八世紀初めにドイツのマイセンで生産に成功し、ついでフランスのセーブルでも生産が始まった。イギリスでは動物の骨灰を混ぜて焼くボンチャイナが柔らかな感じの磁器として人気を得た。

食器と料理◉ヨーロッパでは自前の焼き物文化がなく、中世末期以降にイスラムや東洋に啓発されて生産を始め、陶磁器は近代までは貴重であり高価であった。上流階級の家庭では陶磁器は専用の戸棚に並べて展示した。現在欧米の一般家庭で使用される食器は、ガラス製のグラスやコップを除くとすべて磁器で、普通スープ皿、ミート皿、デザート皿、サラダ皿の四種の皿と、コーヒー碗、紅茶茶碗と種類は少なく、形も大体円形と決まっている。これらを各家庭では普通セットで一二人分あるいは一八人分を所蔵する。欧米では無地の白磁が好まれ、白一色か、縁に金色の線が一本巻いているだけのものを使う。ホテルやレストランでも店のイニシアルや簡単なロゴマークがついているだけというものが多い。これは食事においては料理に意識を集中し、器からの雑念を除去する思考によるもので、日本の料理が器と一体となって視覚に訴える感覚と全く異なっている。わが国では食膳に並ぶ多様な食器類を喜ぶが、西欧の人の中には煩わしいと感じる人もいる。しかしヨーロッパでも一九世紀には華麗な模様の皿が好まれた。現在フランスのエリゼ宮で用いられる皿には一八世紀のロココ風の精密な絵が描かれている。磁器以外では欧米では木器はサラダボールやナッツ用の皿以外にはほとんど用いない。銀器はかつて王侯貴族の権威の象徴であったが、今は実用的でない。

ガラス◉ガラスは歴史が古く、古代メソポタミア、古代エジプトなどで有史以前から作られ、ヨーロッパ中世には教会のステンドグラスに多用された。混ざり気の少ないガラスがイスラムで開発され、一二～一三世紀にイタリアを経てヨーロッパの各国に伝わり、透明度の高い製品がボヘミア、イギリス、フランスなどで開発された。現在ガラスは安価に工業生産され、食器としてよりも飲料や加工食品の容器として多量に利用されている。

15・3 食膳と食卓

❶日本の食膳

折敷から蝶足膳へ◉平城京跡から折敷《おしき》が出土した。折敷は方形の薄い木の板で、一人分の食事が折敷に載せて供された。銘々膳の形式である。このほか高杯《たかつき》は丸い盆に一本脚がついたもので、食器を載せる台であった。平安時代になると折敷は貴族や寺院では香木製や漆を塗った手の込んだものとなり、庶民は粗末な片木《へぎ》製であった。ほかに衝《つい》重《がさね》（三方の前身）と懸盤《かけばん》（台のついた四角い盆）も一人用の膳であった。そのほか台盤という大型の食卓があって、いくつかつないで大きな食卓にし、多くの人が向き合って座り、料理は銘々に盛り分けて供された。わが国で多人数の人が一つの食卓を囲んだのは平安時代の貴族階級と、江戸時代卓《しっ》袱《ぽく》料理（17・4❷参照）を賞味した文人たちだけで、明治時代にちゃぶ台が出現するまで、わが国の食卓はずっと一人ずつの銘々膳であった。中世から近世にかけて折敷に脚のついた膳がいろいろと現れた。最も格式の高い膳は蝶足膳《ちょうあしぜん》で、次が猫足膳、ほかに茶人好みの宗和《そうわ》膳があった。庶民の膳は木具膳で、古くからの片木折敷に板の脚をつけたものである。庶民用以外の膳はすべて漆塗りで、黒漆の上に赤漆をかけた皆朱《かいしゅ》（根来塗）を初め、蒔絵、沈金《ちんきん》、螺鈿《らでん》など精巧な製品があった。

箱膳◉江戸時代末期に箱膳が上方から始まり、明治時代にかけて全国に普及した。これは木の箱で、蓋がついており、蓋を裏返すと縁のついた膳になった。各自が専用の箱膳を持ち、箱の中には専用の飯碗、汁椀、小皿と箸が収められ、食事の時はそれらを出して使い、食事が終わると食器に湯を注いでゆすぎ、その湯は飲んで食器を箱に収め蓋をした。飯碗と小皿は瀬戸か美濃焼の磁器、汁椀は漆器が多かった。食器を水で洗うのは月に数度であった。この箱膳方式によって各自に専用の食器の意識が生まれた。箱膳は幕末から約一〇〇年間全国に普及したが、特に使用人の多い都市の商家でよく採用された。銘々膳での食事は身分制に従う行事で、武家や商家では家族の間にも序列があり、膳の位置や膳の上の皿数やその内容に差異があった。人々は自分の膳に向かって黙々と食事をする風習であった。農村では膳でなく囲炉裏のかまちが食卓になったが、やはり座る場所に序列があった。しかし囲炉裏端では家族一同が同じものを食べた。

ちゃぶ台◉明治時代半ばになってちゃぶ台の普及が大都市から始まった。数人が畳に座って囲む方形または円い食卓で、短い脚は折り畳み式で食事の時以外は脚を折って壁に立てかけるものもあった。地方から都市に出てきた家族を含め、小人数の核家族が都市に増えたことが普及の原因であった。ちゃぶ台はそれまでの銘々膳と異なり、家族全員が同じ一つの食卓を囲むもので、身分や序列がなくなり、日本の食事の形態としては画期的な変化で、わが国の食卓に初めて団欒の雰囲気が生まれた。ちゃぶ台は第二次世界大戦前には全国に広がり、その後戦後になって椅子とテーブル式の食事が定着すると、食事における身分差別は完全に消滅した。

❷外国の食卓

中国と朝鮮半島◉中国では漢代までは床に敷物を敷き、正座して食事をした。食器は小さなマットの上に並べられた。後漢時代（二〜三世紀）盆状で脚のない盤と、脚がついた机状の案の二種類の食卓が使われるようになった。ともに銘々膳で案には方形と円形のものがあった。料理は台所で予め個人別に分けられ、客人には主人が食膳を運んだ。銘々膳のほかに数人が囲む細長い案もあった。唐代（七〜一〇世紀初頭）に西方文明の影響で土間に高脚のテーブルを置き、椅子に腰をかけ食事をする風習が始まり、予め個人別に食物を分配する形式は消滅し、料理を盛った大皿や大鉢から各自が直箸で小皿に取り分ける、現在の中国料理の様式になった。

朝鮮半島では日本と同様に、床に置く個人用の膳が発達した。朝鮮半島では食器を手で持ち上げないので、膳は日本の膳よりも高い。インドは手食であるが個人別に配膳された盆を床に置く。銘々膳の風習は現在はわが国のほか朝鮮半島とインドだけであるが、他の地域でも儀式的な食事では銘々膳が用いられることがある。

ヨーロッパ◉ヨーロッパでは貴族階級は古くから椅子とテーブルの生活で、中世を通して共用器から手食したが、庶民は概ね食卓を持たなかった。ヨーロッパで椅子、テーブル式食卓が一般化するのは一六世紀以降である。古代ギリシアと古代ローマの宴会では、客は低い食卓の周りの寝椅子に横になって食事をした［**図15-4**］。横になって食事をする風習は古代のアッシリア人、ヘブライ人から受け継いだもので、世界の他のどの地域にもない方式である。古代ギリシアの貴族の男性は日常の食事も寝椅子で取った。この風習はキリスト教徒によって逸楽的と批判され、ローマ帝国の滅亡とともに消滅し、以後再興されることはなかった。

図15-4　古代ギリシアの饗宴
客は臥台に横になり、卓に手を伸ばして料理をとる。
奴隷が給仕をし、笛を吹いて興を添えた。（古代ギリシャの壺絵）

図15-5
中世ヨーロッパの宴会
主客は一人高座で、
他の客は細長い食卓に
向かい合って並んで
座る。食卓には大皿の
料理とトレンチャー、
ナイフ、スプーン
がある。パンは直に
置かれている。
主客には生演奏の
サービスがある。
（15世紀木版画）

中世貴族の宴会では食卓は樫《かし》の木で作ったがっしりした固定式か組立式で、後者の場合は架台に板を載せて設営し、宴会が終わると分解して片付けた。食卓は細長い長方形が一般的であった［図15-5］が、円形、楕円形、正方形のものもあった。ヨーロッパでは早い時期からテーブルクロスが用いられ、一五世紀には綾織り、縁取り、格子縞などの布が使われた。当時は手食であったので、汚れた指は初期はテーブルクロスで拭き、後になるとロンジェールと呼ばれたタオルで拭き、またこれで口をぬぐった。やがて客の一人一人にタオルが配られるようになり、一六世紀には各自にナプキンが用意されるようになった。ナプキンは西欧では珍しく家庭で各自専用であった。

16 三食

16・1 日常の食事

❶三食

二食◉現在文明国の大多数の人々は毎日朝、昼、夕と三回の食事を摂っているが、一日三食の風習は多くの国でつい数世紀前に始まったもので、それまでは一日二食であった。有史以前から農耕社会や牧畜社会では、作業に出かける前と帰った時、一日に二度食事をするのが合理的であった。

ヨーロッパ圏では古代エジプトと古代ギリシアが一日三食であったが、古代ローマでは一日二食になり、以来ヨーロッパでは中世を通して、貴族階級を除いて正午頃と夕方の二回の食事をした。

二食のうち昼の食事が正餐で質量ともに十分に食べ、夕方の食事は軽いものであった。夕方から翌日の昼までの空腹の時間は英語で「ファスト」(fast：飢餓）と呼ばれ、昼の正餐はそれを破る(break) もので「ブレックファスト」(breakfast) と呼ばれたが、今はこの語は朝食の呼称になっている。フランス語の朝食「デジュネ」(déjeuner) も同様の意味を持つ語である。

貴族たちは中世から朝食を取っていたが、パンをワインに浸すだけの簡単なものであった。しかし朝食を取ることは特権階級の特権の一つであった。教会は健康を維持するためには二食で十分で、大食を戒めた。大食はキリスト教の七つの大罪に含まれる大罪であった［図16-1］。中欧諸国やイギリスでは近世まで、食事は必要止むをえぬ行為であるが、それ自体は罪に近い行為と考えられた。一方ラテン系の国々では食べることは楽しみであった。

三食◉一五世紀から一六世紀にかけてヨーロッパでは一日三食の風習が庶民にも浸透し始め、地域や社会層によるが一八世紀には各地に普及した。一日三食はそれまでの昼食と夕食に朝食が加わった形であり、依然として昼食が一日で最も重要な食事（ディナー〔dinner〕）であった。産業革命以後社会が変化していく中で、労働者は長い昼休みに自宅に帰り、家族とともにゆっくりと食事を摂り、午後また仕事に戻った。この風潮はヨーロッパ各国に共通で、朝食はパンとコーヒー程度と軽く、夕食もハム、ソーセージ、チーズ、ピクルスなど常備の冷たい食物が主であったが、昼食は質量ともに充実しており、ドイツでは長い間温かい料理は昼だけにあり、フランスでスープが出るのは主に昼食においてであった。

現在では社会活動のためどの国でも昼食の比重は低下しているが、休日には昼食に家族が集まって特別の食事をする風習は残っている。イギリスでは学校給食を「スクールディナー」(school dinner)と呼ぶ。

中国では紀元前、春秋、戦国時代から一日三食が続いてきた。朝鮮半島では一日で最も重要な食事は朝食でご馳走が出る。客の接待も朝が多い。

朝御食と夕御食◉わが国の縄文時代や弥生時代に人々が時間を決めて食事をしていたかどうかは分からないが、奈良時代から平安時代、鎌倉時代にかけては一日二食で、一日に三度の食事を摂ることは非行と見なされた。二食は朝御《あさみ》食《け》、夕御《ゆうみ》食《け》の語があるように朝夕の二

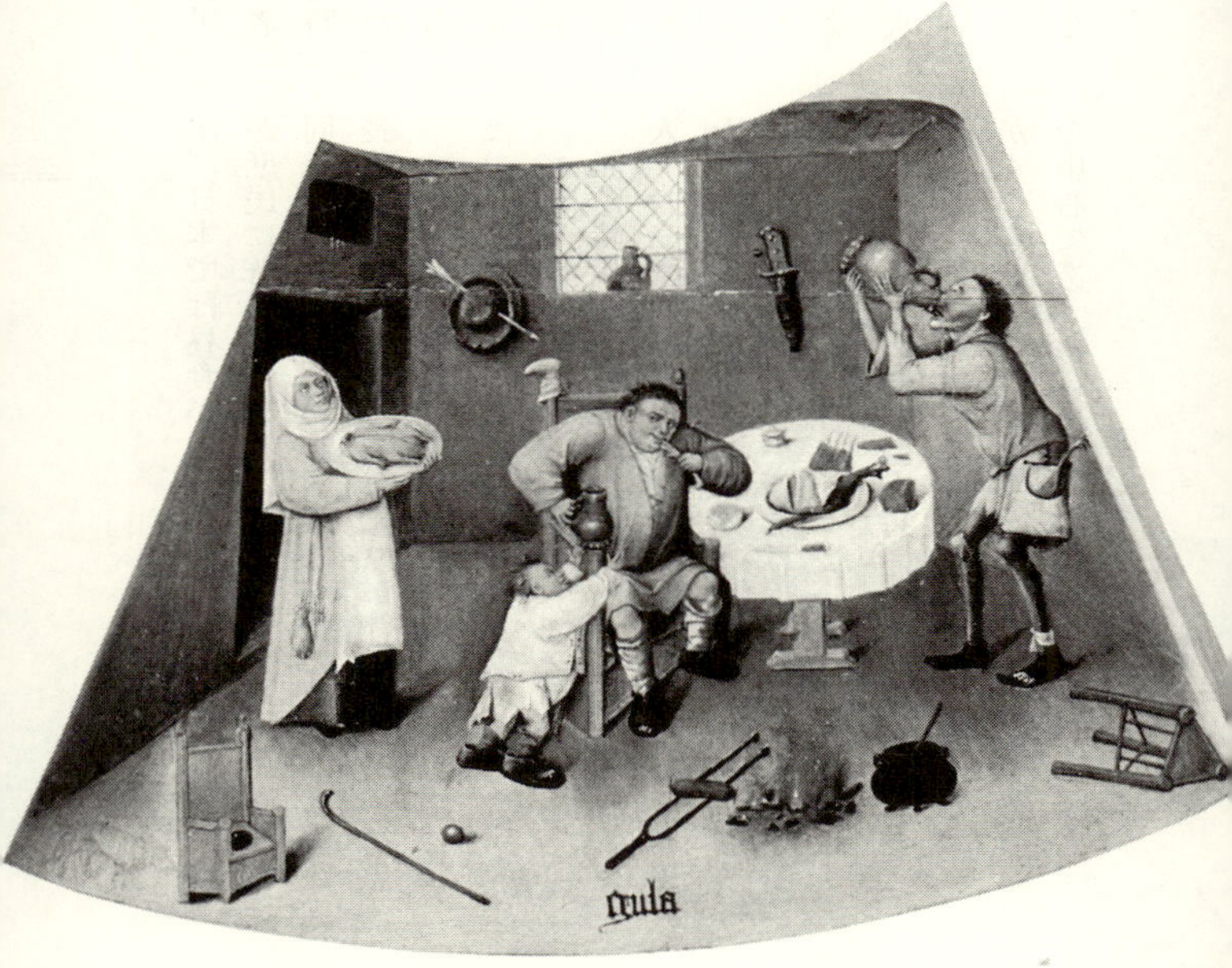

図16-1 大食
ヒエロニムス・ボッシュ『七つの大罪』のうち「大食」。(16世紀初頭)

回であった。しかし大工などの職人や兵士、農民には二食のほかに間食が認められ、また宿直《とのい》の者は夜間別に屯食《とんじき》（握り飯）が与えられた。鎌倉時代に朝廷や公家社会で一日三食の風習が始まった。禅宗の寺でも点心を間食し、僧侶の間に一日三食が定着した。しかし下級武士や農民はその後も長く一日二食を続けた。江戸時代初期、武士の給料の基準である一人扶持《ふち》とは、一食に二合半の米を一日二回、合計一日に五合の米を食べるものとしている。一日二食が前提であった。

プラス朝食とプラス昼食◉日本で一日三食の風習が上流階級から庶民の間に広がったのは一七世紀半ば、明暦の頃からである。この頃江戸では明暦の大火からの復興に向けて、大勢の大工や職人が激しい労働をしており、一日二度の食事では不足であった。ヨーロッパでは朝食が加わって三食になったが、日本では昼食が加わって三食になった。三食が庶民に普及した時期は日本とヨーロッパとほぼ同じ頃であった。わが国では朝食と夕食は歴史が長く、どの階層でもそれなりに汁と菜がついて整っていたが、新しく加わった昼食はごく簡単に済ませ、その考え方は現在に続いている。ヨーロッパで朝食が簡単なのと対照的である。

江戸時代も進むと地域や生活スタイルによって人々の三食の比重が異なり炊飯の時間が違ってきた。江戸では概ね朝に飯を炊いてしっかり朝食を食べて労働に備えたが、上方では昼に炊飯し、朝食は前日の冷飯の粥であった。明治時代になって主人と子供たちが弁当を持って出るようになると、全国的に朝の炊飯が一般的となった。しかし家族がくつろいで集まる夕食がいずこでも一日の食事の中心であった。

三食の変遷◉第二次世界大戦後の高度成長を迎え、近代社会の勤務スタイルや学校制度の変化によって、わが国庶民の食生活は大きく変化したが、一日三食は基本的に維持されてきた。朝食にパン食を取り入れる家庭も多くなり、給食や外食に依存して誰も弁当を持たなくなると、朝の炊飯は必要でなく、また労働量の軽減で朝たっぷりと食事をすることもなくなった。昼食は主人、子供、主婦と家族はばらばらの食事である。しかし夕食には家族皆が集い、主婦は料理に腕を振るって家族が団欒しながら食事をするものであった。朝食や昼食にパンや麺を食べても、夕食は圧倒的に温かい米の飯の食事で、これに和風、洋風、中華風の多種類のおかずが並んだ。そして晩酌をする人が増えた。ヨーロッパでは戦後家庭の食事が以前より簡単になったといわれるが、わが国では戦前よりも豊かで多彩になった。昔は毎日同じおかずの繰り返しが多かったが、今は二日続けて同じおかずが並ぶことはほとんどない。日本人全体が初めて食事を楽しむ時代になったのである。

しかし時代がさらに進むと主人の早朝出勤、残業や公私の交際による遅い帰宅、子供の塾や習い事、主婦の勤めなどによって家族の三食の食事時間はそれぞれ異なり、内容も違って、孤食あるいは個食といわれる状態となっている。さらに欠食や時間構わずの間食が入り、わが国では今一日三食の習慣は崩壊しつつあるように見える。

欧米◉戦後の産業社会の発展はヨーロッパの人々の食生活をも大きく変化させた。通勤、通学の距離が長くなり生活リズムが変わって、朝食は軽く、昼食は短い時間に済ませるようになり、夕食が最も重要な食事になった。昼食は家族皆がそれぞればらばらに取るようになったが、休日には昼食に家族が集まって昔のように正餐を取る家庭が今も多い。しかし各国とも主婦が働きに出るようになり、手間のかかる煮込み料理などは敬遠され、また加工食品や調理食品を利用する傾向も多くなった。しかし家庭での食事を大切にし、伝統料理を保持しようとの意識は健在であり、一日三食の食生活態勢は欧米では概ね維持されている。

❷共食

連帯◉人間は共食する動物であるといわれる。共食の基本単位は家族で、男が狩猟の獲物を、女と子供が近くで果実、木の実や魚介を集め、皆で分け合って食べた。食物の確保、分配と共食が家族の成立の基礎であり、連帯を維持するものであり、家庭とは食卓共同体であった。連帯は家族から集落に広がり、祭りの時は人々が集まって飲食することで連帯を確かめ合った。同じ釜の飯を食べるということは人々に親密な意識を生み出すものである。

神と◉古代日本の祭事では山海の食物を神に捧げ、祭りの後それを集まった人々が食べ、直会《なおらい》の行事を行った。神と共食することによって人々は神との交流を感得した。日本の神道の神々のほかに道教、仏教、ヒンズー教、東南アジアの土着の神々にも人々は食物を供え、食物を仲立ちとして神と交流し、連帯を図る風習が古くからあった。

これらの多神教に対し、一神教であるユダヤ教とその支流のキリスト教では神人共食の思想はない。神は絶対神で抽象的存在であり、神は人間とはっきり断絶していて人間と共食して交流することはない。クリスマス、復活祭などの宗教行事は庶民の食生活に大きく影響しているが、神やキリストとの共食の思想はない。イスラム教もアラーに食物を供えないが、メッカ巡礼の最後の日に犠牲を捧げる。

しかしどの宗教に属する人も、しばらく前までは食事の前に、この食事を与えてくれた神仏や祖先に感謝の祈りをした。飽食の現代になって、わが国でも欧米でも食前の祈りは衰えつつあるが、イスラム教とヒンズー教では今も厳しく履行している。わが国ではかつて毎朝神棚や仏壇にご飯やお茶を小さな容器に入れて供える風習があり、祖先との共食を毎日行ってきた。たまに旅行などで不在の家族にも銘々膳にご飯やおかずを配膳する陰膳《かげぜん》の風習があった。

16・2 ハレの食事、宴会

❶日本の宴会

ハレの日◉近代までわが国の農民、町人は毎日同じ貧しい食事を繰り返し食べて暮らしてきた。ハレの日は正月や婚礼、祭りなど特別の日で、人々は仕事を休み、ハレの着物を着て、ハレの膳に向かった。ハレの日の食事は普段のケの日の食事と違い、手に入りにくい食材を使って、手の込んだ料理をした。小麦粉を使ったうどんは江戸時代中頃までハレの日のご馳走であった。季節による年中行事の日にはご馳走を作って戸外で飲食し、知人と宴を開いた［図16-2］。現在のわが国の庶民は、昔の人がハレの日に食べたようなご馳走を毎日食べている。

大饗◉古代宮中ではいろいろな儀式があり、また年中行事があって、その度に百官が集まって宴会が開かれた。日本の公式の宴会の儀礼は中国の様式を真似て奈良時代に始まり、室町時代にほぼ完成した。公式の宴会は酒礼、饗膳、酒宴の三部より成る。酒礼は式三献の儀礼で、まず主人が酒盃を取り一口飲んでから客の間を回す。これが初献で、第二献、第三献と酒が回った。三献に合わせて三種類の肴《さかな》が供された。これは中国唐代の宴会儀礼を踏襲したものであるが、盃の回し飲みは古来東南アジア各国の宴会儀礼にもあった。第二部の饗膳は食事で、平安時代大宴では大饗の膳に三〇種に近い料理が並んだ［**図17-2**］。第三部は酒宴であるが、平安時代には饗膳の段階でハレの儀式は終わり、座を替えて酒宴に移った。酒宴ではあらためて酒肴が配られ、歌舞音曲を伴う酒盛りが夜を徹して行われ、無礼講《ぶれいこう》となった。

図16-2　花見の宴
奥村政信『絵本小倉錦』(1740)

室町時代から戦国時代に発達した茶会の懐石(17・3❷参照)では酒礼がなくなり、その影響で江戸時代の会席料理は最初に盃を回す儀礼はなく、饗膳が酒宴になって、現在に至っている。現在和風の宴会は酒で始まり、料理は酒の肴で多種類を少量ずつ並べ、欧米人がオードブルのオンパレードと評する状況である。宴の終わりに飯が味噌汁と漬物とともに供され、これが食事である。かくて日本の宴会は外国と異なり、食事をする会ではなく、酒を飲む会になった。酒を飲めない人はジュースやウーロン茶を飲みながら刺身や焼き物、炊き合わせを食べ、宴の終わりの食事を待つ。

君主と家臣◉わが国では室町時代から江戸時代初期にかけて、公家社会、武家社会それぞれで宴があり、武将と家臣あるいは大名同士の会食があったが、徳川幕府の四代将軍家綱の頃から将軍や大名の関わる宴会はほとんどなくなった。身分の高い者は身分の低い者と一緒に食事をしない風習となったのである。かくて行事の後君主が家臣と会食することはなく、家臣は君主から食膳を賜り、家臣だけで食べた。

江戸時代に一二回あった朝鮮通信使の幕府による接待でも、将軍や老中が通信使と会食することはなかった。幕末の安政四(一八五七)年にアメリカの初代駐日公使ハリスが江戸城で将軍家定に謁見した後、幕府はハリスに賜餐を伝えると、ハリスはアメリカの慣習から将軍との会食を要求したが、幕府は日本の慣習から譲らず、結局ハリスの宿舎に五〇個もの白木の膳に載った、三汁九菜の正餐が届けられた。将軍が外国の使節と同じ食卓についたのは、徳川慶喜が慶応三(一八六七)年大坂でイギリス公使をフランス料理でもてなしたのが最初にして最後であった。この宴会ではローストビーフとシャンパンが供された。

明治以後◉明治時代以後わが国では官界、財界ともに公式の宴会は西洋料理で行っている。自由に談笑できるブッフェ形式が最近はよく用いられるが、国賓の歓迎晩餐会など公式の宴会はフランス料理のフルコースであり、民間の結婚式もホテルでの洋食が多い。伝統的日本料理による多人数の宴会は、現在では和風旅館でのツア旅行の夕食くらいであるが、政治家、財界人、高級官僚などの小人数の、密談を伴う会合は高級料亭の小座敷で行われる。

❷西洋の宴会

古代ギリシア、古代ローマ◉古代ギリシアでは初期は人々の食事は質素で、宴会も簡素であったが、後期になると贅沢になった。アテネの上流階級は社交好きで友人を自宅に招いて再々宴会を催した（19・1❶参照）。宴会は二部から成り、第一のコースでは客は臥台（クリネー）に横になって料理を食べ［**図15―4**］、第二のコースのシュンポシオンと呼ばれる酒宴では演説と討論がなされた。古代ローマでは宴会は極度に華美になり、病的なまでの趣向が凝らされた。客はやはり横臥し、料理は三コースであった。第一のコースは前菜、第二のコースは肉や魚鳥を主にした料理、そして第三のコースはデザートであった。以後のヨーロッパの正餐の基本形はここに始まっている。

中世から近世◉長い中世の間ヨーロッパ各国では王侯貴族や領主たちが再々宴会を催した。宴会の開催は権力階級にとって一種の義務と考えられ、諸侯や臣下に権威と富力を誇示するため盛大に行われた。ヨーロッパ中世は料理法も食器も食事のマナーもまだ発達せず、おびただしい量の肉と大量の高価な香辛料が使われた。一三九九年にヘンリー四世がロンドンで戴冠式を挙げた時の祝宴のメニューが残っている［表5］。宴はここに示すように三つのコースからなるのが普通であったが、各コースは一〇種類を越える料理から成り、多数のご馳走の皿が次々と運ばれ、食卓に所狭しと並べられた。もっと多いコースより成る宴会もあった。客は多くの場合大広間の壁側の細長いテーブルにつき、手づかみで食べた。主賓には特別の食卓が提供された［図15-5］。料理はありきたりの羊、豚や牛の肉でなく、野鳥や野獣など珍しい素材で客を驚かせた。量だけを誇る貴族の宴会はヨーロッパでは一八世紀まで続いたが、近世になってイタリアの先進的な食文化を受け入れたフランスが洗

第1のコース	第2のコース	第3のコース
1. 肉のペッパーソース煮	1. シカ肉のスパイス粥の煮込み	1. 鶏または魚の薄造り
2. 王様好みの肉	2. ゼリー	2. マルメロのシロップ煮
3. 牙のついたイノシシの頭	3. 詰め物をしたブタの丸焼き	3. シラサギ
4. 大戦車を模して	4. クジャク	4. 大型のシギ
5. ハクチョウの雛	5. ツル	5. イワシャコ（ヤマウズラ類）
6. 丸々と太った去勢雄鶏	6. シカ肉のロースト	6. ハト
7. キジ	7. ウサギ	7. ウズラ
8. アオサギ	8. ゴイサギ	8. シギ
9. 骨髄と果物のカスタードタルト	9. 1歳未満の若い雌鶏	9. 小さな鳥
10. チョウザメと大きな淡水カマス	10. 大きなタルト	10. ウサギ
11. 装飾菓子	11. 肉のソテー	11. 金のりんご
	12. ランパルド風カスタードのデザート	12. チーズ入りカスタード
		13. 金の卵
		14. フリッター
		15. 甘いタルト
		16. 小さいナシ
		17. ワシ
		18. ユリを模したデザート
		19. 装飾菓子

表5　ヘンリー四世戴冠式の祝宴のメニュー
M・P・コズマン『中世の饗宴』より

練された料理法を開発し、一八世紀後半にはフランス料理の宴会はヨーロッパ諸国で垂涎《すいぜん》の的となった。ナポレオン戦争の終結処理を巡ってフランス外相のタレイランが美味しい料理の宴会外交で列国を懐柔したことは有名である。

農民◉中世を通じてヨーロッパの農民は貧しい食生活であったが、結婚式には村人が集まってご馳走を食べた［**図16-3**］。ただ、貴族たちの宴会に比べるとささやかなものであった。この図で運び込まれた皿のご馳走は粥であった。宗教的には四旬《しじゅん》節、聖人の日など節食の規制が多かった（19・2参照）が、クリスマスや復活祭などでは特別の料理や菓子を作り、家族そろって楽しんだ。

ロシア方式◉一九世紀になりフランスにロシア方式（13・3参照）によるサービスの方法が導入されると、宴会のすべての参加者に、一人分ずつに小分

図16-3　『農村の結婚式』
ブリューゲル（1568）。運び込まれた料理は粥である。

けされた料理が時系列的に一皿ずつ供されるようになった。それでも旧来からの風潮でしばらくは多数の皿に盛られた多種類で大量の料理と、何種類ものワインが食卓を飾った。

しかし二〇世紀になり二度の世界大戦を経験した後、ヨーロッパの宴会はただ皿数の多きを誇る豪華絢爛《けんらん》たるものから実質的で洗練を求める風潮が支配的になった。現在フランス政府のエリゼ宮における公式の宴会では前菜、主菜、付け合わせのサラダ、チーズ、デザートの五品と、ワイン二種類とシャンパン一種類だけである。ワインの銘柄や料理の素材、調理法は主賓に対するフランス政府の政治的姿勢が現れているといわれる。

天皇歓迎晩餐会◉一九九四年にわが国の天皇と皇后がフランスを公式訪問した時、ミッテラン大統領が主宰し、エリゼ宮で二四〇人が出席した歓迎晩餐会のメニューは次のようであった。このもてなしは数年前のイギリス女王の場合と同等であった（西川恵『エリゼ宮の食卓』）。

料理：ホタテのソテー、温製のカキ添え
　仔カモの胸肉のポワレ、はちみつ風味、イチジク添え
　野菜のシャルトルーズ仕立て
　チーズ
　イチゴのパイ包み
飲み物：ワイン：シャサーニュ・モンラッシェ一九八五
　シャトー・ラトゥール一九七八
　シャンパン：ドン・ペリニョン一九八五

なおエリゼ宮での料理の配分はロシア式でなく、

大皿に盛った料理を持って給仕人が会食者の間を廻り、会食者は自分の皿に好きなだけの料理を取るフランス方式が行われている。

16・3　外食

❶外食の発生

古代ローマと中国◉世界で外食の歴史が最も古いところは古代ローマと中国である。ローマでは貴族が贅を尽くした饗宴を日夜繰り広げていたが、貧しい庶民や奴隷は市場にひしめく屋台や露天の小食堂で飲食した。紀元前数世紀のことである。しかしローマの外食の風習はローマ帝国の滅亡とともに消滅し、ヨーロッパで庶民の外食が復活するにはその後一〇〇〇年以上を要した。

中国では前漢の中頃（紀元前一世紀頃）に都市に多数の飲食店が現れ、万里の長城の関門の周りにも酒を飲ませ、飯を食べさせる店が出現し繁盛した。しかしこれらは庶民向けの施設で、高級料理は王侯貴族や豪商が抱える専門の料理人だけが提供でき、庶民とは無縁であった。中国で庶民が高級料理に接し、北京の市民が宮廷で発達した北京料理を食べるようになったのは、清朝の崩壊（一九一二年）によって宮廷お抱えの料理人が市中に店を開いてからである。

市民社会◉現在世界中のたいていの町には大小の飲食店が多数あり、庶民が財布の中身に応じて、食べたいものをいつでも好きなだけ食べることができる時代になった。しかしどの国においても食事は本来家庭で摂るものと考えられ、昔は不特定な他人に食事を提供する施設はなく、外出は弁当持参、旅行は食料持参であり、初期の宿屋はどの社会でも食事は自炊であった。外食の発達には、それを必要とし、またそれを楽しむ中産階級の出現と、不特定多数の客に魅力ある料理を用意できる商業的な豊かさが必要であった。要するに貨幣経済と市民社会の発達が前提であり、外食は社会の成熟とともに発展した。金さえ出せば誰でも一流の料理人の味を楽しめることは、身分秩序の崩壊を示すもので、近代社会の成立に支えられている。

❷ヨーロッパの外食

中世◉ヨーロッパでは中世宿屋が旅行者以外の人にも飲食を提供するようになり、また村の集会場の役割も受け持った。村人たちは日曜日のミサの後や夕食の後、ここに集まって酒を飲み談笑した。村の宿屋の料理は概して不味かったが、農民が結婚式などの宴会をする時には村の宿屋を使った。

ロンドンでは一二世紀頃にテムズ川の堤防の上にたくさんの露店が並び、焼いた肉、茹でた肉、魚介類などが売られた。調理済みの食品から半調理品まであり、金持ちも貧乏人も利用した。一三世紀にはパリにもこのような総菜屋が現れ、パン、豚肉加工品、焼肉、菓子など、それぞれギルドを組んで排他的特権の下で営業をした。

ロンドンではその後クックショップが出現し、人々は肉を持ち込んで調理してもらった。当時下層の人々は満足な調理設備を持たなかったので重宝な施設であった。クックショップは長く続き、後には貴族や裕福な商人もここでスナックを食べるようになった。一六世紀にはパリなどフランスの都市にはトレトゥールという仕出し屋とスナック店を兼ねた店や居酒屋が通りに並んだ。

レストラン◉一七世紀になるとロンドンでもパリでも人々の集会場所はコーヒーハウスまたはカフェ［**図10－2**］になった。ロンドンでは多くのコーヒーハウスは食堂を持ち、定食を提供した。パリのカフェも喫茶店であり、居酒屋であり、食堂であって、軽いスナックと簡単な定食を出した。フランス革命（一七八九年）前の一七六五年に最初のレストランがパリに開店したが、レストランは「疲れを癒す」という意味の言葉で、初めは当時飲食業界で食品ごとの縄張りが厳しく、肉を煮込んだスープを提供するだけであった。しかしフランス革命によって職業組合の規制が撤廃され、誰でもいろいろな料理を客に供せるようになった。

革命後貴族が没落し、雇われていた料理人が失職し、その多くが市中にレストランを開き、高級料理を庶民風にアレンジして提供した。革命前にはパリに五〇軒ほどのレストランがあったが、一八二七年には三〇〇〇軒を越える盛況となり、外食人口は一日一〇万人であった。イギリスでは一八世紀フランスのレストランの発生以前からタヴァンが上流階級の人々に料理を提供していた。イギリスでは早くに発達した議会政治によって地方の議員がロンドンに来るとタヴァンやコーヒーハウスで食事をした。フランスでも革命後地方議員がパリでレストランを愛用するとともに、レストランも地方料理をレパートリーに加えるようになった。

ミシュラン◉一九世紀にはフランスにビストロ、ブラスリーと呼ばれる大衆向けの飲食店も出現し、ヨーロッパの各都市に種々のレベルのレストランが多数開店し、多くの人が外食を楽しむようになった。第二次世界大戦後の欧米では豊かな食生活の中で外食は庶民にとって日常的な食事の一部になり、高級レストランも時に友人との楽しい会食に利用された。二〇世紀は旅行が盛んになり、大都市のほか地方都市にも美味しさで評判の飲食店が現れ、その情報は種々のメディアによって広く伝えられ、美味しい店の食べ歩きは各国のグルマンにとって最大の楽しみとなった。フランスのタイヤメーカーミシュランが秘かに各地のレストランの味とサービスを調査し、星の数で公表される評価は権威あるものとされる。メディアによる飲食店に対する類似の評価はわが国をはじめ各国で行われている。

❸日本の外食

茶飯屋◉わが国では安土桃山時代の終わり頃、京都の祇園社の門前に一服一銭の茶店が現れたが、この頃から江戸時代初めにかけて、京都の市中、社寺の境内や門前、街道の宿場などに餅、団子、粥、うどん、そば、すしなどを売る店が現れ［図2-1］、人々は好みのものをその場で食べたり、買って帰ったりした。江戸時代の初期、江戸周辺では、主要な街道の宿場でスナックを食べさせたが、飲食店といえるものはなかった。明暦三（一六五七）年の大火の後、復興のために流入した大勢の労働者を対象として市中に煮売屋［図16-4］が多数出現したが、同年浅草の門前に奈良茶飯の店が開店し、茶飯に豆腐汁、煮染め、煮豆、漬物などをセットにした定食を食べさせ好評であった。値段は一人前五分で、現在の五七〇円くらいに相当する。いわゆる一膳飯屋で、これがわが国の飲食店の最初とされる。この頃以降一八世紀を通して江戸には水茶屋、けんどん屋などいろいろな飲食店が登場したが、一八世紀には座敷に客を通して料理を提供する料理茶屋が現れ、だんだんと高級化して文化文政の頃（一九世紀初め）には山海の珍味をそろえ、食器、調度から座敷、庭園にまで贅を尽くした料亭が現れた。粋を好む大名や文人、画家、豪商などがよく利用し、また商人が得意先や幕府、各藩の要人を接待し、江戸詰めの各藩家老が情報を交換する場所ともなった。料亭の料理人は優れた調理技術を持つ者が多く、幕末に幕府が外国使節を接待した料理は幕府のお抱え料理人でなく、高名な料亭の料理人が請け負った。

江戸は大繁盛◉かくて江戸時代後期には江戸市中に高級な料亭から、中級向き、庶民向きまで多数の飲食店が繁盛するようになり、「五歩に一楼、十歩に一閣」といわれるほどであった。文化元（一八〇四）年町奉行が調べた江戸市中の「食類商売

図16-4　煮売家の店先
障子戸に『おすいもの　御にざかな　さしみ　なべやき』と書かれている。手前の男が床几に腰掛け、一皿の肴で酒を飲んでいる。居酒屋の祖形である。『鶏声栗鳴子』より

人」では店舗を構えている飲食店が六一六五軒あった。この中には一般的な料理屋のほかにそば、天ぷら、うなぎ、すし、菜飯、煮魚、茶漬けなど、扱う料理が特化した店が多数あり、これは現在に至るまで、わが国の外食の特色の一つをなしている。

このほかにおびただしい数の屋台や振り売りが長屋住まいの貧しい庶民の食欲を満たした［図17-8］。江戸で特に外食が発達した理由は、地方から出稼ぎの独身男性の職人や商人、それに地方各藩の江戸詰め武士が多く、圧倒的に独身男性の多い社会で、外食需要が高かったからである。また江戸時代後半には伊勢詣り、金比羅詣りなど庶民の旅行が盛んになり、各地に名物料理を食べさせる店が現れた［図2-1］。

明治から昭和◉明治時代になると料理茶屋は衰微した。幕政時代の顧客であった幕府要人、諸大名、家老たち、豪商は没落し、新政府の指導者たちは薩摩、長州など地方の下級武士で、日本の伝統料理に親しみがなく、また文明開化の風潮に乗って西洋料理の導入に熱心であった。かくて幕府や各藩のお抱え料理人は失職し、多くの料理茶屋は廃業してごく少数が営業を続けたほかは仕出し屋になるか、巷の大衆的な食堂となった。

しかしうどん屋、そば屋、寿司屋、うなぎ屋などは概ね引き続き盛況であった。肉食解禁から牛鍋屋が文明開化の象徴となったが、広く庶民層に普及するには時間がかかった。明治時代後期にビアホールが開店し、富裕層と庶民が肩を寄せ合って新しい飲み物を飲んだ。明治時代後期から大正時代にかけて、庶民的な洋食屋が出現し、和風に改変した西洋料理や、わが国で発明されたいもコロッケ、とんカツ、ライスカレーなどを提供し、庶民に愛好されるようになった。

デパートの大食堂◉明治四〇（一九〇七）年に三越呉服店が始めた百貨店大食堂はその後他の百貨店にも広がり、老人から幼児まで家族全員が楽しめる場所として外食を庶民生活に定着させた。大食堂では食券前売り制とともにろう細工の料理サンプルが入口のショーケースに展示され、客の料理選定と注文が効率化された。料理サンプル（食品サンプル）はその後巷の飲食店にも普及し、今はプラスチックゾルで製作され、韓国や中国でも用いられているが、欧米の食文化には馴染まない。わが国でも高級レストランや料亭では用いない。

かくて昭和の初め頃までに大都市では気軽に利用できる和、洋、中華の食堂が多数出現し、都市の拡大による新興住宅地では商店街の核に飲食店が入り、外食は日本人の各層にしっかりとしみ込んだ。しかし戦前のこの時代には庶民の意識では外食はまだ贅沢であり、何かの時に友人と、あるいは家族そろって散財して非日常的楽しみを味わうものであった。

やがて戦時下になり人々の外食は衰微する。外食という語は戦時中米穀配給通帳制とともに実施された「外食券制」に由来するが、戦時中から戦後しばらくはまともな外食はなかった。

飽食◉戦後多数の人が地方から都市に集まり、中流階級の人々が増えた。長い食料不足の時代の後人々の食に対する希求は大きく、一方社会体制は食料の大量生産、大量流通、大量消費と、全世界からの大量輸入の時代となり、外食は外食産業と呼ばれる大きな産業となった。大きな変化は一九七〇年の大阪での万国博覧会を契機としたアメリカの外食チェーンの進出で、ついで国内資本の参画も盛んとなり、全国の都市にハンバーガー、フライドチキン、ラーメン、牛丼、回転寿司などのファストフード店と、洋風、和風、中華風のファミリーレストランが多数開店した。

これらのチェーン店が従来の飲食店と異なる点は、価格を客の財力に配慮して設定し、仕入れはすべて本部で一括購入し、調理はセントラルキッチン方式で行って冷凍品を各店舗に配送し、パートタイマーを多用して人件費を抑制し、店頭でのサービスをマニュアル化して全国的に画一化したことである。また自動車の普及に合わせて都市郊外に大きな駐車場を備えた店舗を立地し、スーパーマーケットなどとの共存もあって外食は最早非日常的な贅沢でなく、日常の食事の一部をなすようになった。

日常的に身近な外食店は大規模チェーン店のほかにそば屋、ラーメン屋、うどん屋、カレーライス屋、回転寿司屋などがあり、また市街地には外国で修業したシェフが経営するフランス、イタリア、スペイン、ドイツなどの個性的なカジュアルレストランが多数あって、夜は値が張っても昼には庶民的なランチを提供している。最近はインド、ベトナム、タイ、トルコ、メキシコなどのエスニック料理店も人気を集めている。

美味しい店や地方の名産の情報はテレビや雑誌などからふんだんに提供され、それを巡り歩くグルメの楽しみが多くの人に定着した。外食は調理済み食品を購入して自宅で食べる中食《なかしょく》の発展と相俟って、わが国の現在の食の外部化の重要な部分を占めている。昔のように味にうるさい食通が減り、自前で一流レストランや料亭に出入りする裕福な人も少なくなったが、格式ある店も大衆路線を進み、庶民も時折は一流のプロの料理人の本格的な腕とサービスを楽しめる時代になった。

17　日本の食文化小史

17・1　縄文時代――採集、狩猟と漁労

一万年◉縄文時代は今から約一万二〇〇〇年前に始まり、約一万年続いた。人々は定住的で土器を用いながら、採集、狩猟、漁労の生活を送り、原始時代としては世界でも珍しい豊かな食生活の時代であった。土器の出現は日本が世界で最も早かったといわれる。

日本列島◉氷河期が終わると東アジアは急速に温暖化し、海面の上昇によって日本はアジア大陸から切り離されて日本列島が生成した。寒帯の針葉樹林は北方に移動し、替わって広葉樹林が広がった。縄文時代わが国の森林は東日本が落葉広葉樹

地方	縄文時代 早期 (1万年前〜)	前期 (6千年前〜)	中期 (5千年前〜)	後期 (4千年前〜)	晩期 (3千年前〜)	弥生時代 (2.3千年前〜)	土師器時代 (8世紀ごろ)
東北	2,000 (0.03)	19,200 (0.29)	46,700 (0.70)	43,800 (0.65)	39,500 (0.59)	33,400 (0.50)	288,600 (4.31)
関東	9,700 (0.30)	42,800 (1.34)	95,400 (2.98)	51,600 (1.61)	7,700 (0.24)	99,000 (3.09)	943,300 (29.48)
北陸	400 (0.02)	4,200 (0.17)	24,600 (0.98)	15,700 (0.63)	5,100 (0.20)	20,700 (0.83)	491,800 (19.67)
中部	3,000 (0.10)	25,300 (0.84)	71,900 (2.40)	22,000 (0.73)	6,000 (0.20)	84,200 (2.81)	289,700 (9.66)
東海	2,200 (0.16)	5,000 (0.36)	13,200 (0.94)	7,600 (0.54)	6,600 (0.47)	55,300 (3.95)	298,700 (21.34)
近畿	300 (0.01)	1,700 (0.05)	2,800 (0.09)	4,400 (0.14)	2,100 (0.07)	108,300 (3.38)	1,217,300 (38.04)
中国	400 (0.01)	1,300 (0.04)	1,200 (0.04)	2,400 (0.07)	2,000 (0.06)	58,800 (1.84)	839,400 (26.23)
四国	200 (0.01)	400 (0.02)	200 (0.01)	2,700 (0.14)	500 (0.03)	30,100 (1.58)	320,600 (16.87)
九州	1,900 (0.05)	5,600 (0.13)	5,300 (0.13)	10,100 (0.24)	6,300 (0.15)	105,100 (2.50)	710,400 (16.91)
全国	20,100 (0.07)	105,500 (0.36)	261,300 (0.89)	160,300 (0.55)	75,800 (0.26)	594,900 (2.02)	5,399,800 (18.37)

（注） カッコは km^2 当りの人口密度

表6 縄文時代各期より土師器時代の各地域の人口と人口密度
小山修三『縄文時代』中公新書（1984）より

林帯であり、西日本は常緑広葉樹林帯であった。櫟《くぬぎ》、栗、栃《とち》、楢《なら》などの落葉広葉樹は大粒の木の実を多量に与え、その森林の落葉した冬は日光が地表に達して明るく、鹿、猪、兎などの中小の動物が多く住んだ。東日本の河川では鮭、鱒《ます》なども捕獲された。これに対して西日本は樟《くす》、樫《かし》、椿《つばき》などの常緑広葉樹が主で照葉樹林帯と呼ばれ、森は冬でも暗く、木の実は質量ともに不充分で、人々の食料はいも類、球根などへの依存度が高かった。

この結果縄文時代の日本の人口は食料の豊かな東日本に圧倒的に多い。**表6**に縄文時代から八世紀頃までの日本各地域の推定人口を示しているが、例えば約四〇〇〇～五〇〇〇年前の縄文中期を見ると、北海道と沖縄を除く日本の人口は約二六万人と推定されるが、その九六％以上が東北、関東、中部地方に住み、近畿、中四国、九州地方の人口は合計しても四％に満たなかった。

どんぐり◉縄文時代は基本的にはどんぐりなどの木の実を主食とし、たんぱく質源として鳥獣や魚介を食べた。千葉県古作貝塚の食物遺物の分析から、この地の縄文人のエネルギーの八〇％は木の実を主とする植物性食料に依存し、その摂取量は全食料の六〇％を占めた［**図17－1**］。魚介類が比較的多いのはこの地が

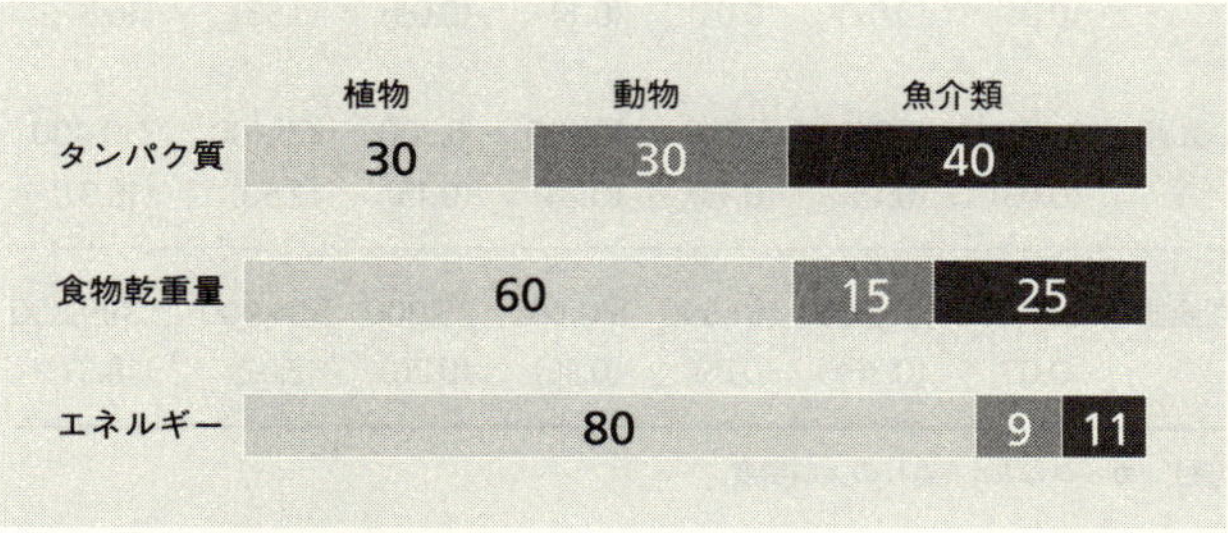

図17-1　縄文人の食料依存率（%）
千葉県古作貝塚遺跡物の分析による。佐原真『食の考古学』より

古代の東京湾岸に近かったからである。

採集した余剰の木の実は地中に穴を掘り貯蔵した。縄文人の歯は世界の他の原始民族の歯に比べて虫歯が多かったが、これはでんぷん摂取量が多かったからである。縄文人の平均寿命は二〇歳くらいと推定されるが、わが国ではその後室町時代まで平均寿命はあまり大きくは変わらなかったので、先ずはかなり良好な栄養状態であったと思われる。低い平均寿命は乳幼児の死亡率が高かったからである。

土器◉木の実はクリ、シイ、クルミなどを除き、食用にはあく抜きが必要であったが、土器は有用な道具であった。あくを抜いた木の実は粉にし、団子にして深鉢土器で茹でるか、熱した石で焼いて食べた。動物の血や肉を混ぜ込んだクッキー状の食品の遺物が出土している。土器の使用は脂肪分や他の栄養分を損失することなく、何種類もの材料を混ぜて煮込み、ごった煮やスープ状の複雑な味の料理を作ることを可能にした。また硬い材料も煮沸で柔らかくできた。食事は手食であったが、土器のスプーンが熱い汁気の料理に用いられたと思われる。

集団◉縄文人は竪穴住居に家族数人が住み、数家族ずつの小集団が散在したが、青森県の三内丸山遺跡は五〇〇人ほどが住んだ大きな集落で、一五〇〇年ほど続いた居住地であった（五五〇〇〜四〇〇〇年前）。周囲は大きな栗林で、出土したクリのDNAが均一化されており、品種のそろった栽培林であることが分かった。縄文時代中期には穀類、豆類、エゴマなどの初歩的畑作が伝来した焼畑農法（2・1❷参照）で始まったが主たる食料にはならなかった。家畜の飼育はなかった。

貝塚◉貝塚は生活のごみ捨て場であるが、東京湾岸などの大型貝塚には、他のごみを含まず、貝殻だけで成るものがあり、これはハマグリやカキなどの干し貝を大量に製造していた加工場の名残である。縄文時代には中部山岳地帯の黒曜石が多量に関東に到来しているので、交換物資として魚介類の干物や塩が用いられたと思われる。縄文時代には各地域間の交易のネットワークができており、三内丸山遺跡からは新潟県糸魚川地方の翡翠《ひすい》、北海道の黒曜石、岩手県久慈地方の琥珀《こはく》、秋田、山形方面のアスファルト（石のやじりの接着に用いる）が出土している。日本海沿岸に沿って国際的な交易も行われ、縄文時代の日本産の黒曜石が朝鮮半島やシベリアで出土している。

17・2　弥生時代から古代——米食の確立

❶稲作の始まり

水田稲作◉縄文時代の中頃から日本各地で初歩的な畑作栽培が始まり、ヒエ、エゴマ、リョクトウ（緑豆）などに混じってイネの栽培も行われた。わが国ではこのようにして熱帯ジャポニカに始まり、弥生時代の温帯ジャポニカの水田稲作の渡来によって米食国家になり、以来米が日本の食文化の根幹をなすようになった（2・1❷参照）。水田稲作は紀元前四世紀に九州北部に伝来後速やかに日本全土に広がり、一〇〇〇年あまりのちには東北地方の最北端に達している。

水田稲作は特に気候が温暖な西日本に適し、縄文スタイルの採集生活には不向きであった沖積平野や湿潤な盆地が水田稲作には好都合であった。

水田稲作の高い生産性と米の高い栄養価によって、縄文時代ずっと低位にあった西日本の人口は急激に増加し、弥生時代には推定全国人口約六〇万人のうち約五一%を占め、八世紀の土師器時代には推定全国人口約五四〇万人のうち約五七%を占めるようになり［表6］、以後西日本が長く日本の政治、経済、文化の中心的地帯となった。

水田稲作は水田の構築や灌漑工事など高度な技術体系に依存し、その伝来はかなりの人数の集団の数次にわたる渡来によってなされたと思われるが、既に基礎的な農耕経験のあった縄文人の協力によって順調に普及した。またこの渡来集団は稲作以外に醸造、養蚕、馴れずしなどいろいろな手工業技術、さらに生活習慣、社会システムなどの新しい知識も伝来し、わが国は一挙に大陸文明の圏内に入った。

❷弥生時代から古墳時代

稲作と社会体制◉イネは石刃で穂を摘み取り、高床の穀倉に保存し、臼と杵で脱穀した。初めに渡来した米は赤米で、少し遅れてもち米が渡来し、同時に渡来した甑《こしき》［図12-2］で蒸しておこわにして食べた（2・2参照）。米は美味で栄養価が高く、貯蔵性もあり優れた食料であったが、水田の構築と維持には集約された労働力と強力な指導者が必要であった。弥生時代初期水田を中心にムラができ、多くのムラは耕地の拡大を求めて相争い、弥生時代後期には西日本の各地にムラが統合されていくつかのクニができ、やがてこれらが統一されて大和王朝の大王の統制下に入った。大王は権威を誇示するため巨大な墳墓を造築したが、造築には膨大な労働エネルギーが必要であり、それを支えたのは水田稲作を中心とする農耕であった。西アジアや中国では農耕の開始から巨大な墳墓に象徴される大王の出現までに数千年かかっているが、わが国では六〇〇〜七〇〇年と短い。

魏志倭人伝◉水田稲作は連作障害がなかったが、同じ田に栽培が続くと地力が低下し、十分な収穫を与えなくなった。人々はそのような水田を焼畑農耕の場合のように放棄し、かくて農村風景は現在のように青田が一面に連なるのでなく、放棄田、休耕田を含みまばらであった。米の収率も現在の二〇%ほどで、大王、豪族を別として農民は十分に米を食べることができず、縄文時代に引き続いて木の実、雑穀、野草、いも、豆などを主食とし、狩猟や漁労によってたんぱく質源を求めた。

中国の後漢時代の史書『魏志倭人伝』によると、三世紀の日本人はよく海に潜って魚介を獲り、冬も夏も生野菜を食べ、生姜、山椒、茗荷《みょうが》はあるが利用を知らず、たべものは高坏《たかつき》から手食し、酒が好きであると記載されている。真もあり、間違いもある。

❸奈良時代

貴族◉朝廷は奈良時代から平安時代の初めにかけて一六回の遣隋使、遣唐使を派遣し、中国文明の吸収に努め、六四五年には中国の律令制を模倣して大化改新を断行し、全国の農民から直接米をはじめ多種類の食料を貢租として取り立てた。政府には唐の制度にならって大膳職《だいぜんしき》（饗膳の食事）、典薬寮（乳製品、薬草）、内膳司（天皇の日常の供御）、園池司《えんちし》（野菜栽培）、造酒司などの食物を扱う諸機関が作られた。貴族階級の食生活は唐風の模倣が盛んで、唐菓子《からくだもの》（9・2参照）を賞味し、牛乳を飲み、酥《そ》、酪、醍醐などの乳製品（6・4❷参照）

を食べ、貴族は豊かな食生活を楽しんだ。最近古代の木簡が平城京周辺から多数出土し、膨大な量の食料が都に集められていたことが明らかになった。かくて食料の種類は増えたが、料理法は単純で、生まの鳥獣肉や魚介の膾《なます》（13・1❺参照）がご馳走であった。しかし都への貢納品の多くは乾物や塩干物であったので水や湯で戻して用いた。調味料は塩、酢、酒、醤《ひしお》の四種類で、膳の上で皿のたべものにかけて用いた。貴族たちが用いた食器は唐から舶来の漆器、銅錫合金器（佐波理）、銀器、ガラス器（瑠璃器《るりき》）、彩釉《さいゆう》陶器で、その多くは現在正倉院御物として保存されている。

庶民◉奈良時代から平安時代を通じて、農民は収穫物の多くを貢納のために収奪され、さらに労役が課せられたので厳しい生活であった。米が主食であったが、実際はアワ、ヒエなどの雑穀が日常食であり、山間部ではトチなどの木の実の粉が実質的な主食であった。この時代以後近代に至るまで、わが国の農民は自らが栽培した米の大部分を租税として収奪され、自らが十分食べることはなかった。

　不作の時は農民には過酷な生活で、山上憶良《やまのうえのおくら》は国司として地方に赴任中見た農民の生活を『万葉集』の貧窮問答歌に、「かまどには火気《けぶり》ふき立てず／甑《こしき》には蜘蛛の巣かきて／飯炊《いいかし》ぐことも忘れて……」と描き、また冬季農民は、「寒くしあれば堅塩《かたしお》を／とりつづしろい／糟湯酒《かすゆざけ》うちすすろいて……」暮らしていると詠った。糟湯酒は酒粕を湯で薄めた飲み物である。また平城京に住む下級官僚なども、玄米にヒジキなどのおかずと汁の一汁一菜が食事の基本で、味付けは塩だけであった。用いた食器は主に土器であるが、木器や木の葉も使われた。

❹平安時代

平安文化◉平安時代は七九四年から約四〇〇年続く。八九四年に遣唐使が廃止され、中国文化の新しい伝来がなくなり、日本独自の文化が醸成された。律令制が崩壊して貴族の広大な私領からの富の上に築かれた華麗にして優美な平安文化であった。平安時代には日本古来の生活習慣に中国の風習を加えて年中行事が定まった。新嘗祭《にいなめさい》、大嘗祭《だいじょうさい》などの農業儀礼のほかに、新年の年賀に始まり、三月、五月、七月、九月の節句や、節分、灌仏、名月、年末の大祓《おおはらえ》、追儺《ついな》などの行事が行われ、それぞれに独特のたべものが作られ、宮中で饗宴が行われた。饗宴で供される料理は各地から集められた多種類の食材を用いたが、調味や栄養よりも視覚に訴える形式的な豪華さが競われた。日本料理の特徴の「見る料理」の根元はここにある。また食事の作法が儀礼的に定まった（16・2❶参照）。

大饗◉大饗《たいきょう》の献立の例を**図17-2**に示す。図の上方に唐菓子と木の実が四種ずつ並び、その下方に干物が四種並ぶが、それ以外は手前の飯と四種類の調味料を除いてすべて生の魚介類と鳥肉である。食材はほとんど動物性で、植物性のものは唐菓子と木の実だけである。平城京と同じく平安京も内陸にあって海から遠く、冷蔵手段がなく、輸送も人力以外は馬か牛に頼るだけの当時では、これだけの生鮮食品を集め提供することは贅沢の極みであり、この献立は正に豪華絢爛たるものである。しかしこれだけの食品を集めても調理と呼べる手法はまだなく、奈良時代と同様に皿のたべものに四種器の調味料を各自がつけて食べるだけであっ

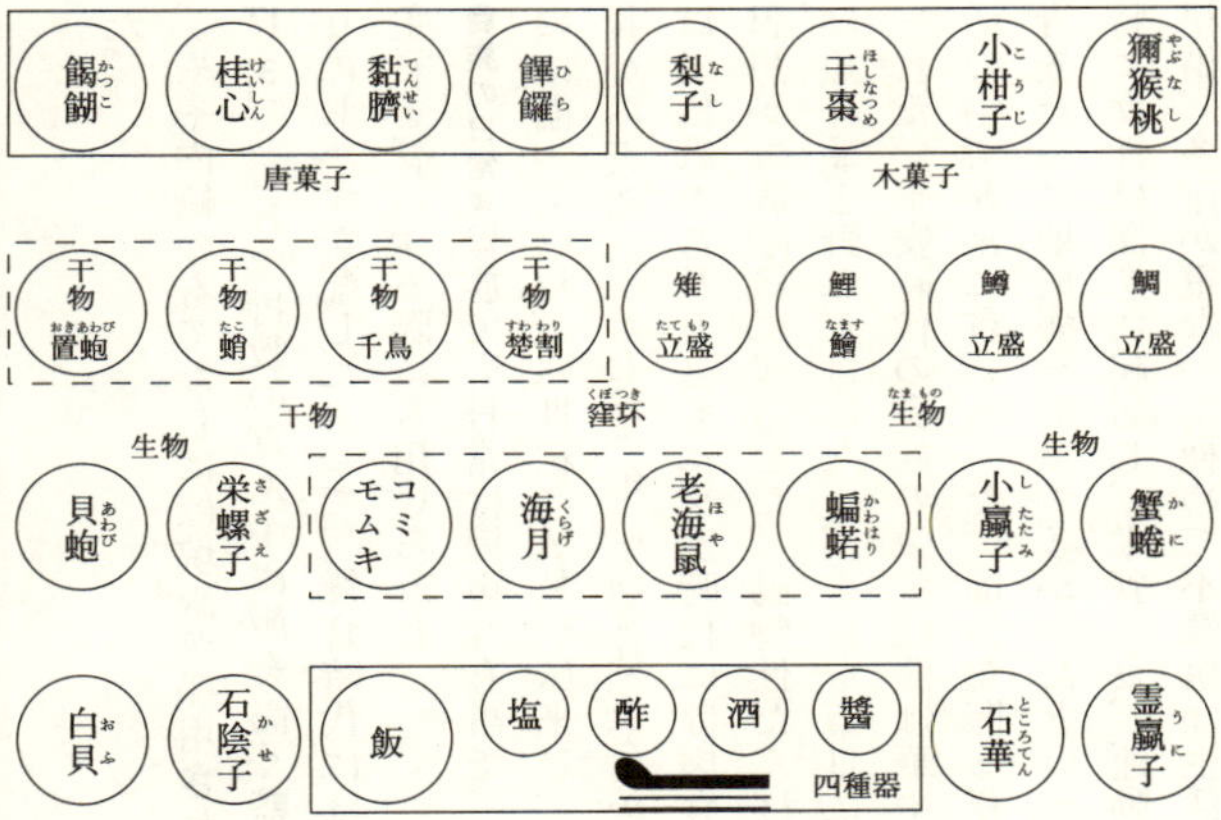

図17-2　平安時代大饗の膳
永久4年（1116）、内大臣藤原忠通が催した宴。熊倉功夫『日本料理の歴史』より

図17-3　空海が稲荷大明神と一族を東寺門前でもてなす
『弘法大師行状絵詞』（1374 ～ 89）

た。

やや内輪のもてなしには埦飯《おうばん》が採用された［図17‐3］。これは折敷の真ん中に飯を高く盛り、周りにおかずを配したもので、鎌倉時代には家臣が主君を饗応する際にも用いられた。

貴族の日常◉貴族でも日常は簡単な食事で、たべものは偏っていた。六世紀に仏教が伝来し、その教義から天武三（六七五）年に肉食禁止令が出され、以後仏教の普及とともに平安時代には肉食忌避の思想が貴族階級に浸透した。動物性たんぱく質源は魚介類と野鳥だけになり、それも斎日には禁じられた。平安時代の貴族の栄養状態は華やかな生活の中で非常に貧しかった。権力を握る藤原家の貴族たちに糖尿病や脚気が多かったといわれる。特に女性は深窓に起居し、栄養不良、運動不足に早婚、多産が重なって極めて不健康な生活であった。

庶民◉平安時代末期の下級官僚と思しき男の平常の食膳を描いた絵が残っている。高盛りの飯と一汁三菜である。

農民は世が律令制から荘園制に変わっても、年貢を納め続けることに変わりはなく、わずかの米のほか、雑穀や野菜、山菜で暮らしたが、貴族ほど肉食忌避の意識はなく、魚介のほか野生の鳥獣の肉も食べ、貴族たちよりも栄養的には良好な一面もあった。野生の獣は弓矢や罠《わな》を仕掛けて捕らえ、干し肉にして貯蔵し、また交易に用いた。

米が主食◉平安時代には米が食生活の中心に定着し、うるち米を釜で煮た固粥が姫飯《ひめいい》と呼ばれて日常の主食となり、もち米を蒸した強飯《こわいい》は斎日に供されるだけになった。また主食と副食という食事スタイルが定着し、多種類の食材が都に集まって貴族の食膳は賑やかになった。地方の食品は貢納品として政府や貴族に納められるほか、都の東西の市で一般にも売買された。地方に名産品ができ、丹波の栗、丹後の若布《わかめ》、大和の瓜、信濃の梨、越後の鮭などがよく知られた。

17・3 中世――日本料理の発展

❶鎌倉時代

農業の進歩◉貴族所有の荘園の管理者を務め、元々農民であった武士が台頭し、建久三（一一九二）年鎌倉幕府が成立した。武士は農業生産に深いつながりを持ち、簡素で合理的な生活態度で、食生活も実質的、健康的であった。この時代全国各地で開墾が進んで耕地が増え、農具が改良され、牛馬の田畑での使用が始まり、栽培技術が進歩した。水田の裏作に麦栽培を行う二毛作がこの時代に始まった。鎌倉時代から室町時代にかけて京都に座や問屋などの商業組織ができて食品の流通が盛んになり、全国の名産が都に集まった。

武士の食事◉武士の日常は一日二食で、朝夕二合半ずつ玄米を食べた。しかし戦場では重い甲冑《かっちゅう》を身につけて山野を駆け回り、重労働であるので戦時は一日三食が普通であった。中世後期に武士の一日三食が日常化し、これが公家から一般に広がり、江戸時代中期には三度食が庶民の間にも普及した（16・1❶参照）。中世は魚鳥、野獣、野菜、果物など食材の種類は平安時代より大幅に増えたが、武士の食事は概ね質素であった。肉食忌避の思想は中世にはさらに広まったが、武士は巻狩などで鹿、猪、野兎などを捕獲し食べた。しかし野獣食は全般的に漸次減り、魚介類がわが国の食生活で重要になった。鎌倉時代食器は木製が白木のままで広く用いられた。平安時代に好まれた漆器はハレの食膳用であった。宋の製陶技術が伝来し、有釉陶器の生産が始まった（15・2❶参照）。

❷室町時代

日本型食文化◉室町幕府は京都に開かれ、約二四〇年続いた。この間武家は宮廷貴族の生活に親しみ、奢侈《しゃし》な消費生活に溺れていった。室町時代は宮廷貴族の食文化と武士の食文化が影響し合い、それに禅宗の食文化と茶道に伴う懐石が渾然と混ざり合い、さらにヨーロッパの食文化が加わり、調理法の発達と相俟って、わが国にこれまでにない、全く新しい食文化が生まれ、米と魚と野菜を中心とする、日本型食生活の基本が作られた時代であった。

室町時代は農業が進歩して米の生産量が増え、米食が庶民にもかなり普及した。米や米粉の加工食品の餅菓子、ちまき、団子なども民間に現れた。また造船技術の進歩によって室町時代後半には沿岸漁業に加えて沖合漁業が始まり、食用魚種が大幅に増えた。室町時代は食品の種類が非常に多くなった時代で、以後明治時代に欧米の食品が渡来するまで、わが国で用いられた食材のほとんどすべてがこの時代に出現している。

醤油が西日本の各地で製造されるようになり、この新しい調味料は日本の料理に革命的変化をもたらした。また砂糖が輸入され、甘味料として上流階級に用いられた。刺身の名が室町時代に初めて記録されるが、古くからの膾《なます》が発展したもので、この後江戸時代を通じて刺身はわさび醤油とともに日本料理の中心的料理になった。

本膳料理◉室町時代武家社会の饗宴は平安時代に確立した、酒礼、饗膳、酒宴の三部よりなる儀礼（16・2❶参照）を踏襲したが、食事の部分である饗膳が本膳料理に変わった。本膳料理の典型的な様式は**図17－4**に示すが、平安時代の大饗［**図17－2**］と比べて大きく異なる点は、銘々膳の小さな膳の寄せ集めであることと、汁と煮物料理がかなり含まれることである。わが国の食事の基本形は飯、汁、漬物（香の物）とおかず（菜）の組み合わせで、本膳料理では本膳（一の膳）にこれらを並べる。ご馳走は菜の数が増えるので、これを二の膳以下膳の数を増やして供する。この図では5個の膳より成る三汁七菜であるが、膳の数により菜の数も増減する。

武家社会で最も重要な饗宴は「御成り」と呼ばれる行事で、宮家、五摂家、将軍など高貴な人を

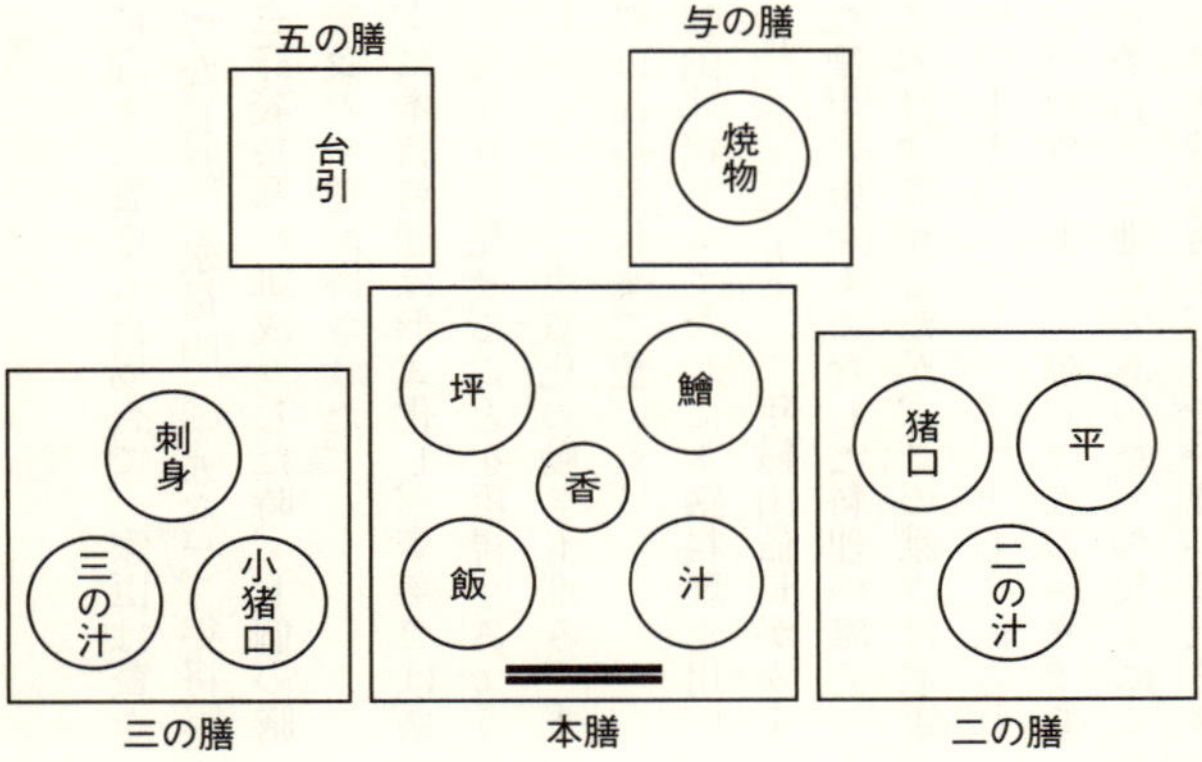

図17-4　本膳料理の配膳図
三汁七菜の場合。香の物と台引は数えない。焼物はタイの姿焼など、台引は菓子などで、ともに持ち帰り用。猪口は小鉢、平は平らな蓋付きの器、坪は深めの蓋付きの椀。菊地俊夫ほか編『食の世界』より

本膳	椀	飯、菜汁
	壺	フナのなます
	皿	タコ、タイの焼き物、フナ鮨、香の物
二の膳	椀	ホヤひや汁、コイの汁、うるか、うじまる※1
	皿	ハモ、かいアワビ、ふとに※2
三の膳	椀	ヤマノイモの蔓の汁、スズキの汁
	壺	ニシ
	皿	焼き鳥、ガザミ
与の膳	椀	フナの汁、シイタケ
	皿	巻きするめ、シキツホ※3
五の膳	椀	カモの汁、生ショウガ
	皿	マナガツオの刺身、けずりコンブ
御菓子		ようひもち、まめあめ、ミのかき、はなにこふ、から花※4

※1　ウナギのなれ鮨
※2　丸のままのダイコンやゴボウの煮物と干しナマコの腹にヤマノイモを詰めた煮物
※3　漬けたナスの中にシギの肉を詰め、酒で煮たもの
※4　トンボやチョウの造花

表7　織田信長が徳川家康をもてなした献立
江原恵『江戸料理史・考』河出書房新社（1986）より

家臣が自邸に迎えて饗応した場合で、家臣は贅を尽くしてもてなした。永禄四（一五六一）年将軍足利義輝が三好義長邸に御成りした時、七個の膳に八汁二十三菜の料理が供された。

時代とともに本膳料理は形式化し、豪華ではあるが食べることよりも見せることを重視するようになった。しかし一方で実質化の動きも進み、本膳料理の大枠は江戸時代まで続いた。

安土城接待◉戦国武将ももてなしに本膳料理を用いた。**表7**は天正一〇（一五八二）年織田信長が安土城に参上した徳川家康をもてなした料理の献立である。家康は六日間滞在したが、この献立は家康が安土城に到着した時「おちつき」として供されたもので、夕食は別である。献立は五の膳まであり、汁も菜も多彩でご馳走であった。ちなみにこの時の饗応役は明智光秀で、後で料理が贅沢すぎ

たと信長の激しい怒りを買い、満座の中で殴打された。本能寺の変の半月前のことである。

料理の誕生◉本膳料理の今ひとつの特徴は煮物と汁が現れたことで、平安時代以来大饗の膳が、生ま物や戻した乾物を各自がそのまま塩や酢をかけて食べた食膳と比べると革命的な変化であった。これは鉄製の鍋などの加熱容器の普及による。太古以来無釉の土鍋は割れやすく、細かい土がしみ出て満足な汁物は作れなかった。鉄の鍋が使えるようになって初めて魚鳥や野菜を実にして澄まし汁や味噌汁が作られ、また食材を味付けされた汁で煮込んだ煮物が熱いまま膳に供されるようになった。日本に料理と呼びうるたべものの誕生である。

新しい調味料の醤油の普及の効果も大きい。また平安時代末以来すり鉢が広く使われ、細やかな舌触りのたべものも身近になった。かくて人々はこれまでにない新しい味わいと食感を獲得し、多彩な食生活を楽しむようになった。魚介類の丸煮、丸焼き、蒲焼き、包み焼き、にこごりなどの手の込んだ料理も作られ、かまぼこのような加工食品も登場した。職業としての料理人が現れて権力者に雇われ［図17-5］、四条流、大草流などの料理流派が成立した。

武将◉戦国時代武将の食事は本膳料理の形であった。平常は一汁三菜、二汁五菜などで料理は質実であったが、野性的で健全であり、戦場でよく体を動かし長寿者が多かった。毛利元就七五歳、徳川家康七五歳、伊達政宗七二歳、島津義弘八五歳、北条早雲八八歳などである。

精進料理◉精進の語は平安時代では「そうじもの」で粗末な食事を意味し、『枕草子』に法師は「そうじもののいとあしきをうちくい」とある。しか

図17-5　室町時代武家の台所
『酒飯論絵巻』（16世紀）

し室町時代には精進料理は高級な野菜料理に発展した。これは中国から禅僧によって豆腐、麩、湯葉などの食品とともに中国禅宗寺院の精進料理が伝来したことと、この時期わが国で煮物を中心とした新しい調理手法が発達し、それが寺院に流用されたことによる。

精進料理に用いる食材は植物性だけであるので、味付けや加熱の手加減に工夫が凝らされ、寺院での精進料理の技術が本膳料理の発展にも貢献した。藤原兼頼の日記によると、聞信という僧が植物性の素材だけで、魚鳥の料理に形と味を似せた料理を作ったという。このような「もどき」食品で今も巷間に残るものは「がんもどき」である。精進料理は本膳料理と互いに影響し合いながら発展し、本膳料理と同様に一六世紀の終わりには体系を完成して食礼も定まり、固定化に向かった。禅宗寺院での重要な行事における精進料理は二汁七菜を越える料理と菓子が供された。

懐石◉茶の湯の集いに供される料理が懐石である。茶の湯（10・1❶参照）は村田珠光に始まり、千利休によって一六世紀末に完成されるまでの約一〇〇年間に、点前《てまえ》作法、茶道具、茶室などがわび茶という美意識を持つ独特のスタイルに作られていった。茶の湯料理の懐石も伴って洗練されていった。中頃までは本膳料理が援用され、二の膳や三の膳がつき、華麗な料理が並んだが、利休が本膳風と決別して新しい懐石を創造した。多数の膳に多くの料理が同時に平面羅列式に供される本膳料理に対して、懐石では膳は一つに限られ、料理は食べられる量で、それぞれ食べ終わると、適当なタイミングで次の料理が温かく運ばれる、時系列方式であった。飯、汁、香の物と、菜が二種または三種の構成で、引菜も用いられた。引菜は大き目の容器に盛った料理を客が各自で取り分けるもので、客も給仕に参加し、これもわびの表現とされた。

一膳方式は茶室の広さにも依存する。初期の頃は六帖や四帖半あった茶室は利休によって小さくなり、二帖の茶室も作られた。ここで亭主のほか客が三人も入ると小さな膳一つずつが精一杯であった。永禄四（一五六一）年に利休が催した茶会の懐石の献立は次のようであった。客は二人である（熊倉功夫『日本料理文化史』「松屋会記」）。

カイツケ　イルカ汁
引菜　コイ　飯
ウケイリ

カイツケはアワビなどを調理してから貝殻に載せたもの。取り回しの引菜はコイで、多分刺身。

ウケイリは魚のすり身を団子にして味噌仕立てで煮たもの。このほかに香の物がつく。これで一汁三菜である。一膳という日常の食事のような簡素な料理であるが、工夫が凝らされ、わびという思想の具現であった。

利休にとって懐石は美味や珍味を求めるものでなく、わびを表現することが目的であった。利休の孫の宋旦が三人の息子を分家させて表、裏、武者小路の三千家を開いたが、江戸時代を通じて各千家は利休の思想を守り、一汁三菜の懐石を維持した。茶の湯は公家から大名、さらに豪商の間に流行し、懐石が本膳料理のように華美な時期もあったが、江戸時代後期にはわび茶の思想が浸透し、ほぼ一汁三菜が守られるようになった。

南蛮◉天文一二（一五四三）年にポルトガル船が日本に漂着したことから、ヨーロッパとの交流が始まり、カボチャ、スイカ、ジャガイモ、トウガラシ、イチジク、トウモロコシなどの新しい食材と、パン、カステラ、金平糖、有平糖などの新しい加工食品が伝来した。これらは諸大名を通じてわが国社会に広まり、かなりのものはその後江戸時代を通じて庶民の食生活に定着した。しかしヨーロッパの食習慣がわが国に根付くことはなかった。

17・4　近世（江戸時代）——日本料理の完成

❶三都

京都◉江戸時代日本の大都市は京都、大坂、江戸の三つであった。京都は平安時代以来中世末まで日本の唯一の都市であり、政治、商工業と文化の中心で、諸国の物資が集まった。大饗料理、本膳料理、懐石、精進料理はすべて京都で興り、発展し、そして諸方に伝わった。京都にはほかに宮中に伝わる有職《ゆうそく》料理もあった。京都は日本料理の中心地であり、江戸時代を通じて優れた料理技術が保持された。

京都はまた一服一銭(16・3❸参照)以来外食の先進地で、江戸時代後半には祇園社周辺を始め市内に多くの料理屋が営業した。京都は内陸にあり、ハモ(鱧)のように生命力の強い魚を別として、新鮮な海産物が入手できず、もっぱらアユ、ウナギ、コイなどの川魚に依存し、生け簀《す》を持つ料理屋も現れた。京都にはほかに出前専門の仕出し料理屋が発達した。注文に応じて料理人が食材と調味料を持って客の屋敷に出向き、客の台所で調理し、客が保蔵する食器に盛って料理を提供するものので、自宅で冠婚葬祭や身内の寄り合いを催す場合などに重宝であった。やとな(雇仲居)と呼ばれる女性が台所と宴席を往復し、絶妙のタイミングで料理の上げ下げをし、宴会のスムースな進行に貢献した。庶民が相手の仕出し屋では食器から什器《じゅうき》まですべて仕出し屋が用意した。

京都では近郊に優れた野菜が多数作られ、京野菜として有名であり、多くの野菜料理が人々によって考案された。また茶道家元がすべて京都にある故もあって、上品な菓子が作られ、京菓子として全国に有名であった。

江戸時代京都は商工業の中心的地位を大坂に譲ったが、美術工芸都市、学術文化都市、宗教都市そして観光都市として、江戸時代を通して約四〇万人の人口を維持し、全国から多くの人が京都に来て京都の食文化に触れた。

大坂◉江戸時代大坂は幕府の直轄地で、一八世紀後半には最大四二万人の人口を擁した大都市であったが、武士は幕府の大坂城代、東西町奉行と配下の与力など全部で一〇〇〇人ほどだけで、商人を中心とする町人の町であった。大坂は寛文一二（一六七二）年の西廻り航路［図17―6］の整備によって西日本全域から日本海沿岸を北海道まで商圏とし、膨大な種類と量の物資が大坂に集まった。地方の各藩は大坂で年貢米を売りさばき、各藩の大坂出張所である蔵屋敷は天保年間（一九世紀中頃）には一二五か所を数えた。また寛文一一年に整備された東廻り航路［図17―6］によって大坂から膨大な物資が日夜江戸に送られ、江戸の消費人口の生活を支えた。大坂は「天下の台所」と呼ばれた。

　諸国から集まる多くの物資に加えて、大坂は瀬戸内海から新鮮な魚介、近郊の農村から多種類の

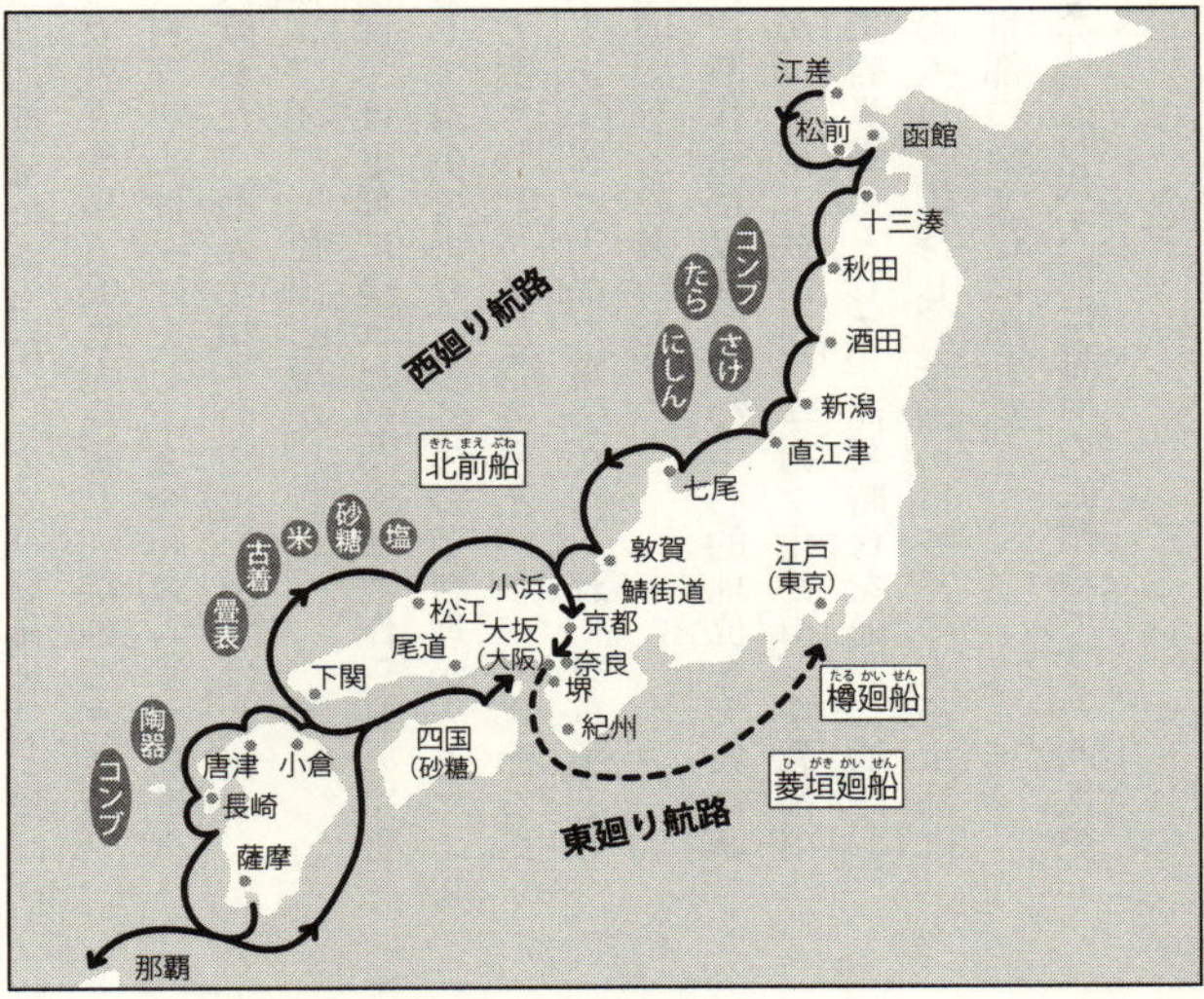

図17-6　江戸時代大坂を中心とした物流地図
辻勲『日本料理』より。一部改変

野菜を入手でき、豊かな食材を用いた料理文化を創造した。北前船による北海道からの昆布の出しが淡口醤油とともに調味料の主体をなし、料亭で用いられた。大阪湾のイワシの稚魚の煮干しは出しじゃことして庶民が汁の調味に用いた。北国からのニシンやタラの干物は京都では重要な料理材料であったが、大坂では菜種畑や綿畑への肥料であった。大坂は「京の着倒れ、江戸の呑み倒れ」に対して「大坂の食い倒れ」と称された。大坂では儀礼にこだわらず、実質的で合理的な食文化が育った。

江戸◉江戸はもとはわずか一〇〇戸ほどの寒村であった。慶長八（一六〇三）年江戸に幕府が開かれると、将軍家一族をはじめ多数の譜代家臣団が移り住み、さらに参勤交代によって全国の藩主が隔年に江戸に詰め、正妻は江戸に留め置かれ、藩主が領国に帰った後もかなりの数の藩士が江戸勤番として残った。かくて江戸は膨大な人数の武士を抱えた武家の町であった。

江戸時代中期には江戸の人口は約一二〇万人で、そのうち武士が約五〇万人、寺社人口が約二〇万人、町人が約五〇万人であった。当時ロンドンと北京の人口が約七〇万人、パリが約五〇万人であったから、江戸は世界最大の都市であった。江戸は膨大な消費都市となり、その膨大な消費は主として大坂からの物資補給によって支えられた。樽廻船、菱垣《ひがき》廻船が東廻り航路で日夜輸送した。味噌、醤油、酒、油、菓子、紙、織物などの生活物資が上方から送られ、「下《くだ》り酒」、「下り醤油」などと呼ばれた。関東地場産の「くだらない」製品は江戸時代中期まで質が悪かった。

しかし江戸時代も中期にかかると近郊に産業が

発達した。醤油は享保の頃（一八世紀前半）江戸で消費された量の八〇％が下り醤油であったが、その後銚子や野田で製造された醤油（14・1❸参照）が江戸に進出し、文政四（一八二一）年には江戸で消費された醤油一二五万樽のうち、下り醤油は二万樽だけであった。上方では淡口醤油が使われていたが、江戸の料理の特徴は濃口醤油とみりんや砂糖の多用による濃厚な味付けであった。江戸は「江戸前」と呼ばれる東京湾で獲れる魚介と、房総半島や湘南沖からの魚が日本橋の魚市場［図5‒3］で取引され、野菜は近郊農家で生産され、練馬《ねりま》の大根、谷中《やなか》の生姜、千住《せんじゅ》の葱、小松川《こまつがわ》の小松菜などの名産を生み、江戸の食文化を支えた。

町人の住む下町には商家の家族と従業員のほか、関東甲信越地方からの出稼ぎ、特に職人が多かった。江戸は火事が多く、江戸時代を通じて約一〇〇回の大火があり、このため江戸では始終建築工事が行われ、大工、左官、鳶《とび》などの職人が大勢地方から来住して働いていた。江戸はこれら職人、出稼ぎ人、お店者《たなもの》に江戸勤番の武士や旗本、御家人の子弟など独身男性の多い町で、この男性社会が江戸におけるファストフードや大衆的外食産業の隆盛をもたらした。肉体労働の生活から塩分の多い味付けが好まれ、食習慣も遊興的色彩が強かった。

❷伝統料理

袱紗料理◉武家の饗宴には依然式正《しきしょう》の本膳料理が用いられ、江戸時代初期には御成りの行事もあり、寛永元（一六二四）年紀伊藩主徳川頼宣が大御所で兄の秀忠と将軍の家光を迎えた際の豪勢な料理の記録が残っている。各地の有力大名も正月などの饗応に本膳料理を用いたが、献立の規模は漸次小さくなっていった。そして儀式ばった式正の料理が多数並ぶ中で、別に二汁五菜程度の実質的な食膳が用意されるようになり、これは袱紗《ふくさ》料理と呼ばれた。袱紗とは平常着の意である。この略式本膳料理が世間に流れ、これが本膳料理と見なされるようになった。

懐石◉戦国時代から江戸時代初期にかけて、大名茶（10・1❶参照）では二の膳のついた、贅沢で多量な懐石が供され、客は食べ残した料理を持ち帰るために面桶《めんつう》（弁当箱）を用意するほどであった。しかし漸次千家家元のわび茶の伝統である一汁三菜に収斂《しゅうれん》された。時代が進むと、膳に飯と汁（実は野菜）、香の物と、膳の向こう側に向付《むこうづけ》と呼ばれた膾《なます》または刺身と、煮物と焼き物を併せた一汁三菜のスタイルが確立された。さらに平和な時代が続き、人々の生活にゆとりができると、懐石に酒の比重が高くなり、それに伴って吸い物と八寸が肴として供されるようになった。八寸は元は八寸（二四センチメートル）四方の器の意であったが、そこに盛られる肴（口取り）を指すようになった。

酒がさらに進むとさらに強肴《しいざかな》が供された。図17−7は江戸時代末期の茶会の際の献立の例で、完成された形の懐石である。肴と菜は合算せず、あくまでも一汁三菜プラス肴の意識であった。このスタイルは巷間の料理屋で高く評価され、茶会と無関係に用いられるようになり、茶の湯の際の料理を特に茶懐石と呼ぶようになった。

会席料理◉武家にしろ商家にしろ、中流以上の家庭では食事は自宅でするものであり、冠婚葬祭や一族の寄り合いの会食も自宅で行い、そのための食器や什器を普段から多数保蔵していた。しかし江戸時代も後半になると整った料理茶屋が現れ、商人たちはこれを利用して利権や便宜を得るために幕府役人を接待し、また商人同士が商談をし、交歓した。やがて戯作者《げさくしゃ》や絵師など文化人も利用するようになった。

料理屋では本膳料理を意識はするが、儀礼にとらわれず、自由に食事を楽しめるスタイルとして懐石料理に準じた献立を開発し、会席料理と呼ばれた。主として男性ばかりの、接待や交歓という会食の趣旨から、飯を食うよりも酒を飲むことに重点が置かれ、酒宴が中心になって、幕末には飯は最初から出ず、宴の最後に汁と香の物と併せて供されるようになった。上流階級の本膳料理に始まった日本の宴会料理が、変遷を経て社会各層に広まり、この会席料理が料理の歴史の到達点で、明治以降も大枠は変わらず現在に至っている。

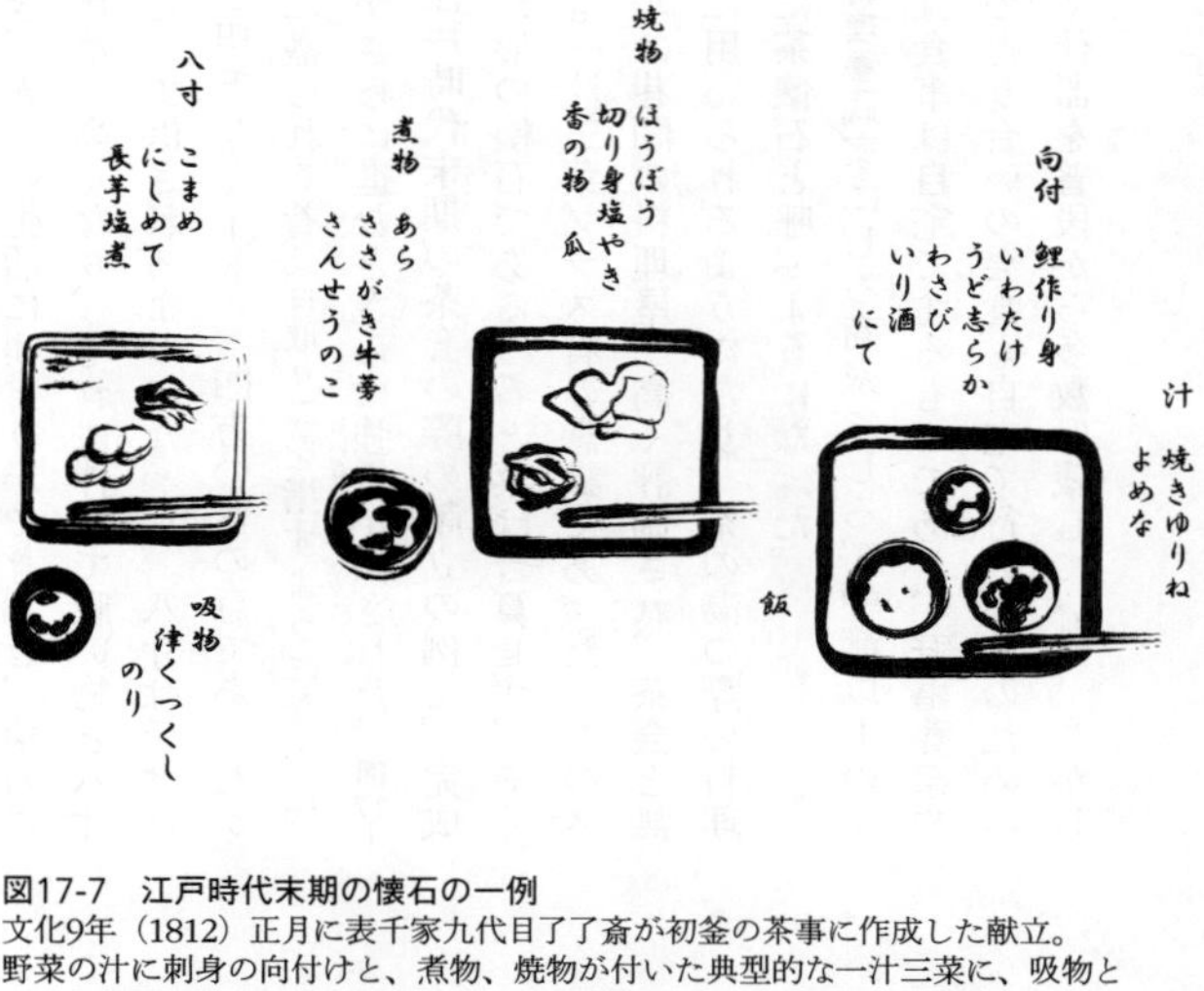

図17-7　江戸時代末期の懐石の一例
文化9年（1812）正月に表千家九代目了了斎が初釜の茶事に作成した献立。野菜の汁に刺身の向付けと、煮物、焼物が付いた典型的な一汁三菜に、吸物と八寸を加えた懐石の完成形である。正月に因んでめでたい食材が選ばれている。串岡慶子『懐石料理の知恵』より

普茶料理◉精進料理の一派で江戸時代初期に黄檗山万福寺（京都府宇治市）に明《みん》から渡来した隠元が伝えた。長方形の座卓を四人で囲み、一品ずつ大皿の料理を分け合って食べる。献立は二汁六菜が普通で、ごま油を用いた揚げ物や炒め物が多く、日本料理の油脂利用に貢献したといわれる。普茶《ふちゃ》料理は寺院を離れて巷間にも広まり、文化人らによって料理や食法の異国情緒が楽しまれた。

卓袱料理◉江戸時代初期長崎に生まれた郷土料理で、日本料理、中国料理に南蛮料理も混じった独特の料理で、享保年間（一八世紀前半）に上方に伝わり、文化・文政期（一九世紀初頭）に江戸で大流行した。大きな卓を数人が囲んで、大皿に盛り合わせた料理を各自が取り分けて食べるスタイルで、銘々膳の食事に馴れた人々に物珍しかった。献立は酢の物、刺身、焼き物などの小菜、鯛の身と鰭《ひれ》の入った鰭椀、味噌椀、魚や野菜の煮物の大皿、豚の角煮などの大皿、しるこなど甘味の梅椀、果物が標準であった。卓袱《しっぽく》は本来テーブルクロスの意である。

❸武士の食事

将軍◉将軍の日常の食事は時代により、また個人差はあるが、必ずしも贅沢ではなかった。第一一代将軍家斉の場合、朝食と昼食が一汁四菜で、夕食は汁なしで五菜であった。将軍によっては朝食は表御殿の小座敷で小姓を相手に摂り、昼食と夕食は大奥で御台所《みだいどころ》とともにした。献立には大奥の中年寄の意見が加味されることがあった。将軍の食事にはタブーがあり、魚介ではコノシロ、サンマ、イワシなど、干物類、獣肉、野菜ではニラ、ラッキョウなど、それに天ぷら、納豆などは食膳に上がることはなかった。コノシロはコハダの成長体であるが、武士一般から忌避された。「この城」と読めるからであり、また切腹を命じられた時、最後の食事にこの魚がつく習わしであったからである。

大名◉大名の日常食は領国の経済力に左右されたが、概ね質素であった。特に江戸時代も中期になると、貨幣経済が世を覆い、年貢米を主たる収入源とする藩の経営は苦しく、藩主も節約を心がけた。第五代将軍綱吉の側用人を務め、権勢を振るった柳沢吉保《やなぎさわよしやす》は朝食と夕食が一汁三菜で昼食が一汁五菜であり、かなり質素であった。多くの藩では藩主の食事は台所奉行が主として作り、毒見を経て供されたが、藩主は好き嫌いをいわず、毎回ほぼ同じ量を食べ、膳に何か不具合があっても文句をいわぬ不文律であった。主君の食が進まぬ時は台所奉行の責任になった。

下級武士◉江戸時代も半ばを過ぎると貨幣経済の社会となり、武士の生活は厳しかった。屋敷持ちの中級武士は自邸内に畑を作って野菜を栽培し、下級武士は内職によって生活の足しにした。「武士は食わねど高楊枝《ようじ》」の誇りも失せ、「武士は買い食いをせぬ」ものとの倫理もなくなって、若い武士たちは町人に混じって巷の屋台や居酒屋などを愛用した。独身の勤番侍は故郷のたべものと比較しながら江戸の食文化に触れ、故郷に持ち帰った。

❹町人の食事

豪商◉江戸の町人は初め上方商家の出向者とその家族、使用人が主であったが、やがて江戸生まれ、江戸育ちの江戸商人が増え、彼らは幕府の御用商人として大いに財をなした。特に蔵前の札差《ふださし》は、旗本や御家人が幕府から年三回に分けて受け取る扶持米《ふちまい》の受け取りと売りさばきを代行して手数料を取るほか、金貸しも行って大いに儲けた。社会が貨幣経済になり、豪商の経済力は多くの藩主を凌駕するほどであったが、身分格差社会で商人は低く扱われ、それが商人たちの鬱屈した感情を醸成し、彼らは奇矯な服装と言動で世の耳目を引いた。彼らは高級料理屋で再々宴を張り、食道楽であり、食通であった。実力を身につけた江戸の商人は上方商人への対抗意識もあった。「江戸っ子」という意識は一八世紀中頃に生まれた。江戸っ子の信条は伊達《だて》と粋であり、その通性は見栄っ張りであった。

消費時代◉幕府は町人の贅沢に対して再々禁令を発した。特に享保、寛政、天保の三大改革は厳しかったが、禁令がゆるむと元に戻った。江戸時代後半にわが国に初めて消費志向社会が発現し、それまでの倹約を柱とする封建的価値観に取って代わって、消費を良しとする風潮が江戸の町を覆った。老中田沼意次《たぬまおきつぐ》の重商主義がこの風潮を助長したといわれる。

かくて改革の合間、宝暦～天明期（一七五一～八八年）と文化・文政期（一八〇四～三〇年）は未曾有の消費時代で、この時江戸の料理文化は大きく花開いた。豪華な料亭が繁盛する一方、巷にはいろいろなタイプの飲食店が現れ、多数の料理書が刊行された。消費志向は社会各層に及び、野菜の促成栽培が始まり、いろいろな総菜のほか、刻んだ大根や皮を剝いたコイモなど便利な食品が市販された。カツオをはじめ季節の初物への執着が激しく、人々は大枚をはたいて手に入れた。このような気風は合理的な上方の人間の理解を超えるものであった。

振り売りと屋台◉町人の住む下町の裏通りには長屋が建て込み、職人、小商人、浪人などの庶民が住んだ。所帯持ちもあったが、男性の単身家庭が多かった。長屋には実にいろいろな振り売りが朝早くから出入りし、たべものや生活用品から種々のサービスを売り歩いた［**図17-8**］。振り売りが扱う食品は生まの食材、調味料、調理済みの食品で、火気を持ち歩かなかった。

七厘などの火気を持って客の前で調理しながら売り歩く人は焼売り、煮売りと呼ばれたが、幕府の防火対策から禁止され、屋台やよしず張りの小屋になった。屋台は人通りの多い場所ですし、そば、天ぷらなどを売り、わが国のファストフード店の祖形であるが、風鈴そばのように移動しなが

図17-8　長屋の入口
入口の周りに住人の表札や広告が掲示してある。
いろいろな振り売りが長屋の奥まで売り歩く。式亭三馬『浮世床』(1813) より

らの商売もあった。江戸時代の末期地方の農村では再々の飢饉に悩まされたが、お江戸は消費時代の花盛りで、人々は豊かで便利な食環境の中で日々の飲食を楽しみ、大食会や大酒会を催し、相集まって酒盛りに興じた［図11-7］。

おばんざい◉江戸時代京都は政治と商工業の中心地の地位を江戸と大坂に奪われたが、高名な学者、医者や美術工芸作家を多数擁し、西陣織、京焼、仏具など特殊な技術を持つ職人を多数抱え、伝来の商人も多く住む、誇り高い都市として過ごした。のちに京料理と呼ばれる、上品で美味な料理を提供する料理屋は京都の町人だけでなく、大坂をはじめ各地から人々が来て賞味した。

しかし京都の一般庶民は概ね質素な食生活であった。生鮮の海産物が手に入り難いので、塩乾物《えんかんもの》、京野菜に豆腐などの大豆製品を使い、昆布と鰹節の出しに淡口醤油を用いて美味しい家庭料理を多数作った。おばんざいと呼ばれる。芋ぼう（棒鱈とえびいもの煮物）、生節（生利節《なまりぶし》）と焼豆腐の煮物、鯖ずし、ひじきとちくわの煮物、柿なます、なすと茗荷の漬物、おから汁、などなど。おばんざいはそれ自体が特に美味しいものでない素材を使い、調理の腕で美味しい料理に仕上げたものである。おばんざいは現在も京都市民に温存されているだけでなく、全国の料理愛好家に親しまれている。

半助◉大坂の商人は美味しいものを食べることに金を惜しまなかったが、出した金に見合う料理を要求し、見栄を張って無駄をすることはなかった。大坂の料理屋は客の満足を得るために気を張って料理に取り組んだ。主人が料理屋に通っても大坂の家庭は始末（倹約）で、特に使用人を多く抱える商家では超合理的な食事が考えられた。

船場汁は塩鯖《さば》を食べた後のあらを使った汁で、半助鍋は半助（鰻の蒲焼きの頭）と豆腐の鍋である。これらは本来捨てるはずの素材を、安く手に入れて新しく料理に仕上げたものである。このような発想は同じ上方でも京都にはない。京都の食文化は美味しさとともに見場のよさを求めるが、大坂はともかく実利的である。同じような出しと淡口醤油を使っても、素材の違いもあるが、味付けは京都の「はんなり」に対して大坂は「まったり」といわれる。

17・5　近代（明治から昭和）――洋食と和食

❶洋食

文明開化◉明治政府の政策は欧米の文明の導入で、旧来の風習を打破し、わが国を速やかに近代国家に変貌することであった。明治五（一八七二）年明治天皇は自ら牛肉を食べ、示達を発して天武天皇の禁令以来一二〇〇年の肉食禁忌を公式に解除した。宮廷ではフランス料理を公式の宴会料理として採用し、政府高官は西洋料理を再々食べた。しかし高官たちは自宅では日本料理を日常的に食べていた。

庶民の間で肉食は牛鍋から始まった。牛鍋は牛肉を味噌とネギなどとともに煮る鍋料理で、猪肉のぼたん鍋の牛肉版であった。牛鍋は文明開化の象徴であった［図6―1］。やがて牛肉を使った洋風料理が明治の中頃から大正にかけて庶民の間に広がっていった。その趨勢《すうせい》を助長したのは軍隊の兵食と女学校の料理教育であった。徴兵制の兵士たちは除隊後軍隊で食べた洋風料理の味を郷里へ持ち帰った。ライスカレーやいもコロッケなどがかくして全国に広がった。一方高等女学校ではいろいろな西洋料理が教えられ、上流階級の子女が身につけた。新聞や雑誌も西洋料理の啓蒙に大きく貢献した。フライパンやオーブンなどのない台所で先進的な女性たちは新しい料理に挑戦した。

かくて洋風料理は着実に庶民に広がり、特に大正時代わが国の資本主義経済の発展とともに都市に人が集まり、サラリーマンと呼ばれる階層に生活の洋風化が浸透し、洋食が普及した。しかし畜産業の規模が小さく、特に日清、日露の両戦争で軍隊が牛肉の大和煮を大量に兵食に採用したので市場に牛肉が不足し、ブタの飼育が盛んになった。特に東日本では豚肉は畜肉の中で最も重要な部分を占め、現在に至っている。タマネギ、ジャガイモ、セロリ、パセリなどの西洋野菜は明治になって本格的な栽培が始まった。調味料、香辛料は初めすべて輸入品であったが、やがて洋食に合う和風の国産品が出現した。

洋食◉ライスカレー、コロッケ、とんカツが三大洋食といわれる。ライスカレーはイギリスのカレー粉の輸入で始まり、大正になると庶民に広く親しまれた。昭和の初め本格的カレーライスがレストランでご飯を別盛りにして供され、カレーライスと名を変え、福神漬、ラッキョウ、紅しょうがの薬味がつくようになった。戦後昭和二五年のインスタントカレーなる即席固形ルー、昭和四四年のレトルトカレーの発売でカレーライスは日本の国民食になった。現在も子供が最も喜ぶ料理である。

コロッケはフランス料理のクロケットに由来する。クロケットは固めのホワイトソースに具を入れ、パン粉揚げしたものであるが、明治の中頃には、茹でたジャガイモをつぶして丸め、ミンチ肉と混ぜて油で揚げるいもコロッケが考案された。いもコロッケは大正の初め頃から全国に広まり、町の洋食屋のメニューに載り、家庭で作られ、総菜としても売られた。コロッケは箸で食べることができた。

フランス料理のコートレットを真似て明治後半衣をつけた肉を天ぷらの要領でたっぷりの油で揚げるカツレツが誕生した。初めビーフカツレツが主体であったが、牛肉の不足から豚肉を用いたとんカツが生まれた。とんカツは食べやすいように予め切って、千切りの生まキャベツとともに皿に盛って供され、箸で食べ、米飯によく合う全く和風のおかずになった。大正一〇年頃にはカツ丼も現れた。

このほかビーフシチュー、オムレツなどが庶民に普及したが、いずれも米飯に合う料理であった。しかし洋食屋では西洋料理の形式を取り、米飯は皿に盛って供され、箸はなかった。人々はフォークの背に飯を載せて食べる芸当に苦闘した。カレーライスのようなライスものにはほかにオムライス、チキンライス、ハヤシライスなどがあり、丼の洋風版で愛好された。

肉料理で家庭料理の雄となったのは肉じゃがである。明治の中頃イギリスの留学から帰った東郷平八郎はビーフシチューの味が忘れられず、司厨長に兵食に取り入れるよう指示したが、司厨長はビーフシチューを食べたことがなく、醤油味の煮込みを作り、これが海軍の軍艦食になった。戦後昭和四〇年頃肉じゃがは完全に日本の家庭料理になり、おふくろの味といわれるようになった。肉じゃがは洋食ではない。

パン◉米飯に合わない洋風のたべものは普及に時間がかかった。パンは明治初期はフランスパンが主流であったが、やがてイギリスパンに代わった。しかしわが国でパンが普及し始めるのは明治七(一八七四)年のあんパンの発明からである。このような菓子パンがクリームパン、ジャムパン、カレーパンなどと次々に出現し、子供たちに広まった。アメリカ風の食パンの普及は関西で始まり、朝食のトーストが徐々に家庭に浸透した。牛乳は明治の早い頃から大都市で市販が始まったが、病人や母乳の不足する乳児が主な顧客であった[**図6-4**]。パンと牛乳が一般の家庭に普及するのは戦後になって、学校給食で子供たちがコッペパンと脱脂粉乳に親しむようになってからである。

❷和食

伝統料理◉平安時代以来続いた日本の伝統料理は明治維新とともに衰微した。明治政府の高官たちは元は西国雄藩の下級武士で、伝統料理に親しみがなく、また夫人たちも伝統料理を知らなかった。しかし都市の庶民には会席料理が生き続け、宴会に用いられた。茶の湯の懐石料理も、禅寺の精進料理も大衆に公開された。

日本料理に大きな影響を与えた事件は大正一二年の関東大震災で、職場を失った東京の料理職人は地方に散り、特に関西に移って江戸前の料理を広めた。また東京の復興の過程で関西の料理屋が東京に進出した。それまで東京の宴会では大量の料理を膳に載せ、宴後残った料理を客が持ち帰る風習であったが、大震災の後は大きな器に少量の料理を小奇麗に盛り、食べ切る関西の方式が会席料理の主流になった。またうなぎ屋、天ぷら屋、そば屋、鍋物屋などが大広間方式から新しいスタイルの椅子式になった。

昭和の初め頃庶民の食生活は安定したピークを迎え、人々は米飯に魚や野菜の旬の味を愛でながら、時にコロッケやオムレツを食べ、コーヒーやケーキも楽しみ、デパートの大食堂で家族とカレーライスを食べた。明治以来の西洋料理の導入は第二次世界大戦までは古来の日本の食生活の基本を変えるものではなく、伝統料理に寿司、天ぷら、鰻、そばなどの大衆食を含めた、和食の範囲を膨らませたことであった。

17・6 現代（第二次世界大戦以後）
――飽食とグローバル

❶飽食

溢れるたべもの◉第二次世界大戦中から戦後にかけて、わが国は厳しい食料難になり、庶民は大豆粕やサツマイモの蔓《つる》を食べるような飢餓線上に日を送った。しかし戦後五年ほどして食料事情は少しずつ好転し、やがて高度成長時代を迎えると人々の生活は豊かになり、巷にはたべものが溢れ、世は飽食の時代になった。米も潤沢に出回るようになったが、米の消費は昭和三七年をピークとして減少に向かった。副食が充実し、たんぱく質や油脂が多くなり、米に大きく栄養を依存しなくなったからである。また米飯に代わってパンや麺類の摂取が増えた。戦後の日本はすべての面でアメリカ化を志向し、食生活も洋風化したが、それは明治以降洋食が米飯を中心とする和食の延長線上にあった事態と根本的に異なり、米から離れて、日本の旧来の食文化を根幹から変えるものであった。

加工食品◉戦前日本の食品工業は酒、調味料と菓子類くらいしかなかったが、戦後は多くの食品が工場で大量生産されるようになった。科学技術の進歩による保蔵、包装の改善、流通の効率化に加えて、家庭における冷凍冷蔵庫、電子レンジなどの台所機能の充実が、大量生産される多種類の調理済み食品や半調理食品の普及を可能にした。特に冷凍食品の伸びが著しい。

また外食も盛んになり、人々は日常的に外食を利用するようになった。スーパーマーケット、コンビニエンスストアや百貨店の食品売場では、そのまま食べられる多種類の料理が販売され、人々は家庭でそれを容器のまま食卓に並べる。これは内食、外食に対して中食《なかしょく》と呼ばれ、庶民の食生活に定着した。便利な世になり、家庭に鍋も包丁もいらなくなった。

崩食◉戦後日本は工業立国を目指し、全国の農村から多くの人が都市に集まった。大都市に勤務する人は郊外や近隣の市町村に住居を構え、父親は朝早く出勤して夜遅く帰宅し、家族がそろって夕食を囲むことが少なくなった。一方子供たちは学校の後塾に通うために弁当を持ち、またはコンビニでおにぎりやカップ麺を買って夜を過ごした。

やがて母親たちが勤めに出るようになった。家庭の電化が進み、便利な加工食品が出回ると主婦は家事の多くから解放され、時間に余裕が生じると、住宅のローンや子供の教育費の捻出のため働きに出た。家計にゆとりのある主婦は習い事や社会活動に家を空けた。かくて戦前のように家族全員がそろって食卓を囲み、主婦が調理した料理を一緒に食べ、家族各自がその日の活動を語り合う風景が少なくなった。

かく家族がばらばらの時間に食事をするようになったが、その食事の内容もばらばらであることが多い。性別、年代による嗜好の違いがあり、同じ食卓を囲んでも家族それぞれが違ったたべものを食べるようになった。個食と呼ばれ、これは多種類のたべものが容易に手に入る状態が前提になっている。現在わが国の食生活は大量生産、大量流通と大量消費の上に立って、自由にして簡便で、多様な食生活が可能になっている。

現在の日本の家庭では戦前のように各家庭がそれぞれの味を持つことはなく、既製の全国共通の味が人々の味覚を規定している。「おふくろの味」は今は「袋の味」といわれる。人々は本当の味を忘れるとともに、食材や料理についての知識も乏しくなった。自ら食材を選び、自ら料理に手をかけることで本当の味を追求する人々は少数に留まる。現在の日本の食文化は豊かさと多様性に溺れて、混沌としているように見える。

❷グローバル化

世界各地から◉庶民の生活水準が向上するとともに、多種類の食料が多量に供給されるようになったが、その旺盛な食欲を満たすには日本の農水畜産業だけでは不足で、全世界から食料が輸入されるようになった。現在わが国の庶民の食卓にはおびただしい数の輸入食材が入り込んでいる。ある加工食品メーカーが製造する冷凍春巻には、豚肉、小麦粉、たけのこなどの食材、調味料、香辛料など約四〇品目の材料が、五大陸にまたがる二七か国から輸入されている（『読売新聞』二〇〇八年三月一九日）。

海外からの輸入食材にはメルルーサ、チンゲンサイ、グレープフルーツなど、これまで日本で知られなかった魚介類、野菜、果物もあったが、やがてわが国の食卓に定着した。一方アジ、サバ、タコなどの旧来からの魚介類が近海物が不足すると、遠くアフリカや北欧からの輸入に依存し、ネギやたけのこのような青果物まで輸入されるようになった。また半調理食品や冷凍食品なども外国製が店頭に並ぶようになり、食の安全と日本の食料自給率が議論されるようになった。

世界の料理を◉戦後多くの人々が海外旅行を経験し、人々は世界各地の食文化に現地で触れた。人々は外国で接した料理を家庭で再現しようとし、テレビや出版物も各国の料理を特集した。また都会では中華料理店、西洋料理店のほか、韓国、ベトナム、タイ、メキシコ、トルコなど世界各地のエスニック料理を提供する店が出現した。世界各国の料理がわが国庶民の日常生活にもしみ込み、朝食にトースト、昼食にラーメン、夕食に焼肉というような食生活が普通になった。現在わが国で最も多く市販されている漬物はキムチである。

全世界に展開しているハンバーガー、フライドチキン、ピザ、コーヒーなどのチェーン店も一九七〇年の大阪万博を契機として日本に上陸し、全国に展開して、地方の庶民にも馴染みの外食になった。

Sushi bar◉一方、日本食文化の海外への展開もある。戦後日本には占領軍の兵士のほか多数の外国人の来訪があり、彼らは日本の料理を経験したが、すき焼き、天ぷらなどごく少数の料理が好事家によって外国に伝えられただけであった。しかし一九七〇年代後半になると、アメリカから始まった健康食ブームに乗って、魚と米を主体とする日本料理が健康食として高く評価され、特に寿司に関心が集まり、欧米の各都市に「sushi bar」が開店し、その人気はますます広がっている。日本料理の世界的認知の第一歩である。ほかにテリヤキ、カップヌードルなどが知られ、醬油が新しい調味料として欧米で市販されるようになった。

ミシュラン◉最近欧米のレストランの格付けに権威があるミシュランが、『MICHELIN GUIDE 東京 2008』を刊行した。**表8**に示すように、優良店として星を与えられた東京の料理店は一五〇店で、本場のパリ、ニューヨーク、ロンドンよりもはるかに多い。この一五〇店のうち、フランス料

	三つ星の店	二つ星の店	一つ星の店	合計
東京	8	25	117	150
パリ	10	13	42	65
ニューヨーク	3	6	33	42
サンフランシスコ	1	6	27	34
ロンドン	1	5	37	43
ロスアンゼルス	0	3	15	18

表8　ミシュランの星を与えられた料理店の数
『Newsweek』2008年2月11日号より

理、イタリア料理、ステーキハウスなど欧米系と中華料理店が合計六一店で、残り八九店が日本料理店である。ジャンル別では和食（会席料理など）五六、うなぎ一、寿司一五、そば会席三、鉄板焼五、天ぷら五、ふぐ四である。ミシュランのガイドはその後京都・大阪編も刊行され、さらに『東京・横浜・鎌倉』、『京都・大阪・神戸』へ拡大発刊された。

新鮮な素材、細やかな包丁さばき、奥深い味付け、それに見事な視覚効果の伝統的日本料理が高く評価されたが、またうなぎ、天ぷら、鉄板焼、そばなど、本来庶民的な料理も評価されたことは大変興味深い。日本の食文化がローカルでなく、世界の代表的料理の一つとして檜舞台に立つ時代となった。

18 中国の食文化小史

18・1 中国

広い国土◉中国（中華人民共和国）の国土は約九六〇万平方キロメートルで、日本の約二五倍である。黄河、揚子江、珠江の三本の大河が東流し、源流地域は高い山脈と広大な高原で、中流、下流に平原が広がる。古来揚子江の少し北の淮河《わいが》から北方地域を華北、南方を華南と区別してきた。華北の黄河流域一帯は中原《ちゅうげん》と呼ばれ、古代から中国の文明社会はここに発達した。中原の北方には狩猟・遊牧民族が住み、常に中原の文明社会への侵入を図り、中原の歴代王朝は万里の長城でこれを防いだ。西方は砂漠を越えてシルクロードにより中近東に通じる。華南はベトナムなど東南アジアに通じ、また海上交通によって海外とよく交流した。

中国の人口は一三億余で、日本の約一〇・二倍である。中国人の九二％は漢族で、残りは五五の少数民族である。同じ漢族でも広い中国の居住地域により生活習慣も言葉も異なる。わが国の江戸時代の津軽と薩摩に住む人々の違いよりも大きい差異であった。庶民にとって同じ中国内でもよその土地の食事は、食材も味付けも食べ方も違い、異国の食事のようである。

現在大都市のホテルなどで西洋料理を西餐、中国料理を中餐と表示することがあるが、単一の中国料理と称するものはなく、常に山東料理、広東料理、四川料理のように地方料理である。

長い歴史◉中国五千年といわれる。主要な王朝と主な時代を年代順に**表9**に示す。これら王朝の興亡はすべて中原の歴史であるが、常に周辺地域との交流があり、食文化も周辺民族に大きく影響を受けた。元朝はモンゴル人、清朝は満州族が中原を制覇して立国したもので、中国食文化に甚大な変動を与えた。そのほか漢代から唐代にはシルクロードを経る、ペルシアなど西アジア、中央アジアからの新しい食材の渡来があった。

また華南は豊かな食文化の土地で常に食材や調理技術を中原に供給した。中国各王朝の食文化の発展は華南に負うところが大である。中原の食文化は周辺民族や国内各地の食文化と混じり合い、変動しながら発達してきた。特に北京など大都市での変貌が著しい。現在中華料理を代表する北京ダックやふかひれ、燕の巣などの料理も華南で精々三〇〇〜四〇〇〇年前に始まったものである。日本の江戸時代の初めから中頃である。

食をもって天となす◉「孟子」に「食をもって天となす」の言葉があり、中国人は古くから食べることを大切にしてきた。近代に至るまでわが国では男性が食べることに関わり、言及することは卑しいとされたが、中国では古代から優れた学者や政治家が飲食について発言し、詩人は飲食を賛美する詩文を残している。料理は古くから男性の仕事であり、殷《いん》朝の宰相であった伊尹《いいん》は優れた料理人でもあった。宋朝最高の詩人であり書家の蘇東坡《そとうば》も美食家であり、東坡肉《ドンポウロウ》、東坡豆腐《ドンポウドウフ》などの料理を残している。

18・2 主食

❶華北

雑穀◉古代華北の主食はアワ、キビ、オオムギな

殷		前14-前13世紀	隋		589-618
周		前1046-前771	唐		618-907
	春秋時代	前770-前403		五代十国時代	907-960
	戦国時代	前403-前221	宋		960-1279
秦		前221-前202	元		1271-1368
漢		前202-220	明		1368-1644
	三国時代	220-280	清		1645-1912
晋		265-420	中華民国		1912-1949
	南北朝時代	439-589	中華人民共和国		1949-
	(六朝時代)	222-589			

表9　中国の主要な王朝／時代
主として三省堂編修所編『各国別　世界史の整理』(1993)による

どの雑穀で、アワとキビが上等の穀物であり、粒食された。黄河流域でのアワの栽培は約八〇〇〇年前に始まった。穀物は古くは甑《こしき》で蒸して飯にし、後代では鍋で炊いて食べ、湯取り法（2・2参照）が採用された。

コムギ◉コムギは漢代に張騫《ちょうけん》が西域から製粉用の石臼とともに将来した（紀元前一二六年）。唐代に入る少し前に大規模な製粉機である碾磑《てんがい》が作られ、小麦粉が安価に生産されるようになった。コムギの栽培は冷涼な華北の風土によく合い、三国時代には小麦の粉食は中原に定着し、以後華北は小麦粉食圏となった。

しかし中国では西アジアやヨーロッパのように小麦粉をパンに焼かず、生地を蒸すか、茹でた。最も代表的な食品は饅頭《マントウ》で、三国時代諸葛孔明《しょかつこうめい》の発明とされる。饅頭は少し発酵させた小麦粉生地を丸めて蒸した食品で、今日でも華北の庶民の日常の主食である。饅頭に具を入れると包子《パオズ》、あるいは単に包《パオ》と呼ばれる。小豆餡を入れると豆沙包、豚肉では肉包、豚肉と野菜では肉菜包である。わが国の肉まん、餡まんの原形である。

華北で日常的によく食べる別の小麦粉食品は餃子《ギョウザ》である。唐代の墓から現在と同じ形の餃子が出土したが、形は時代により変遷した。現在中国の餃子は水餃子で、茹でて作る。正月や祭日には大量に作り、残ると次の日に炒めて焼餃子にする習慣である。焼いた餃子は客には勧めない。

麺条◉中国の小麦粉食品で、世界の食文化に大きな貢献をしたものは麺類である（4・1❹参照）。麺《ミエン》は現在中国では小麦粉そのものを意味し、日本の麺に当たる語は麺条である。小麦粉食品の総称は餅《ビン》である。唐代子供が生まれると、三日目に湯餅宴を開き、湯餅（うどん）を食べて子供の長寿を祝った。麺類は普通わが国と同じように手打ち方式で作るが、手延べ方式や猫耳麺、刀削麺、撥魚麺などの特殊な技法もある。イタリアのパスタも中国の麺条に由来するとの説が有力である。

米◉春秋時代米は華北では贅沢な食料であった。陸稲であった。歴史の進むうちに華南の米（水稲）が華北にも知られるようになった。しかし華北の風土は水田稲作に適さず、米はもっぱら華南からの輸送に頼り高価で、王侯や富裕な人たちだけが賞味できた。唐代には米の多食による脚気の発生が上層階級に記録されている。品種はインディカで、雑穀と同様に湯取り法で炊かれた。

現在水稲は華北から東北地方でも栽培され、米は北京など華北の都市では庶民にも急速に普及し、特に電気炊飯器が普及すると若者に人気が高い。しかし生粋の北京人（老北京）は米飯を食べることを潔しとしない。

トウモロコシ◉新大陸由来のトウモロコシは明代後期に中国に渡来した。トウモロコシは山間の痩せ地にもよく生育したので清代以後華北平野から東北地方の広い範囲で栽培され、近代にはアワなど他の雑穀を抜いてイネ、コムギに次ぐ重要な作物になった。

トウモロコシは華北では粉にし、窩窩頭《ウオーウオートウ》と呼ばれる大きな饅頭を作るが、農民の貧しいたべものであった。しかし清朝末期西大后がこれを好み、宮廷料理に取り入れられた。四川省など山間地方では近代に至るまでトウモロコシは主食であったが、一九八〇年代の中国政府の経済開放以後人々はコムギを食べるようになり、トウモロコシは家畜の飼料になった。

コーリャンも宋代に伝来した作物で、華北に広がったが収量はトウモロコシに及ばなかった。

❷華南

ずっと米◉華北が古代のアワ、キビなどの雑穀から、コムギ、米、トウモロコシと主食の種類を広げていったのに対して、華南はずっと米が主食であった。最近の調査研究によれば水田稲作は揚子江の中流、下流に始まった（2・1❶参照）。水田稲作は水田の構築や灌漑設備など高度の技術が必要で、揚子江流域には華北の文明よりも古くから高度に発達した文明社会があったと想像される。利用されたイネの品種は初めはジャポニカであったが、のちインディカ品種がベトナムから渡来した。雲南地方や揚子江上流の山岳地帯では今もジャポニカ品種の米飯を食べる民族があり、毎日もち米の飯を食べる土地もある。

小麦粉食品◉華北との交流が盛んになり、特に宋朝が一二世紀初め杭州に遷都してから華北の食文化が江南に広がり、華南でもコムギの粉食が始まった。しかし小麦粉食品は華南では主食となることはなく、小ぶりで、江南風に手の込んだ多種類の点心になりスナックとして楽しまれ、飲茶《ヤムチャ》の風習が生まれた。華北の饅頭のような単純なたべものは江南では好まれなかった。麺条は江南でも好まれ、この技術を米粉に応用したものがビーフンで、江南から台湾の特産物である。華南は農業生産力が高く、主食の米をはじめ多くの食料が大運河によって華北に運ばれ、中原の文明を支えたが、華南の料理、食法も華北の食文化に大きな影響を与え続けた。

18・3　副食

❶動物性食品

六牲、六獣、六禽◉古代食用の家畜は六牲と呼ばれ、馬、牛、羊、豚、犬、鶏であった。食用の野獣（六獣）は大鹿、鹿、熊、ノロ、猪、兎で、野鳥（六禽《きん》）は雁《がん》、鶉《うずら》、つなし鶉、雉《きじ》、鳩、家鳩であった。

豚肉◉古代中国ではブタとイヌを家畜として飼いよく食べたが、六朝時代の頃からイヌはペットになり、犬食は衰えた。イヌを生産道具であり、友とする北方の狩猟民族が中原に進出し、その影響があったと思われる。華南ではその後も長く犬食が続いたが下級の人たちが主であった。

中国で肉といえば豚肉のことである［**図6–2**］。肉料理でも炒肉《チャオロウ》（炒めた豚肉）、肉丸子《ロウワンジ》（豚肉団子）などと特に豚肉と示さないが、牛肉を使うと爆牛肉《バオニウロウ》（高温の油で炒めた牛肉）、羊肉を使うと烤羊肉《カオヤンロウ》（羊肉の串焼き）のように畜肉の種類を明示する。ブタは中国では古くは家庭でも残飯や排泄物を与えて飼育し、豚肉は一貫して中国の中心的食肉であったが、時代とともに盛衰はあった。北方の契《きっ》丹《たん》族、女真《じょしん》族など遊牧民族はブタを飼育せず、彼らの影響が強くなると羊肉が多く用いられるようになり、豚肉の地位は相対的に低下した。宋代豚肉は泥のように安価であった。

しかし清朝成立以来豚肉は食肉トップの地位を回復し現在に至っている。宴席では正客の前に敬意を表するために豚の頭や料理した仔豚一頭を置く。豚は全身を利用するが、広州の祝君進歩という料理はブタの歯茎を集め、たけのこと炒めたものである。ブタの皮も干物にし、柔らかく戻して細切して料理に用いる。

中国にはイスラム教を信じる少数民族があり、また漢族の中にもイスラム教徒がいて豚肉は彼らに忌避される。大都市には豚肉を一切使わない清《チン》真菜《ジャンツァイ》を提供する店がある。牛肉はかつては王侯のたべもので、庶民の食生活にはあまり縁はなかったが、最近は一般にも普及しているが高価で、中国料理の主要な食材ではない。食肉は昔は脂身の多い肉が好まれたが、現在では健康のため赤身の多い肉が好まれる。

悪食◉江南は悪食《あくじき》で有名で猫、蛇、蛙、蠍《さそり》などもよく食べる。冗談に「空を飛ぶもので食べないものは飛行機だけ、海のもので食べないものは潜水艦だけ、四足のもので食べないものは食卓と椅子だけ」といわれるほどである。

アヒル◉家禽で最も消費が多いものはアヒル（家鴨）とニワトリで、アヒルは唐代から飼育が盛んになった。北京ダック（北京鴨）は、香ばしく焼いたアヒルの皮を削ぎ、細切りのネギ、甘味噌とともに小麦粉の薄い平焼きに包んで食べるもので、元は南宋の料理であったが、中国では明代に南京から北京に伝わったものである。鴨はアヒルのことで、日本の鴨は中国では野鴨である。

皮蛋《ピータン》は明末に作られ、清代後期に前菜の定番になった。皮蛋はアヒルの卵を石灰、木灰、もみ殻、塩などの泥に漬けて作るが、このような技法は世界に例がない。中国では生卵は食べないが、孵化寸前のひよこが入った茹で卵を食べる。

魚介◉中国は広い国土の割りに海岸線が短く単調で、海産物の利用が少ない。特に古代以来文明の中心は華北の内陸部にあり、食用の魚介類は淡水産が主であった。淡水魚の養殖は紀元前一一〇〇年頃に始まり、各河川で盛んに行われた。コイ科の魚が多いが、日本に知られない魚類も多い。古代魚は膾《なます》にしてよく食べられたが、日本と同様にフナが最も重んじられた。

一方江南は海産魚介の利用が古くから盛んで、広州の食文化が中原に進出するにつれて華北の都市でも海産物を食べるようになった。高級食材のふかひれは古来広州の沿岸民が利用していたが、清朝中期に首都北京に伝来し全国に広まった。現在は華北の都市でも海産魚が庶民にも流通し、タチウオ、イシモチ、マナガツオなどが好まれる。ご馳走はスッポン、鰻、上海がにである。

乾物◉中国は乾物を作り、それを上手に戻す技術が極めて発達している。イカの乾物は古くから内陸部を含む全土に普及し、それを戻して作った料理は美味とされた。紀元前二世紀の湖南省の古い墓室に仔豚、ヒツジ、ウサギ、ハクチョウ、キジ、ツル、スズメなどの乾物が埋蔵されていた。クラゲやアワビの乾物は漢代あるいは唐代から珍重され、明代には高級食材になった。ふかひれなどが内陸部を含め全国に普及したのは乾物を用いたからである。中国料理のご馳走の多くは乾物を戻して作る。

❷植物性食品

野菜◉中国で古代に食用された野菜で、現在も用いられるものはセリ、ニラ、ダイコン、ナズナ、ユウガオ、シュンギク、ジュンサイなどで、ワラビ、ゼンマイなどを含め、多くの野草、野菜が今は忘れられている。現在の中国の野菜は漢代以降に西域などから伝来したものが多い。キュウリ、コエンドロ、ニンニク、チシャ、エンドウ、ゴマなどが漢代に張騫によって将来され、ニンジンは宋代か元代にやはり西域から伝来した。ホウレンソウは唐代にネパールから渡来した。南宋の時代ゴボウが知られ、トマトは一九世紀末にイギリスから渡来した。現在中国で多く食用される野菜はハクサイ、チンゲンサイ、キャベツ、ホウレンソウ、タマネギ、トマトである。中国は野菜の栽培技術に優れ、結球ハクサイはその成果の一つで清代に華北で開発された（7・2❶参照）。

果物◉中国原産の果物はモモ、アンズ、ナシ、クリ、カキ、ナツメなどで、概して西洋の果物に比べると華やかさに劣る。現在好まれる果物の多くは漢代、唐代から宋代にかけて、主として西域から渡来したものである［**図8—2**］。主要なナッツ類も渡来物で、その中でクルミはペルシアから渡来し、早くから菓子や料理に利用され、現在に至るまで最も好まれる。アーモンドとピスタチオも同様に漢代に渡来したが、普及するのは近代になってからであった。ピーナッツも現在好まれるが、中国古来の小粒品種に替わり、大粒の品種が伝来したのは明代であった。中国では煎ったスイカ、ヒマワリの種子や松の実などを、料理を待つ間やちょっと一休みの時などにつまみ、茶請けにする。松の実を食べる習慣は宋代に朝鮮半島から伝わった。中国の独特の果物である茘枝《レイチ》、龍眼《ロンガン》は唐代から珍重され、華南が名産地である。

18・4　料理と食事

❶料理

中華鍋◉中国料理は中華鍋一つあれば何でも作れるといわれるが、現在中国の都市に住む市民の台所は、このほかに蒸し器、長短の麺棒（うどん用と餃子用）、おろし器、土鍋、やかん、魔法瓶などを備え、まな板もプラスチック製がよく用いられる。しかし総体的に炊事道具と食器の種類と数の少ないことが中国料理の特徴である。そのうちで中華鍋は煮る、炒める、揚げる、蒸すなど多様な加熱調理に用いられる。

中国料理の特徴は火を多様に使うことと油をよく使うことで、宋代に鉄器の中華鍋が普及し、植物油の生産と精製技術が進み、それに石炭の使用が火と油と鍋の料理文化を育てた。現在代表的な調理法は、炒《チャオ》（いためる）、爆《バオ》（茹でるか蒸してから炒める）、炸《ツァ》（揚げる）、煎《セン》（弱火で揚げる）とされ、いずれも食用油をふんだんに使い、でき上がった料理にさらにピーナッツ油かごま油を振りかけることもある。しかし中国の料理は古代から油っこかったわけではない。

あっさり◉古代最も主要な料理は羹《あつもの》であった。細切した肉や魚と野菜を煮た、実沢山の汁で王侯も庶民も毎日食べた。貧しい人々には野菜だけの羹であった。さらに肉や魚を細切して酢につける膾《なます》（鱠）がよく食された。古代野菜や野草は塩漬けかひたしで食べた。油脂は古代から宋代まではあまり使わず、さっぱりした料理が主流であった。

炒めたり、揚げたりする料理法は本来華南のもので、新鮮な魚介を短時間に調理する必要から発達した。南宋が一二世紀に杭州に都を定め、華北の人々が大挙して江南に移住し、油を用いた料理法を学び、以後全国で多種類の食材を炒め、あるいは揚げる料理が発達した。現在中国料理のメインディッシュは炒め物であるが、その比重は低減の傾向にある。

コース◉現在中国の一般家庭での食膳の基本的構成は、冷盆《リャンプン》、熱炒《イイチャオ》、大菜《ターツァイ》、湯《タン》の四種である。冷盆は前菜で、クラゲの和え物、茹で若鳥など、熱炒は炒め物で、牛肉のオイスターソース炒め、ピーマン豚肉炒めなどで中国料理の中心をなす料理である。大菜は丸ごとの料理でニワトリやアヒルの姿煮、もも肉の醬油煮などである。湯はスープであるが、古代の羹のように実沢山ではない。炒め物料理の間にいろいろな点心が供される。

この四種の料理がそろったフルコースは祝祭日などの特別のご馳走で、普段は熱炒や大菜のうちの一種があればご馳走である。中国には道教の医食同源の教えによる吃点心《チーディエンシン》の思想があり、同じものを多量に食べるのでなく、体によいものを少しずつ何種類も食べる風習がある。スナック風の点心に加え、甘い点心や多種類の小皿料理が庶民にも普及している。

調味◉近代的な中国料理は、火熱の多様な使用、油脂の利用のほか調味料の発達に負っている（14・1❸参照）。古代中国では塩と酢と醬が調味料で、やがて麴を用いて肉醬や魚醬ができた。穀醬も作られ、明代に醬油が創製された。現在では醬油のほかに豆鼓《トウチ》、豆板醬《トウバンジャン》、蠣油醬《ハオイウジャン》など多種類の発酵調味料と香辛料を用いる。中国料理の理念は食材に油脂、調味料、香辛料を加えて加熱し、自然にない、人工の美味を作り出すことである。中国では料理の味が薄すぎると「不到来《プータオライ》」という。本当の味が出ないうちに食べることで、日本料理のように食材の自然の味を生かすことだけを目的とした料理は、不到来の最たるものである。現在中国料理の代表的なご馳走の一つであるふかひれの姿煮は食材の自然の味ではなく、人工的に創造された風味を味わうもので、中国料理の特色を凝縮している。

❷菜系

地方料理◉中国料理あるいは中華料理と呼ばれる単一の料理は存在せず、多くの地方料理が並存する。代表的な地方料理を菜系と呼び、基本的な分け方は四大菜系で、魯菜（山東）、蘇菜（江蘇、浙江）、川菜（四川）、粤菜（広東）と呼ばれる。各菜系の大まかな特徴は、魯は鹹（塩からい）、蘇は酸（酸っぱい）、川は辣（辛い）、粤は甜（甘い、旨い）といわれる。このほか山東料理から宮廷料理を含む北京料理を独立させた五大菜系があり、ほかに八大菜系、十大菜系、十二大菜系などの分け方もある。

広東料理◉華南の広東料理は古くから魚介類を多く用い、その他の食材も豊富で、味付けが甘く、比較的あっさりしていることが特徴である。三国時代華北の食文化が江南に導入され、海産物が中心であった広東料理に鳥獣肉の素材が入り、芙蓉《フーヨー》蟹《ハイ》のようなカニと鶏卵の組み合わせが出現した。江南の食文化は時代とともに中原に伝わった。宋が中原を追われて杭州に南宋を建国すると、多数の華北の人々が華南のたべものや食習慣を身につけるようになった。また明の太祖朱元璋《しゆげんしよう》（一三二八―九八）は江南の出身で、南京に都を定め、江南の食文化の首都への導入に貢献した。清朝は北方の満州族であるが、第六代の乾隆帝（在位一七三五―九五年）は江南を愛して再々巡幸し、江南の食を首都に持ち帰り宮廷料理に取り入れさせた。

広州の地は古くから海外との交流が盛んで、特に阿片戦争（一八四〇～四二年）以後は中国の貿易都市になった。世界各地の実業界で活躍する華僑《かきよう》も華南出身者が多い。日本で中華料理店を開業した中国人も華南出身が多く、わが国の中華料理は多くは広東料理である。広東料理は香港料理とともに国際性が高く、世界的視点に立つと中国料理の代表としてフランス、イタリア、日本などの料理と競争しうるが、中国の国内的視野からすると、影響力は大きいものの地方料理の一つである。

北京料理◉華北は比較的寒冷なため料理に油脂を多く使うが、華北の料理は味付けは淡く、しかし深いうま味があり、舌に涼しいといわれる。北京料理の土台となる山東料理は「熱い油で炒め、調味して素早く鍋から出す。極めてもろいものに気品がある」と清代の美食家袁枚《えんばい》（一七一六—九七）が『随園食単』に述べている。ここで「もろい」とは、口の中で洗練を極めたものが消えていく感覚をいう。中原へは江南の料理が多数進出したが、山東料理では江南のように火腿《フオトイ》（中国ハム）を用いてスープの出しを取ることをしない。味が暑苦しくなるという。

北京料理はこの山東料理を基盤として、宮廷料理の洗練を加えたものである。中国の首都は国内各地からの食文化の流入があるほか、征服王朝の民族による全く異なった食システムの圧力もあった。首都の料理人は王朝交代の混乱の中でしたたかに新しいものを受容し、古きよきものを保持した。清朝が中原を征服し、北京に都を置くと歴代の皇帝は漢族との融和を図り、満州族と漢族との食文化は融合した。その集大成は豪華な満漢全席とされる。華麗な宮廷料理は清代半ばに完成したが、辛亥《しんがい》革命後清朝の没落とともにこれらは北京料理として市井に流出した。

四川料理◉川菜の特徴は辣で、これは痛いほど辛いという意である。この辛さは唐辛子による。しかしトウガラシは南米が原産で中国には明代末期に伝来した（14・2❷参照）。中国の西南部の人々は昔から辛いものが好きで芥子、山椒、タチバナの皮を使って辛い料理を作っていた。一八世紀から一九世紀にかけてトウガラシは四川省や周辺の庶民によって利用されるようになったが、表立った料理に現れるのは清朝末期からである。清朝初期に辣煮鶏という料理があり、棒棒鶏《バンバンジー》の原型とされるが、辛味は芥子によっていた。

香港料理◉一九四九年中華人民共和国が成立すると人々の食生活も厳しく統制され、大都市でもふかひれ、燕窩のような高級食材は手に入らず、街の飲食店も寂れた。以後三〇年ほどの間中国の伝統料理は台湾と香港で維持された。文化大革命が終わり、経済や文化の開放の時代になると伝統料理への回帰が求められたが、北京など近代化されつつあった都市では人々の嗜好も変化していた。二〇世紀末期から香港料理が全国の都市に広まった。香港は海外との交流が激しく、欧米や東南アジアの食文化を取り入れ、香港料理は新しい広東料理として時代を風靡《ふうび》した。

快餐◉中国が世界に大きく開放されると、一九八〇年代から一九九〇年代にかけてアメリカのファストフード（快餐）が進入してきた。快餐店は香港か広州に始まり、上海から北京へ北上した。物珍しいたべものと食風で、高価で庶民的ではなかったが若者の関心は高かった。また店内の雰囲気が清潔で落ち着くと知識人層にも人気があった。まだ大都市だけの展開だが、ケンタッキーフライドチキン（督徳基家郷鶏）、マクドナルド（麦当労）

と日本からの回転寿司、すき焼き（思奇也奇）が中国の新しい食文化の一隅に定着しつつある。北京には国営の中国式快餐店（京氏快餐公司）もあり、水餃子、麵、ご飯のセットを提供する。

❸食事

三食◉中国も古代は長く一日二食が普通であった。殷代の記録では食事は朝七～九時と午後三～五時の二回で、朝食が主であった。その後春秋、戦国時代に上流階級は一日三食になり、生産力の向上に伴い庶民にも三食が広がり、明代には都市では三食が普通になった。しかし全国的に一日二食はかなり長く続き、ごく最近まで華北の農家は農閑期には二食が普通で、野菜を主とした単調な食事を毎日繰り返し食べたが、夏の農繁期になると食事は一日三食となり、肉入りの饅頭や卵料理を食べた。

現在都市では普通三食のうち朝食に饅頭、粥、油条（棒状の揚げパン）、豆乳を食べ、昼はご飯、麵類、饅頭のほか副食が二種類ほどつく。客を招くと少なくとも八～一二種類の料理を作る。中国では接待の料理は余らないと縁起が悪いといって余分に作る。現在都市の勤め人は吃早茶《チーツアオチャー》といって外食する人が増えている。わが国の中食のように、総菜を買って自宅で食事を済ますことは少ない。外食は中国は世界の先進国で古くから発達した。

食卓◉春秋時代飯は皆の分を共通の器に盛って出されたが、おかずは一人分ずつ分けて供された。漢代でも一人一膳で、この時代食器は漆器が多かった。唐代には高い食卓と椅子が用いられるようになり、宋代には庶民の間にも普及した。その後椅子に背もたれがつくようになり、数人が一つの食卓を囲み、大皿の料理を各自が取り分ける方式になった。箸は横向きに置かれたが、元代にモンゴル人がナイフを縦向きに置く風習から箸も縦に置くようになり、現在に至っている。料理の皿は必ず偶数で対称に並べるのが基本である。中国では食卓に並ぶ大皿、小皿から椀などもすべて同質で丸い。食事はあくまでも料理が主体で、器に注意を惹くことを避けるからである。現在北京のホテルなどで一人一膳の古代の分餐方式が採用されつつあるが、大皿から好みのたべものを各自が取り、また他人にも取ってあげる食事スタイルがまだ愛好されている。かつては客を招くと家でご馳走を作ったが、今は家族の誕生日や正月の祝いもホテルや料理店で外食を利用する傾向である。

マナー◉中国人のテーブルマナーは以前は上層階級でも不作法で有名であった。料理の中の骨などを足元や食卓に吐き出し、料理の油脂で着衣を汚したりした。近代化された現在の中国では改められている。しかし農村では丼に飯とおかずを盛って土間や戸外に腰を下ろして食べ、都市の下町では戸口の前にしゃがんで道路に向かって丼を抱える姿が見られる。また街では油条や饅頭を歩きながら食べる人もかなりいる。中国では庶民の食事マナーはまだ高くはないが、食べるという行為に自由度が高いともいえる。

18・5 日本の中国料理

伝来◉わが国は古代、米や箸の渡来を始め中国の食文化の影響を大きく受けたが、以後は中世に茶や精進料理の伝来があったものの、食文化は日本独自の発展を遂げ、中国と全く異なった伝統料理と食習慣を築き上げた。明治維新で開国した日本は欧米の食文化の取り込みに心奪われ、中国料理をほとんど無視してきたが、長崎に始まり、横浜、神戸の中国居留地から中華料理が徐々に広がり、第二次世界大戦後に爆発的に全国に普及した。

わが国の中華料理店は上、中、下の三つのランクがある。上級はふかひれの姿煮や北京ダック、燕窩料理などを提供する高級料理店、中級はえびチリソース、クラゲの和え物、皮蛋などの一品料理もできる店で、下級は麻婆豆腐、酢豚などの家庭料理から餃子、焼売、春巻、ラーメンなどの点心を提供する大衆料理店で、ラーメン屋が多いことがわが国の特徴である。安くて美味く栄養のある大衆中華料理は庶民の味方であり、ラーメン、チャーハン、餃子、肉まん（豚まん）などはわが国庶民の日常食に定着している。インスタントラーメンは日本での世界的発明で、最早中国の料理ではない。

19 西洋の食文化小史

19・1 古代――地中海世界

❶ギリシア

三食◉古代ギリシアの詩人ホメロスが描いた紀元前九世紀頃のギリシア人の食生活は非常に質素であった。古代ギリシア人は普通一日三回の食事をし、朝食（アクラティスモス）は朝日が昇るとすぐに食べ、生まのワインに浸したパンであった。当時のワインは澱《おり》や糟《かす》を含んだどろどろした飲み物で、水や湯で割って飲むのが普通で、生まのまま用いるのは例外的であった。昼食（アリストン）は正午前に取る軽い食事で、日没頃の夕食（ディプノン）が一日で最も重要な食事であった。

饗宴◉客を呼ぶ宴会は夕方から行われた。ギリシア人、特にアテネの人々は大勢が集まって食事をすることが好きで、再々饗宴を催した。招待客は入浴をし、宴会用の衣服に着替えて出席した。客は臥台（クリネー）に横たわって食事をする［図15－4］が、この習慣は紀元前七世紀にアッシリアで成立したといわれる。客は枕に左手を当てて右手で前の食卓からたべものを取った。ナイフやフォークはなく、もっぱら指で食物を口に運び、汚れた指はパン片でぬぐい、ナプキンはなかった。スープなどはスプーンを用い、固いパンをくぼめた匙パンを用いることもあった。食後は水で手を洗い、タオルで手と口をぬぐった。貴族の男性は家庭でも横になって食事をした。

豊かなアテネ人の饗宴は二部に分かれ、第一部は食事で、第二部はワインが主体の酒宴であった。

第一部が終わり皆が手を洗うと、少量の生まのワインを床に撒いて全能の神ゼウスに捧げ、それから酒宴（シュンポシオン）が始まった。ここではもっぱら飲みながら語り合い、議論する集いで、ギリシア人は飲みながら食べたり、食べながら飲むことはしなかった。酒宴にだけ参加する客もあり、語り合う内容がよければ酒宴は成功であった。音楽や舞踊などの余興もあった。飲み物はワインで、それも水で割って飲んだ。ビールは下等な飲み物と見なされた。

日常◉ギリシア人はずっと後になるまで概して粗食で、一般の人々の主食はマーザと呼ばれる大麦粉の粥を固めたもので、これに少量の魚とオリーブの実やイチジクなどがついた。ギリシアの兵士の食事がパンとニンニク、オリーブ、タマネギ、干しいわしであったとの記録がある。ギリシア人の祖先は中央アジアから来た狩猟民族で、初期の英雄時代のギリシアでは魚は軽蔑されたが、のちには魚はギリシア人の好物となった。特にウナギが最高級のご馳走であったが高価であった。肉では牛肉、羊肉、山羊肉が普通の食肉で、ブタも飼育され豚肉は好まれた。肉料理は主に焙って塩を振って食べたが、血を忌む思想があり、いったん茹でてから焼いた。これにチーズ、野菜、パンとワインが上流階級の日常の食事であった。パンはいろいろな穀物の粉を用いて作り、香りや味をつけた多種類のパンがあった。ギリシアでは歴史家ヘロドトス（前四八四—？）が「パン喰い人」と批評したエジプト人の影響でパン作りが発達した。

❷ローマ

貴族◉古代ローマでも初め人々は質素な食生活で

あったが、後にはギリシアを凌ぐ贅沢な食文化を打ち立てた。ローマの大部分の住民は貧しかったが、皇帝やごく少数の貴族、高級官僚、上級騎士が富を独占し、豪奢な食生活を送った。彼らの夜の饗宴では無駄な贅沢と華美、病的なまでの嗜好と趣味の繊細化が競われ、宴会はこれらの人々が見栄を競い、富を顕示する場となった。ローマでは普通の食肉ではなく、豚の乳房や子宮の料理が珍重された。クジャクを料理した後で、外した羽根をつけて元の姿にして食卓に出したり、野鳥の丸焼きを切り開くと中から生きた雛が飛び出すような手の込んだ仕掛けの料理が作られた。

饗宴◉ローマではギリシアにおけるような食事と酒宴の区別はなく、人々は飲みながら食べた。饗宴は普通三つのコースから成り、第一のコースは前菜で蜂蜜を入れたワインと卵、オリーブの実、ソーセージなど、第二のコースは魚、鳥肉、獣肉を主とした料理、そして第三のコースはデザートでリンゴ、ザクロ、ハタンキョウ、ナツメヤシなどの果物のほか、麦粉で作った甘い菓子が出された。「卵からリンゴまで」がローマでは「初めから終わりまで」を意味した。三コースより成るスタイルは以後のヨーロッパの饗宴の原形をなしている。

食べるために吐く◉客は一台の臥床（トリクリニウム）に三人ずつ横たわり、三台の臥床がコの字形に置かれ、その中央に食卓を置いて、これが一セットであった。客は食事服を着用し、肘枕をして横になり、右手の指でたべものをつまんだ。汚れた指はナプキン（マッパ）で拭き、これは客が持参した。食卓のご馳走が一通り食べ終わるとその食卓と取り替えて、新たにご馳走を載せた食卓が運び込まれた。多くのローマ人は食い意地が張り、満腹すると鳥の羽根で喉をくすぐってわざと嘔吐し、胃を空にしてまた食べた［**図19―1**］。ローマの哲学者セネカ（紀元前四／五―紀元後六五）は「ローマ人は食べるために吐き、吐くために食べる」といっている。デザートの間には小鳥を放ち、花を撒き、曲芸や舞踊などの余興や見世物が披露された。ギリシアのように議論が主になることはなかった。

市民◉一般の市民は素朴な食事で満足し、宴会をする時も技巧を凝らさない、ごく普通の食卓を囲んだ。仔山羊、アスパラガス、卵、ニワトリ、ブドウ、モモ、リンゴなどがご馳走であった。ローマ人も一日三食が普通で、天候の許す限り戸外での食事を好んだ。朝食は明け方に取り、ワインに浸したパン、タマネギにチーズがつくことがあっ

図19-1　嘔吐する男を手助けする女奴隷
皿絵（紀元前5世紀）

た。昼食は正午前でパン、チーズ、小魚、イチジクなどであった。夕食は夕方比較的早く取った。ギリシアでもローマでも主食と副食の概念があり、主食は穀物で副食は野菜、果物、肉、魚介類であった。果物はローマではつけたりでなく他の食材と同列に扱われた。ローマでは大麦粉は好まれず、初め小麦粉の粥を食べ、やがてパンに移っていったがコムギの収穫は少なく、エジプトをはじめ広い領土からコムギを集め、大型で見事なパン焼きかまどを建造した。

食材◉ローマ帝国は中近東から大西洋岸に至るヨーロッパとアフリカ北海岸を征服し、貴族たちは各地のたべものを取り寄せた。特にシーザーが征服したガリアは現在のフランスの地域に当たるが、大きな森林と広い農地に恵まれ、食資源が豊かでローマの宝庫となった。一方原始に近い生活をしていたゴール人はローマの食文化を取り入れ、ワインの生産も盛んになった。

貴族たちは多種類のたべものを食べた。食肉では牛肉よりも豚肉を好んだが、ほかにリス、ヤマネ（リスに似た動物）、イヌ、ネズミ、シカ、ウサギ、ライオン、ラクダ、セミ、カタツムリなども食べた。海産物ではウナギ、マグロは特に好物であった［**図19-2**］が、ほかにカマス、チョウザメ、イカ、エビ、カニ、ウニと多種類の貝類があった。特に人気のある野生動物は養殖が行われた。これらの食材は茹でるか炙るかして、塩や調味料をつけて食べた。調味料ではサバやマグロの内臓を発酵させて作った魚醤のガルム（14・1❸参照）が重要であったが、ローマ時代後期になると専門の料理人が現れ、複雑なソースも作られた。炙り焼きしたアナゴにつけたたれは胡椒、炒ったクミン、

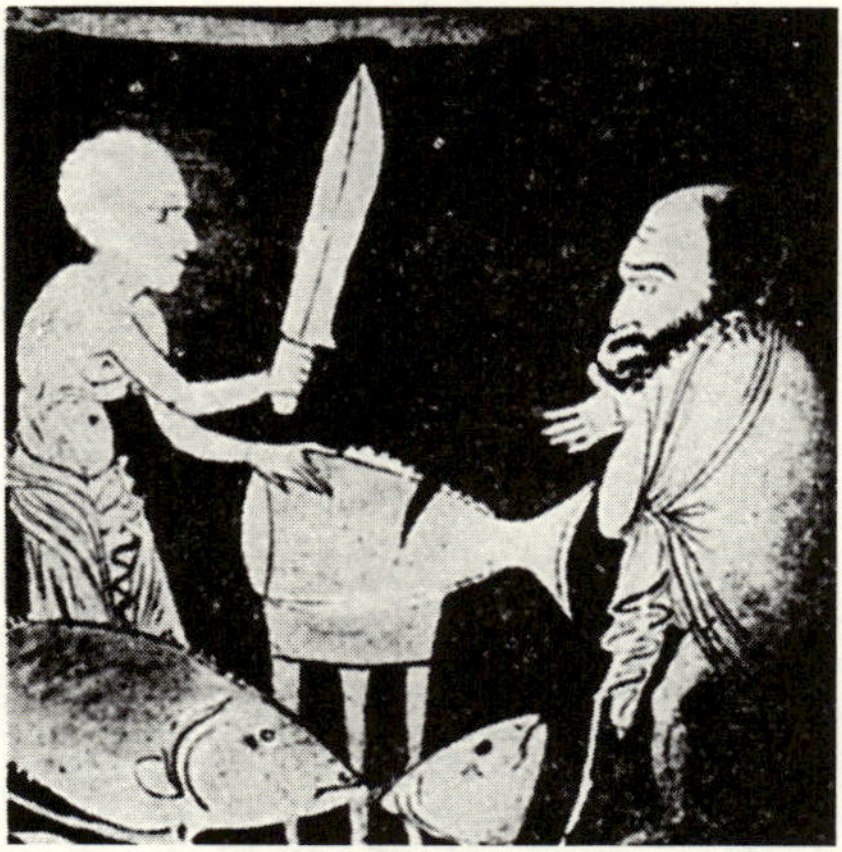

図19-2　マグロを売る男
壺絵

オレガノ、乾燥たまねぎ、茹で卵の黄身、ワイン、蜜酒、酢、ガルムと濃縮ぶどう液をよく混ぜてとろ火で煮て作ったものであった。果物の種類も多く、ナシ、リンゴ、クルミ、イチジク、ブドウ、ナツメヤシ、スモモなどがあり、イチジクは干したものも好まれた。野菜ではダイコン、ニンニク、タマネギ、オリーブの実などがあった。ローマには大きな市場が作られ、ここで多種類の食材が手に入った。淡水や海水の生け簀《す》もあった。皇帝トラヤヌスが一世紀に建設した市場は六階建ての堂々たる建築であった。

19・2　中世――食の暗黒時代？

ゲルマン◉五世紀後半西ローマ帝国は蛮族と呼ばれたゲルマン民族の侵攻によって滅亡し、華麗なローマの食文化は消滅した。地中海地域の食文化がパン、ワインとオリーブ油に象徴されるのに対し、アルプス以北の寒冷な地域に住むゲルマン民族の食事は肉、原始的なビールとバターに象徴され、大食が特徴であり、食文化は粗野であった。中世初期から数世紀のうちに民族の大移動とともに両地域の食文化は混交し、やがてパンと肉を中心とするヨーロッパ型の食文化の原形が作られた。しかしローマ時代に築かれた優美な食文化は失われ、ヨーロッパに再び洗練された食文化が現れるのは一〇〇〇年後のルネサンス以降であった。

飢饉と黒死病◉中世初期ローマ帝国滅亡に伴う混乱からヨーロッパの人口は数世紀にわたって減少し、農村は衰微し、各地に深刻な飢饉《ききん》が発生した。人々は野草、おがくず、樹皮などを食べた。九世紀パリで八〇％の粘土と二〇％の雑穀の粉でパンを作った記録がある。人肉を食べたり、子供を殺すことが行われ、グリム童話集などに当時の凄惨《せいさん》な状況がうかがえる。しかしその後森林の開墾が進み、一一世紀には三圃《さんぽ》農法（耕地を冬畑〔小麦など〕、夏畑〔大麦など〕、放牧地に三分し、順次交替させる方式）が導入され、農業技術の進歩もあって、農畜産物の生産が増え、人口は増加に転じた。しかし一三世紀後半にはヨーロッパは過剰人口から食料不足になり、一四世紀には各地で飢饉がまた発生した。

一四世紀後半にはヨーロッパ全土で黒死病（ペスト）が大流行し、ヨーロッパの全人口約一億人の三分の一が死亡したといわれる。しかしその後は生き残った人々が広い農地と牧場の恩恵を受けた。中世を通してコムギと畜肉の生産量は少なく、農民の日常食は雑穀と野菜を主としたものであったが、黒死病以後の中世末期は牧畜が盛んになり、庶民も日常的に肉が食べられるようになって、一五世紀はヨーロッパの庶民にとって幸福な時代であった。しかし一六世紀になるとまた人口増加から庶民の肉消費量が減り、ヨーロッパの近世は厳しい食糧事情に見舞われた。

ごった煮◉中世ヨーロッパの食事の基本は煮込みであった。地域により若干食材に差があり、また階層によって質や量に違いがあったが、大鍋が日夜火にかかっており、野菜や肉、獣脂がごった煮に煮られ、消費された食材は次々と補給された。裕福な階層は肉や魚を煮込み、農民はわずかの塩漬けの豚肉や豚脂を加えるか、または野菜と豆に、古いパンを加えただけのごった煮風スープを毎日飽きることなく食べた。この頃ヨーロッパでは地域による差よりも、階層による差の方が大きく、ヨーロッパ中どこでも農民は貧しいスープか雑穀の粥で日を過ごし［図19−3］、貴族たちは宴会で豪勢な食事をしていた。小麦粉を用いた白いパンは貴族階級が食べ、農民はライ麦や大麦の黒いパンを食べた。肉をよく食べたのは王侯貴族たちだけであった。

饗宴◉ヨーロッパの中部、南部では中世を通して多くの国々が興亡し、王侯や貴族たちが強大な権力と富を独占した。彼らは再々饗宴を催したが、それは保持する権力と富を誇示するとともに、参会する家臣との結束を図るためであった。ゲルマン民族は勇猛な戦士が中心で、旺盛な食欲を有し、肉を活力の源泉として好んだ。宴会では大皿にイノシシ、仔牛などの丸焼きが供され、ホストか貴族の代表がナイフで切り分けて分配した。肉切りの役は名誉とされた。客はうずたかく積み上げられた焼いた肉を手づかみで食べた。食事の作法はまだなく、客たちは大声でわめき、がつがつと食べ、汚れた指をテーブルクロスで拭いた。

　時代が進むと王侯貴族の宴会は少しずつ形をなすようになった。大きな饗宴では料理は三つのコースに分けて供され、各コースはそれぞれ一〇種を越える大量の焼肉料理、煮込み、デザートより成っていた［表5］。多くの宴会では招待客は長い食卓に二人一組になって座り、料理は大皿に盛られ、ワインやビールとともに食卓に並べられた。客は好きな料理を好きなだけ取って食べたが、遠くの皿には手が届かず、近くの皿の料理だけで辛抱した。まだフォークは知られず、個人用のナイフとスプーンを用いたが、取り皿の代わりにトレンチャーと呼ばれる、固く焼いたパンの板を個人用の皿の代わりに用いた［図15-5］。トレンチャー

図19-3　農民の食事
家族全員で一皿の粥と一本の木のスプーン。A・ファン・オスターデの版画（1653）

は宴が進むうちに料理の汁を吸って柔らかくなり、宴の最後に食べるか、犬にやるか、外に集まっている貧しい人々に与えた。料理は指でつまんで食べた。口の周りやワイングラスなどを汚さぬように、優雅な指使いが要求された。それとともに、たべものを口一杯に入れて話さない、音を立てずに噛むなど、食卓での行儀作法が求められた（15・1❶参照）。

美食はなし◉中世ヨーロッパの宴会料理は大食はあったが、美食はなかったといわれ、どの国も同じようであった。中世の料理は古代の料理と似たところが多く、肉は茹でてから焼き、多量のスパイスを使い、調理した鳥肉に羽根をかぶせて供するなど奇抜なトリックが依然として好まれた。しかし塩と甘味料を混ぜ合わすなど味付けは不統一で、概して原始的で酸っぱい味付けが主であった。宴席のたくさんの料理は食材は違っても味付けはほとんど同じであった。オーブンがあった古代ローマに比べると穏やかな加熱による料理はできず、料理の質は古代ローマに及ばなかったといわれる。中世の料理の水準が古代ローマのレベルに追いつくのは一三世紀の終わり頃であった。

農民◉農村では農民が森に放牧したブタを初冬に解体し、ソーセージ、ベーコンや塩漬け肉を作り、これを翌年にわたり少しずつ食べた。農民が生まの豚肉を食べるのはこの初冬の時だけであった。多くの農家では煮込み風スープや粥とともにライ麦の黒いパンを食べた。コムギの白いパンは贅沢なたべものだったが、祝祭日には白いパンを食べ、ニワトリやガチョウの料理を食べた。しかしいろいろな食器はなく、宴会でも共用の鍋や大皿から皆が手づかみで食べた。

ほとんどすべての農村では領主が森や川の管理権を握り、領主たちは狩猟を楽しんだが、農民は森での狩猟も川での漁労も許されなかった。また製粉機もパン焼きのかまども領主の所有で、農民は代価を払って使用した。農民の家にはスープや粥を作る程度の炉しかなく、料理が必要な時は村の居酒屋や旅籠《はたご》が兼ねている仕出し屋に頼んだ。

中世を通じてヨーロッパの農民の食生活は貧しく、貴族層の食生活との格差が大きかったが、この差は近世になってさらに大きくなった。一方中世後期には商工業の発展から都市が発達し、都市の住民は白いパンを要求した。近世から近代にかけて都市の市民の中から裕福な中産階級(ブルジョワ)が生まれた。

四旬節◉中世はキリスト教がヨーロッパ全土に普及し、法王や司教が王侯貴族と勢力を争い、都市にも農村にも教会が建てられた。王侯貴族も農民も日常生活に教会の規制を受けたが、食生活では肉食を断つ断食期間が設けられた。毎週水曜日と金曜日が肉断ちの精進日であるほか、年に三回のそれぞれ四〇日間の断食期間があった。これらは四旬節《しじゅんせつ》と呼ばれたが、特に復活祭前の四〇日は、荒野で四〇日間断食して苦行したキリストを偲び、人々は罪深いわが身への悔悟と贖罪《しょくざい》のために食事の回数を減らし、肉、乳、卵、獣脂を断つ日々を送った。

この四旬節に入る前が謝肉祭(カーニバル)で、カーニバルはイタリア語で「肉よさらば」という意味であり、肉や卵をたっぷり食べて馬鹿騒ぎをしたが、四旬節の最初の日の「灰の水曜日」には肉料理に用いた食器などを捨て、野菜と雑穀を主とする精進食に切り替えたが、魚がこの期間重宝された［図19-4］。よく食された魚はニシンとタラで、秋に北方の海で大量に獲れたものを塩漬け、燻製あるいは日干しにして冬を越し、各地に運ばれた。ヨーロッパでは普段あまり魚を食べないが、庶民は毎日塩干のニシンとタラで四〇日間を過ごした。一方貴族たちは財力にものをいわせ、珍奇な魚介類を取り寄せたが、やはり四旬節は苦しい食生活の期間であった。四旬節が終わると復活祭で、人々は肉断ちから解放された。

中世末期からの宗教改革ではプロテスタントは四旬節の断食の義務を廃止した。カトリック教会でも近世から近代に進むにつれて、教会による人々の食生活への支配をゆるめ、一九四九年に四旬節の食物制限がローマ法王によって正式に緩和された。しかしイタリア、フランスなどのカトリック教圏では現在でも謝肉祭から復活祭の間は肉

図19-4　四旬節になると魚屋が現れた
ブリューゲル『謝肉祭と四旬節の喧嘩』（1559）

食を控え、レストランが休業したり、メニューを縮小したりするところがある。

19・3 近世——ルネサンスからフランス革命

カトリーヌ◉一五三三年にフィレンツェの大富豪メディチ家から娘のカトリーヌがフランスの皇太子アンリ・ド・ヴァロアに輿入れした。皇太子は後にアンリ二世になる。ヨーロッパの大部分の国々がまだ中世の因習に浸っていた頃、イタリアは早くから東方のイスラム文明に触れ、一五世紀からルネサンスによる新しい文明が開け、食文化も進んでいた。カトリーヌは新しい文物とともに、多数の料理人や菓子職人をつれてフランスの宮廷に入り、イタリアの進んだ料理法や食事のマナーを伝えた。その中には個人用のフォーク、砂糖菓子、シャーベット、リキュールなどがあった。当時フランスの宮廷や貴族の館では相変わらず大皿に盛り上げた大量の肉を手づかみで食べる饗宴が日夜開かれており、このイタリアの新しい食文化はショックであったが、フランスの料理人は熱心にイタリア料理を学び、やがてそれを消化、吸収し、超越した。フランスの王や貴族たちも強力にそれを推進した。現在フランス料理は世界で最も優れた料理といわれるが、その発端はこの時のイタリア食文化の導入であった。中世を通じ、各国の王侯貴族の宴会のスタイルは似たようなものであったが、この時以後、国による食文化の違いが現れてきた。フランスは洗練された高級料理を発展させ、イタリアを凌いだが、イギリスやドイツはその後も長く中世的風習から抜け出せなかった。

フランス料理◉フランスの新しい料理では、過剰な香辛料の使用を廃して食材の風味を生かすようにし、調味料を合理的に用いるとともに、ソースを重視した。近代的なフランス料理の萌芽はルイ一四世時代に現れたが、基本的なソースの確立はオルレアン公フィリップ二世(一六七四―一七二三)の摂政時代(一八世紀初期)とされる。基本的なソースに変化を加えて多種類の応用ソースが作られた(14・1❹参照)。中世では食材が違っても、どの皿も似たような味であったが、百の皿には百の味が楽しめるようになった。また肉料理にだけ重点を置くのではなく、野菜や果物も取り入れ、デザートには甘い砂糖菓子やアイスクリーム、シャーベットなどの冷菓が供された。

かくて中世の大食から美食の時代が始まった。イタリアから導入された食事の作法の最大のものは清潔の重視で、人々は手づかみを止め、フォークを用いて料理を口に運ぶようになった。また宴席での優雅な行儀作法が定められた。しかしテーブルにたくさんの大皿が載り、人々がそこから自由に料理を取り分けるスタイルは長く続いた。このフランス式給仕法が変わるのは一九世紀後半で、ロシア宮廷の方式が導入され、料理は初めから一人分ずつ皿に分け、順序に従って各人に給仕される、現在のフルコース方式となった。ロシア式サービス法である。近世を通じてフランス宮廷の料理文化の発展は目覚ましく、その饗宴はヨーロッパの国々の王侯貴族の憧れの的となった。かくて一八世紀にはパリが国際的に美食の中心となったが、それを享受したのは王侯貴族と富裕なブルジョワ階級だけであった。

新大陸◉一六世紀から一八世紀にかけ、ヨーロッパでは人口が増えたが、農業生産の増加が追いつかず、食糧事情は不安定であった。飢饉が再々起こり、王室の華やかな食生活と対照的に農民の食事は貧しく、本質的に中世とほとんど変わらなかった。近世ヨーロッパではパンが日常の食事に大きな比重を占めるようになったが、白い小麦のパンは依然として裕福な人々だけが食べ、農民はライ麦に雑穀を混ぜた黒く固いパンを食べた。飢饉の時にはヒエ、ソバ、米なども用いられ、肉の消費は大きく減少した。

一五世紀末にアメリカ大陸が発見され、ジャガイモ、トウモロコシ、カボチャ、トマト、ピーナッツ、トウガラシなどの新規な食材が新大陸から導入されたが、ヨーロッパの日常食にこれらが定着するまでには二〇〇年以上もかかっている。しかしトウモロコシとジャガイモはヨーロッパの不順で寒冷な天候によく適応し、収穫率もコムギやライムギなどと比べてはるかに高かったので、主要なカロリー源として庶民の食生活に取り入れられ、食料不足の解決に大きく貢献した。

トウモロコシは比較的早く、一六世紀中にヨーロッパの南部から栽培が始まり、農民は粥にして食べたが、支配階級の食膳に上がることはなかった。ジャガイモは初め忌み嫌われたが、一八世紀末にはヨーロッパの北部、中部を中心にして農民に普及した［図7-3］。ジャガイモは初期は貧民のたべものであったが、やがて都市の庶民層を経て上流階級にも受け入れられ、高級な食材として認められるようになった。

近世には中東からコーヒー、極東から茶、新大陸からチョコレートが到来し、以後の欧米の人々の食生活に大きな華やぎを与えた。

19・4　近代――フランス革命以後

レストラン◉フランス革命（一七八九年）は二〇〇年続いたブルボン王朝を倒し、その後短い帝政や王政復古の時期があったが、最終的には民主的な共和制への道を開いて、世界史の転換点になった。王制時代宮廷や貴族に雇われていた料理人は王室や貴族の没落によって職を失ったが、多くはヨーロッパで支配的なフランス料理の専門家として、他の国の王侯貴族や大富豪の厨房《ちゅうぼう》に迎えられた。しかしまた多くの料理人は街に出てレストランを開いた（16・3❷参照）。

革命前パリには五〇軒ほどのレストランがあっただけだが、革命後の一八一五年には三〇〇〇軒に増えたといわれる。料理人は宮廷や貴族の館で宴会料理を作っていたが、レストランの主な客は社会的に興隆しつつあった実業家（ブルジョワ）であり、彼らの生活スタイルに合うような料理を工夫した。革命後はパリが政治、経済と産業の中心となり、多くの人々がパリに流入し市民となった。また地方から国会議員や地方の役人がパリに来ることも多く、彼らにとってレストランは重宝な食事場所であった。

かくてパリには高官や富豪のための高級なレストランから、中流や下流の人々のためのレストランが多数開店した［図19－5］。高級レストランでは明るく品のよい雰囲気が保たれ、宮廷料理を基礎とした新しい高級料理が提供された。レストランはかくてただ食事の場所としてでなく、社交の場としても用いられた。上流階級の女性はそれまで公衆の面前で食事をすることはなかったが、男女がそろってレストランで食事をする風習ができ、観劇の後などに利用されたほか、レストランは女性が新しいドレスを着て他人に見せびらかす場にもなった。ヨーロッパ各都市でもレストランが次々と開店した。ロンドンでは歴史的なタヴァンが規模を大きくした。

カレーム◉フランス料理は近世に引き続き洗練の度を高めていったが、複雑な料理法を整理し、ソースに重点を置いた、豪華な近代的フランス料理を確立し、料理を芸術の域にまで引き揚げたのはアントナン・カレームであった。彼はさらに料理の視覚的効果を重視し、ソークルと呼ばれる装飾を施した台座の上に、串を使って料理を建築物のように立体的に盛り上げ〔図13-1〕、色彩も工夫して人々を驚かせた。カレームはフランスの外務大臣タレーランの料理人で、ナポレオンの敗北後ヨーロッパ列強の代表が、敗戦国フランスの処分を

図19-5　プロヴァンス兄弟のレストラン
この店は19世紀初期のパリのレストランで最も繁盛した。
初めて料理の内容と値段をメニューに明示した。
『パリのレストラン』（1830）内の版画。

決めるためにウィーン会議に集まった時に、タレーランはカレームの料理を用いて盛大な料理外交を展開し、フランスを救ったといわれる。

近代フランスでは料理の評論家も料理の発展に貢献した。代表はブリア＝サヴァランで一八世紀後半から一九世紀にかけて活躍した。彼の有名な言葉は「君が食べたものをいって見たまえ。それで君がどういう人物か当てて見よう」。しかし一九世紀後半にはカレーム流の料理は衰退していったが、それはそのような料理が社会の変化に合わなくなったからである。

エスコフィエ◉一九世紀は産業革命を成し遂げたヨーロッパの列強が工業社会に発展し、製造業、商業、金融業などの大小の企業が都市を中心に多数出現した。鉄道の開通は遠方よりの食材の流通を活発にした。このような社会で、没落した貴族に代わって成功した実業家たちがレストランのよき後援者であったが、彼らは宮廷料理のような重厚で、長時間を要する料理でなく、実質的で質の高い料理を要求した。また産業の発達とともに市民の中に中間層が数を増し、彼らは知的水準が高く、レストランのよき利用者でもあった。

このような社会的背景の中で、一九世紀末から二〇世紀にかけて、フランス料理の改革を成し遂げた人物がオーギュスト・エスコフィエ（一八四六―一九三五）である。彼は大ホテルの厨房で働きながら、新しい社会の動向に合うような料理の体系を作り上げた。彼は調理法を簡素化し、素材の風味と栄養価を重視して装飾性を排除した、胃に軽く、消化しやすい料理を提供した。彼はデザートも工夫して女性の人気を集めた。彼はまた厨房における調理作業の複雑なシステムを改善し、作業の効率的分担を定めた。この結果レストランでは客の注文を受けるとすぐに料理が提供できるようになった。それまでは夕食のディナーの注文は前日か当日の朝にされる習慣であった。

ホテル◉一九世紀末には鉄道を中心とする交通が発達し、人々はビジネスのため、また休養や観光のために旅行をした。国際的な大ホテルがこのような情勢を背景にして主要な都市や観光地に作られ、ホテルでの料理は街のレストランを凌ぐほど高級であった。

そして二〇世紀も進むと交通の主要な手段は自動車に移った。フランスのタイヤメーカーのミシュランがヨーロッパ各地のレストランの料理を秘密裡に調査し、その結果を毎年公表するようになった。料理の評価は星の数で表され、三つ星はわざわざ食べに行くに価する卓越した店であり、二つ星は遠回りをしてでも立ち寄るに価する店であり、一つ星はその土地の極めて優秀な店である。ミシュランに取り上げられることはレストランにとって非常な名誉であった。

二〇世紀初期にはそれまでのたくさんの皿を並べる食事のコースが整理されてロシア式個人別サービス形式が普及し、食前酒、前菜、スープ、魚介料理、肉料理、チーズ、デザート、コーヒーという、今日のフルコースの形が確立した。ワインの選別が進み、銘柄ワインがそれぞれの料理に合わせて供され、ソムリエの称号を持つ、ワインを熟知した給仕人が現れた。かくてフランス料理は欧米の代表的料理となり、欧米の王室、富豪や大ホテルはフランスから料理人、スイスから菓子職人、オーストリアからパン職人を招くようになった。

ジャガイモ◉中世末期に新大陸から到来した新しい食材は近代になってヨーロッパの食生活に定着した。その中で特にジャガイモは農村の穀物不足を解消しただけでなく、高級料理にも取り入れられ、短冊形の揚げジャガイモ（フレンチポテト）はフランス、イタリア、イギリス、アメリカなどで日常的に必須のたべものであり、ドイツやアイルランドなどではジャガイモは主食の位置にある。トマトはサラダの材料になるだけでなくソースの主たる素材になり、イタリア料理はトマトなくしては成り立たないといわれるほどになった。

一九世紀から二〇世紀にかけて、ヨーロッパの国々は植民地から産物を集めるだけでなく、ヨーロッパで必要とする食料を全世界の植民地で生産させ、ヨーロッパに輸送した。これには食品の効率的な保蔵と輸送の技術的進歩が大きく貢献している。この結果穀物や食肉などが海外から安く、大量にヨーロッパに供給されるようになり、一九世紀末には人口の急増にかかわらずヨーロッパは飢饉から解放された。

農民◉ヨーロッパの多くの農村では近代になっても中世的な食生活が生きており、大鍋に肉や野菜をごった煮したものに、パンと穀物の粥を食べ、それに新たにジャガイモが主要な食料となった。社会の上層階級で料理文化に大きな変革が進んでいた時期に、農村では食生活の変化は非常にゆっくりと進んだ。一八世紀後半は農民の食料不足が史上最大になったといわれる。しかし一九世紀半ばにヨーロッパの富が増大するにつれて、庶民の食生活も向上し、質のよいパンや肉を食べる回数が増えた。イギリスではかつては裕福な人々の贅沢であった紅茶と白いパンが庶民にも広く普及した。

食生活の革命は地域差はあったが、社会の工業化とともに進み、穀物依存から動物性食品の摂取割合が増加した。フランス人の平均カロリー摂取量は一八世紀末には一日約一七〇〇キロカロリーであったが、一九世紀末には二八〇〇〜三〇〇〇キロカロリーに達した。食料の広域画一化が進み、食生活システムが都市的性格を強くした。都市の下層市民に近世以来多かった安い蒸留酒の消費（11・3参照）は、社会の発展と庶民の生活水準の向上につれて減少し、二〇世紀に入る頃には近代的家族生活にふさわしいワインとビールが愛好されるようになった。中世以来存在した農村と都市の格差が縮小し、肉や乳製品に重点を置くヨーロッパ型食生活が広く庶民にも定着した。

19・5 アメリカ

先住民◉コロンブスがアメリカに到達した頃、北アメリカには約一〇〇万人の先住民がおり、五百余の部族が互いにゆるい連携を保って住んでいた。彼らは住みやすい土地に、豊かな食資源の中で生活し、トウモロコシ、インゲンマメ、スクワッシュ（カボチャの類）と、スイギュウ（水牛）、シチメンチョウ（七面鳥）など、それにいろいろなベリーなど多種類の果物を食べていた。簡単な農耕はあったが、牧畜はなく、乳の利用もなく、酒を知らなかった。

入植◉ヨーロッパから北アメリカへの入植は一六世紀から始まったが、一七世紀に盛んになった。一六二〇年一一月にはイギリスから信仰の自由を求めたピルグリム・ファーザーたち一〇二名が帆船メイフラワー号に乗って、今のマサチューセッツ州の土地に到着した。彼らは塩漬け肉、堅パン、チーズなどを持参したが、大部分は航海中に鼠に喰われ、持参した野菜やコムギの種子の栽培にも失敗した。彼らはイギリス風の食事にこだわり、翌年春までにほぼ半数が死亡したが、残った人々は近隣の先住民ヴァムパノーグ族から食料をもらい、教えられた農耕に励んで危機を脱し、秋には豊かな収穫を得た［図19-6］。

北アメリカの東海岸地方にはイギリスのほかオランダ、スエーデン、フィンランドなど、南方にはスペインそして北方にはフランスの植民地が作られたが、入植者の多くは近くの先住民に助けられ、現地のたべものも食べて生き延びた。やがて各国の植民地の間でイギリスが最も強勢になった。フランスはカナダに一部を残して北方から追い出

図19-6　初めての収穫を感謝するピルグリム・ファーザーたち
現在の感謝祭（Thanksgiving Day）の起原とされる。

されてルイジアナに移り、ニューオルリンズを中心にフランス風とスペイン風、それに先住民風とアフリカ風が混ざった独特のクレオール食文化を発達させた。クレオール料理の代表はスペインのパエリアに由来するジャンバラヤである。

ポークビーンズ◉入植初期の時代には入植者は先住民から教えられた現地の食材と料理法に助けられたが、やがてイギリス風の料理との合作が生まれた。コーンプディングは本国のヨークシャープディングのアメリカ版であり、ほかにカボチャのパイ、クリームチャウダーなどが作られた。先住民の豆料理から塩漬けの豚肉とインゲンマメを煮込んだポークビーンズが創作され、ヤンキー（東部の入植者）に好まれたが、のちアメリカ全土に広まった。

植民地時代以来人々は豚肉を実によく食べた。家畜はすべてヨーロッパから導入されたが、一七世紀中頃にはブタが圧倒的に多くなり、人々は毎日三食とも塩漬けの豚肉、特にベーコンをよく食べた。一九世紀末になって牛肉が好まれるようになり、塩漬け豚肉はコーンドビーフ（塩漬け牛肉）に替わり、キャベツやジャガイモとの煮込みがニューイングランドの代表的料理になった。

カウボーイ◉ウシは元々北米にはおらず、スペイン人がヨーロッパから持ち込んだウシの子孫がテキサスで膨大な数に増え、野放しになっていた。南北戦争の後東部で牛肉の需要が高まり、テキサスのウシを鉄道の駅のある北部の町へ輸送する、ロングドライブと呼ばれた仕事をカウボーイが請け負った。カウボーイは十数人で一団を組み、数千頭のウシを五か月ほどかけて生きたまま運んだ。

一団にはチャックワゴンと呼ばれた車輌が一台

加わり、クッキーと呼ばれたコックであり、医者であり、床屋であり、牧師でもある人物が全員の毎日の食事を調えた。チャックワゴンには炊事用具、調理台、食品加工用具、保存食品が積み込まれた。カウボーイたちは毎日肉、豆、堅パンと干しリンゴだけの食事を食べたが、夕食はポークビーンズであった。彼らは濃いコーヒーを好み、ブラックで飲んだ。

一九世紀後半の二〇年ほどの間に延べ四万人のカウボーイが五五〇万頭のウシを運んだといわれる。ウシはシカゴに送られ、処理されて牛肉が東部の都会に出荷された。この頃からアメリカ人の牛肉の消費量が豚肉の消費量を越え、以来現在に至り、アメリカはビーフの国である。

西部開拓◉一九世紀はまた西部開拓時代で、金鉱の発見もあり、東部の人々が幌馬車を仕立てて新天地を求めて西へ西へと進んだ。長い行旅の間の食事の主体はやはりポークビーンズで、ベーコンが携帯に便利であった。荒野を放浪するガンマンも同様な食事であったが、野菜特にホウレンソウの缶詰を重用した。

開拓民が先住民から教えられたたべものにペミカンとジャーキーがあった。前者は野牛の肉を日干しにし、粉にして牛脂と混ぜたもので栄養価は高かった。後者は先住民の伝統食の干し肉である。西部開拓やカウボーイの生活からアウトドア料理がアメリカの食文化の一つの特徴となり、バーベキューが生まれた。

WASP◉独立後のアメリカ合衆国の指導層はWASP（White Anglo-Saxon Protestant〔白人、アングロ＝サクソン族、新教徒〕）で、彼らは独立後も長くイギリス風の食事を続け、新しい移民にも強力に推奨した。彼らの食事に対する考え方は非常に質素で単調であり、食べることに喜びや楽しみを求めるものではなかった。その後世界の各地から大量の移民がアメリカに流入して多彩な食文化が混交し、また食品工業による多種類の規格化された食品が全国に溢れるようになってイギリス風の食文化は埋没したが、アメリカの食文化の根底には依然として美食を求めない思考が隠れていると思われる。アメリカのたべものは不味いと評される所以《ゆえん》でもある。

マカロニグラタン◉アメリカへの移民は最初イギリス、フランス、ドイツ、北欧といったヨーロッパの西部と北部が主であったが、一九世紀後半からアイルランド、イタリア、東欧から大量の移民が渡来した。移民の生国のたべものと食習慣は変貌を遂げながらそれぞれにアメリカ各地に存続したが、また互いに入り混じり、新しい食文化が形成された。かくてヨーロッパにはなかったマカロニグラタン、スパゲッティミートボール、ハンバーガーなどが生み出された。多くの人がアメリカらしいたべものとして挙げるポップコーン、ポテトチップス、チューイングガム、コーラ、アイスクリームコーン、スライスチーズ、コンデンスミルク、チョコチップクッキー、ホットドッグなども一九世紀後半から二〇世紀初めに生まれたものである。ベーグルは東欧系ユダヤ人のパン屋が売り出し、ニューヨークから全国に広まった。

シリアル◉一八六三年ニューヨーク州の医師が治療食として、全粒小麦粉を一口サイズに堅く焼き、牛乳に浸して食べる食品を考案した。一九世紀後半は健康食品への関心が高く、この食品は日常の食品として広く受け入れられ、やがてオート麦、オオムギ、トウモロコシなどの粉を使った多種類のシリアルが工場生産され市販された。シリアルの出現は主婦の朝食の準備を大幅に軽減したほか、工業生産の食品は衛生的で、栄養に対する配慮もあり、安心できるたべものであった。現在アメリカの家庭のほぼ半数で朝食にシリアルを食べているといわれる。

一九世紀末頃からアメリカでは食品工業が大発展し、食材から調理済み食品まで多種類の食品が工場生産された。この大量生産、大量販売される加工食品がアメリカの食文化の大きな部分を占める。これら加工食品は規格化され、大都市から遠く僻地《へきち》でも同じ製品が入手できる。

テレビディナー◉第二次世界大戦中軍の需要から冷凍食品が発達したが、戦後冷凍の食材や調理済み食品が多数市販されるようになった。一九五四年ある食鳥専門の会社が、詰め物をした七面鳥のロースト（グレービーソース添え）、マッシュポテト、グリーンピースをセットにした冷凍料理を市販した。これは当時のテレビの形をした容器に入れられ、オーブンで温めるだけで一回の食事として食べることができ、テレビを見ながらの食事に好都合であった。これはテレビディナーと呼ばれ、このような工場で生産された冷凍料理がその後多数そして多量に市販されるようになった。これらは必ずしも美味しくないが簡便な食事を提供し、女性を台所仕事から解放し、彼女たちの社会活動への参画に大きく貢献した。

ファストフード◉一九四〇年頃ケンタッキー・フライドチキンとハンバーガーのマクドナルドが開業し、ファストフード店の嚆矢《こうし》となった。ファストフードはオーダーすると速やか（fast）に提供され、安価で手軽に食べられる、そこそこ美味いたべものである。このようなたべものはわが国では江戸時代から、そば、うどん、すし、天ぷらなどが屋台や小店で提供され、庶民に愛好されてきた。しかしアメリカで大発展したファストフードはその後フランチャイズ制の採用によってチェーン店がアメリカ全土に広がり、各地域の郷土料理や各移民のエスニック料理と関係なく、全国で同一の味を同一の料金で提供する点に特徴がある。

現在まで多数のファストフードのチェーン店が営業し、人気の高いファストフード店はハンバーガー、ホットドッグ、ピザの店である。アメリカのファストフードチェーンは本土を離れて世界各国にも展開している。ファストフードは安くて簡便なことが身上であるが、カロリーが高く、脂肪含量が多いことから「死へのfastフード」と非難されることがある。

エスニック◉二〇世紀の中頃以降、アメリカ全土を単一市場とするいろいろな食品工業製品が全国をカバーしたが、一方で大戦によって一三六五万人余のアメリカ人が世界各地の食文化に触れ、また膨大な移民が新たに到来した。戦後はラテンアメリカ、カリブ海沿岸、アジアからの移民が多くなった。移民たちは生国のエスニック料理店を開き、同じ民族の移民たちのほか他の民族の移民たち、それに古来のアメリカ人たちにも愛好されるようになった。

一九七〇年の全アメリカ人の外食支出は、七〇〇億ドルであった。高級レストランでの支出が一〇%、中級レストランでが一四%、大手のファストフードチェーン店でが三三%であったが、家族経営のような小規模のエスニックレストランでの支出が四三％であった。エスニックレストランは中国、イタリア、メキシコ系が全体の七〇％を占めるが、世界各地のごくローカルな郷土料理を提供する小さな食堂や屋台が都市の街角に多数あり、愛好する人も多い。大規模なエスニック料理店ではいろいろなエスニック料理を混合したフュージョン（fusion）と呼ばれる料理も提供している。

嗜好◉このような風潮の中でアメリカ人の嗜好も変化しており、かつてアメリカンと呼ばれた浅炒りの薄いコーヒーに代わって濃いエスプレッソが好まれ、バーボンウイスキーよりもワインが好まれる。ケチャップはアメリカを代表するソースであったが、メキシコのチリから作る辛いソースのサルサが一九九〇年代には売り上げでケチャップを凌駕《りょうが》した。

19・6　現代——第二次世界大戦以後

飽食◉第二次世界大戦によってヨーロッパの国々は荒廃したが、アメリカの援助もあってほぼ一〇年余で復興し、西欧諸国は強大な産業国家となった。それとともに多くの人が農村から都市に移り、社会機構、勤務形態の変化から食事のスタイルも変わった。ヨーロッパ諸国の多くの庶民はそれまで朝食、夕食を軽く、昼食をしっかり食べる風習であったが、朝食を出勤前にしっかり食べ、昼食は軽くし、夕食では楽しい食事を家族とともにゆっくり取るか、外食を楽しむようになった。効率的な農業生産と流通の進歩から市場に溢れるばかりの多種類の食料が並ぶようになった。飽食の時代である。中世以来人々が夢見た、好きなものをいつでも好きなだけ食べられる時代が現実に来たのである。

二〇世紀末にかけてのヨーロッパの統合の進展から、ヨーロッパ域内の食料の交流も盛んになった。イギリスやドイツでは野菜、果物はキャベツ、タマネギ、ニンジン、リンゴなどと種類が少なかったが、南欧のトマト、レタスなど葉菜やオレンジ、レモン、バナナなどが日常的に入手できるようになった。人々の生活水準も上がり、豊かな食生活になった。一九六〇年から一九七二年の間に、肉の年間消費量がフランスでは一人当たり、七六・二キログラムから九六・一キログラムに増え、スペインでは二三・一キログラムから四三・五キログラムに増えている。若者の身長も伸びた。

グローバル化◉ヨーロッパの各国が復興するにつれて、アメリカで発展した食品産業がヨーロッパにも広がった。人々の食生活に缶詰、瓶詰めや、プラスチックや紙パックの食材や、調理済み食品が進出した。ヨーロッパ各国は長い食文化の伝統を誇っており、画一化された食品に抵抗感があったが、急速に発展する商工業に伴う生活様態の変化、特に女性の社会進出がレディメイド食品の普及を容認した。特に冷凍食品の伸張が目覚しく、ドイツでは一九六〇年に二・二万トンの消費であったが、一九七〇年には二二万トンに増加した。主婦が台所にこもり、手間暇かけて煮込み料理などを作る時代ではなくなったのである。

大規模な食品産業とともにアメリカ由来のファストフードとアメリカ風のたべもの、食習慣が渡来した。優れた文明の歴史を持つヨーロッパ諸国はアメリカの文化を心底では低俗と軽んじていたが、工業社会、消費社会の進展の前にアメリカの食文化はヨーロッパ各国に浸透していった。特に若者にはアメリカは新鮮であった。アメリカのファストフード店にならって各国の地元資本のファストフード店も多数展開した。スペインではパエリアのチェーン店ができ、全国どこでも同じ容器に同じ味のパエリアが同じ料金で提供され、便利だが、識者は画一性に対して苦々しく思っている。

ヨーロッパ各国の旧植民地や近隣のトルコ、中近東、アフリカ、それにアジアから多数の移民が渡来し、ヨーロッパの労働力の不足を補充した。彼らは固有の食文化を持ち込み、各地にエスニック料理の店を開いた。中国料理が特に安くて美味いと好評であり、店の数も最も多い。二〇世紀末には日本の寿司店も各都市に開店したが、かなりの割合の店は中国人の経営である。いろいろなエスニック料理が混交して供されるようにもなった。マドリッドのあるレストランのコースメニューに次のようなものがあった：味噌汁、寿司、サラダ、タイ風ムール貝炒め、アサリとエビのパスタ、酢豚、コーヒー。

ECからEUへヨーロッパの統合が進むにつれて、伝統あるヨーロッパ各国の食文化も相互に交流するようになった。イタリアのパスタはフランスでは貧しい農民のたべものとしてこれまで正規の食事に用いることはなかったが、二〇世紀末には地中海料理としてレストランで採用されるようになり、家庭でもよく食べるようになった。

ヌーヴェル・キュイジーヌ◉戦後社会の大きな変動につれて人々のレストラン利用の機会が増えた。レストランのオーナーは社会の新しい傾向に合わせてより簡素だが、より洗練された食事を提供するようになった。フランスでは一九七〇年代にヌーヴェル・キュイジーヌ（新料理）運動が興り、新鮮な食材を用い、重厚な調理を廃して加熱や調味を軽くし、食材の持つ風味を最大限に引き出す努力がなされた。外国の料理法も取り入れ、中国料理からは蒸す技術、日本料理からは隠し味としての醤油とみりんの利用のほか芸術的な盛り付けが採用された。かくてフランス料理は外観も味付けもすっかり変わったといわれた。ヌーヴェル・キュイジーヌのリーダーたちはすべて自分のレストランを持つオーナーシェフで、彼らは芸術家と目されるようになった。ヌーヴェル・キュイジーヌはフランスだけでなく世界の料理界にも大きな影響を与えたが、最近では退潮傾向にあり、フランス料理は新しい指針を模索中といわれる。

スローフード◉現代の西欧の食生活にはおびただしい種類の工場生産のレディメイド食品やファストフードが無視できない状況である。これらは便利であり、忙しい現代社会を生きるのに助けになっている。しかし人々は簡便なレディメイド食品の味に慣れ、古来の手間のかかる料理から遠ざかるようになった。アメリカ発の食のグローバル化は今や世界の文明国を覆い、各地の伝統的食文化を脅《おびや》かし、心ある人々を嘆かしていたが、反対運動がイタリアから興った。スローフード運動である。

ヨーロッパは中世以来小国や貴族の領邦が無数に散在し、それぞれの地に地方料理が発達した。イタリアは特に多様で豊かな地方料理の伝統を持っており、その衰微に対する危機感が特に強かったと思われる。スローフード運動は一九八六年北イタリアの小さな町、ピエモンテ州のブラで起こった。この運動はヨーロッパから全世界に広がり、日本にもスローフード協会の支部がある。スローフードという呼称はファストフードに対抗するものであるが、目的とするところは大量生産される、画一的で人工的なたべものを排し、失われつつある多様な、古くからの質のよいたべものを大事にし、その素材を提供する小生産者を守ることである。伝統的な味を守るため子供に対する食育も重視される。世界には人工的な食品を一応容認しながらも、抵抗感を抱く人も多く、自然な食材を求めて近郊農村からの市場に出かける都市民は多い。

健康志向◉先進国の人々が飽食の世を謳歌し、好きなものをたらふく食べるようになると、やがて人々は肥満し、中高年の人々で心臓病や糖尿病で早死にする人が増えた。人間の体には粗食や欠食に対しては代謝を減速するなど対応するメカニズムがあるが、大食に対しては対応するメカニズムがなく、褐色脂肪組織が発達した、ごく少数の人（痩せの大食い）を除いて、摂取した過剰の栄養は脂肪として体内に蓄積し、生活習慣病の原因となる。これは社会問題であり、一九七七年のアメリカ上院での「米国の食事目標」（マクガバン報告）の発表に始まり、各国政府が国民に日常の食事に指針を与えるようになった。

ヨーロッパでは近世の初め頃から美食や大食と美容、健康とは両立しないと気付かれていたが、王侯貴族の多くの美食家は美食を選び、パンタグリュエルのような大喰らいを理想とした。丸々と太った体形は富の象徴としてむしろ憧れの的であった。これは一握りの貴族たちの話であるが、今庶民全体の問題となると、欧米各国では人々は政府や識者の指導に従って食事の質と量や、味付けに留意し、特に糖分と脂肪を減らすように努めるようになり、健康志向が色濃く日常の食事を覆うようになった。

20 これから

20・1 食文化を楽しむ

❶多様性

豊食◉第二次世界大戦後しばらくして先進工業国は未曾有の繁栄を謳歌し、巷にはたべものが溢れ、豊食の時代となった。これまでのように王侯貴族だけでなく、広く庶民全体に豊かな食生活が可能になり、人類の歴史始まって以来初めて庶民が、いつでも好きなものを好きなだけ食べられるようになった。正に古代から人々が思い憧れた地上の楽園が現実になったのである。

さらに世は情報の時代になり、食に関する情報はあらゆるメディアに溢れ、人々は日夜国内は勿論世界各地のたべものや食習慣、昔の食事風景、新しい食材や新奇な加工食品などの、たっぷりの情報に触れることになった。それらの情報は知識としてだけでなく、容易に、あるいは手を尽くせば多くは現実に体験することができた。好奇心豊かな食いしん坊は国内国外を食べ歩き、各地の食材を取り寄せて自ら料理し、また昔の料理を再現した。かくて人々は多様な食文化を楽しむことができ、いくつ胃袋があっても足りない状態となった。食文化を楽しむにはまず食文化の多様性が前提であり、それぞれについての情報とアクセスが必要であるが、現代は豊かな食文化の時代で、それを楽しむことはこの時代に生きる我々の特権である。

❷影響する大きな因子

栄養学◉豊食あるいは飽食の世の中で、人々が美味いものを好きなだけ食べるようになった時、やがて人々は丸々と肥満し、血圧、血糖値が高くなり、コレステロールが血管に沈着し、中高年で死亡する人が増えた。これらの病気は成人病、のちに生活習慣病と呼ばれ、日常の食事が健康に大きく影響することを人々は知り、美味いものを好きなだけ食べては命を縮めるということを痛切に学んだ。

先進各国の政府は健康のために毎日の食事の質と量に留意するよう国民に警告を発した。また人々はたべものには、美味しくて空腹を満たす以外に、健康維持に大きな役割があることを理解した。かくてカロリー、たんぱく質、脂質、ビタミン、ホルモン、食物繊維など栄養学の知識が日常生活に定着し、いろいろな健康効果を謳ったサプリメントが販売され、料理のメニューにカロリー値を付記したレストランが現れるようになった。人々はダイエットを心がけ、美味いものを食べたいと望む時、そのたべものが体によいかどうかを考えねばならなくなった。栄養学は世界に共通の学理であるから、教えるところは世界中で同一である。かくていかに多様な食文化の中にいても、栄養学の警告の下ではその選択幅は大きく影響されざるをえない。

大量生産◉二〇世紀後半には農水畜産業に大きな技術的進歩があり、大規模になるとともに、食料は効率的に生産されるようになった。穀類、野菜、果物、食肉などがすべて商業生産の立場から有利なように生産され、生産の手法は作りやすく、運びやすく、売りやすいように、生産者側の都合で決められる。現在多くの食材で市場に出回っているものは、今は生産者に都合のよい少数の品種に限られるようになった。

　加工食品は工場での大量生産が主になり、消費者の好みを意識しながらも生産者主体で製品が作られる。昔は小さな農家が形は悪くても美味い野菜や果物を作り、町の小さな店で美味い手作りの豆腐やかまぼこが手に入れられたが、今スーパーマーケットに溢れる食材、加工食品、調理食品はほとんどが大量生産品である。一般の庶民はこれらの中から選んで日常の食事を作る。工場製品は悪徳業者が材料を偽ったり、安全を逸脱しない限り、衛生的で安心できるが、規格化され、画一的特性を持つ製品で、食文化の多様性とは相容れない。

20・2　二一世紀

スローに◉文化という言葉には土俗のほのかな臭いと、時代の渋い輝きがある。食文化を楽しむことはこの風韻を味わうことである。一昔前までスローに作られたたべものを人々はスローに食べて日を過ごした。イタリアのスローフード運動では、古くからの技法で食品を作る小さな店や農家を大事にすることを謳っている。今時間や資力に余裕のある人は、各地に名人を訪ね、古来の食文化に触れることは可能であり、また自ら畑を耕し、工房で食品を作ることもできる。しかし一般の庶民はスーパーマーケットに溢れる大量生産食品の中に生きるしかなく、古来の味わいを楽しむことはかなり困難である。

　しかし、これも新しい食文化である。膨大な種類と量の大量生産食品の流れにただ流されることなく、賢い判断で、健康によく、食べる楽しみを与える食材、加工食品、時には調理食品も選んで、自主的に新しい食文化を打ち立てることは可能である。折角人類史始まって以来の豊食の時代に生まれたのだから。

ずぼらに◉大量生産食品は美味しさと栄養を考慮しているほか、消費者にいろいろ便利なように作られている。家事の嫌いな、ずぼらな主婦には随分と結構な世の中である。冷蔵庫と電子レンジがあれば包丁も鍋釜も不要で、食器もほとんどなくても済む。これも食文化の一形態であろうか。しかし、文化にはそれなりの香りがあり、この香りを得るにはそれなりの努力が必要と思う。ずぼらな食事は食文化ではない。

マクロに◉今豊食を謳歌しているのはいわゆる工業先進国の人々で、新興国と呼ばれる国の人々も参入しつつある。しかし地球上には十分な食事の取れない人々がたくさんおり、国連食糧農業機構（FAO）の推定では二〇一〇年の飢餓人口は約九億二五〇〇万人である。しかも世界の人口は増え続けている。二〇一一年春の頃の推定世界人口は約六九億四〇〇〇万人で、一分間に一五二人、一日に二二万人、一年で八〇〇〇万人増えている。その大部分は発展途上国である。今世紀中に世界に大規模な食糧不足の事態の発生が危惧されている。

　これらは食文化の埒外《らちがい》の問題である。しかし食文化の根本を揺るがす問題でもある。

　二一世紀とはこのような時代である。華やかだが難しい時代である。

参考書

　この本を読んで、さらに食文化の知識を求められる方に、適当と思われる本を章別に示した。文庫、新書、叢書などのほか、手に入りやすい本で、比較的新しい書物を中心に選んだ。おびただしい数の食文化の本が出版されているので、これらはごく一部であるが、本書の次に読むものとして適当である。事典類、レシピ集、食べ歩きガイドなどは外し、読物として興味深く、読んで役に立つ書物である。

　食文化の全般的な全集にはつぎのような出版物がある。

◉芳賀登、石川寛子監修『全集　日本の食文化』（全12巻）雄山閣出版（1997－98）
◉石毛直道監修『講座　食の文化』（全7巻）味の素食の文化センター（1998－99）
◉『日本の食生活全集』（全50巻）農文協（1984－93）
◉石毛直道監修『世界の食文化』（全20巻＋別巻1巻）農文協（2003－09）

第Ⅰ部　たべもの・のみもの

1　始まり

◉デズモンド・モリス（日高敏隆訳）『裸のサル』角川文庫（1967）
◉葉山杉夫『ヒトの誕生』PHP新書（1999）
◉埴原和郎『人類の進化史』講談社学術文庫（2004）
◉フェリペ・フェルナンデス＝アルメスト（小田切勝子訳）『食べる人類史』早川書房（2003）
◉中尾佐助『栽培植物と農耕の起源』岩波新書（1966）

◉森枝卓士、南直人編『新・食文化入門』弘文堂（2004）
◉石毛直道『食事の文明論』中公新書（1982）
◉デボラ・ラプトン（無藤隆、佐藤恵理子訳）『食べることの社会学』新曜社（1999）
◉石毛直道『石毛直道食の文化を語る』ドメス出版（2009）
◉マグロンヌ・トゥーサン＝サマ（玉村豊男訳）『世界食物百科』原書房（1998）
◉内林政夫『ことばで探る食の文化誌』八坂書房（1999）
◉マーヴィン・ハリス（板橋作美訳）『食と文化の謎』岩波現代文庫（2001）
◉村上紀史郎編『悪食コレクション』芳賀書店（2001）

2　米

◉岡崎敬著、春成秀爾編『稲作の考古学』第一書房（2002）
◉池橋宏『稲作の起源』講談社選書メチエ（2005）
◉佐藤洋一郎『稲の日本史』角川選書（2002）
◉福田一郎、山本英治『コメ食の民族誌』中公新書（1993）
◉原田信男『コメを選んだ日本の歴史』文春新書（2006）
◉篠田統『すしの本』岩波現代文庫（2002）
◉荒木水都弘、浅妻千映子『江戸前「握り」』光文社新書（2004）
◉森枝卓士『すし、寿司、SUSHI』PHP新書（2002）
◉重金敦之『すし屋の常識、非常識』朝日新書（2009）

3　その他の穀類（麦類を除く）

◉俣野敏子『そば学大全』平凡社新書（2002）
◉新島繁、薩摩夘一共編『蕎麦の世界』柴田書店（1985）

◉山口裕文、河瀬真琴編著『雑穀の自然史』北海道大学図書刊行会（2003）
◉増田昭子『雑穀を旅する』吉川弘文館（歴史文化ライブラリー）（2007）
◉戸澤英男『トウモロコシ』農文協（2005）

4 小麦粉

◉佐藤洋一郎、加藤鎌司編著『麦の自然史』北海道大学出版会（2010）
◉岡田哲『コムギ粉の食文化史』朝倉書店（1993）
◉舟田詠子『パンの文化史』朝日選書（1998）
◉スティーヴン・L・カプラン（吉田春美訳）『パンの歴史』河出書房新社（2004）
◉フランソワーズ・デポルト（見崎恵子訳）『中世のパン』白水Uブックス（2004）
◉奥村彪生『日本めん食文化の1300年』農文協（2009）
◉岡田哲『ラーメンの誕生』ちくま新書（2002）
◉河田剛『ラーメンの経済学』角川ONEテーマ21（2001）
◉大矢復『パスタの迷宮』洋泉社新書y（2002）
◉鈴木奈月『イタリア・パスタおいしい物語』東京書籍（2002）
◉武田尚子『もんじゃの社会史』青弓社（2009）
◉熊谷真菜『たこやき』講談社文庫（1998）

5 魚介類

◉長崎福三『魚食の民』講談社学術文庫（2001）
◉川那部浩哉『魚々食紀』平凡社新書（2000）
◉上野輝彌、坂本一男『日本の魚』中公新書（2004）
◉三宅真『世界の魚食文化考』中公新書（1991）
◉松浦勉ほか『魚食文化の系譜』雄山閣（2009）
◉川那部浩哉『川と湖の魚たち』中公新書（1969）
◉小山長雄『アユの生態』中公新書（1978）
◉平本紀久雄『イワシの自然誌』中公新書（1996）
◉井田徹治『サバがトロより高くなる日』講談社現代

新書（2005）
◉神谷敏郎『鯨の自然誌』中公新書（1992）
◉畠山重篤『牡蠣礼讃』文春新書（2006）
◉成瀬宇平『魚料理のサイエンス』新潮選書（1995）

6 肉、卵、乳

◉伊藤宏『食べものとしての動物たち』講談社ブルーバックス（2001）
◉久保井規夫『図説食肉・狩漁の文化史』つげ書房新社（2007）
◉クロディーヌ・ファーブル＝ヴァサス（宇京頼三訳）『豚の文化誌』柏書房（2000）
◉向笠千恵子『すき焼き通』平凡社新書（2008）
◉佐々木道雄『焼肉の文化史』明石書店（2004）
◉中村靖彦『牛丼　焼き鳥　アガリクス』文春新書（2007）
◉廣野卓『古代日本のミルクロード』中公新書（1995）
◉新沼杏二『チーズの話』新潮選書（1983）
◉磯川まどか『フロマージュ』柴田書店（2000）
◉野原由香利『牛乳の未来』講談社（2004）

7 野菜

◉大久保増太郎『日本の野菜』中公新書（1995）
◉青葉高『日本の野菜』八坂書房（2000）
◉玉村豊男『世界の野菜を旅する』講談社現代新書（2010）
◉池部誠『遥かなる野菜の起源を訪ねて』ナショナル出版（2009）
◉大場秀章『サラダ野菜の植物史』新潮選書（2004）
◉瀬戸山玄『野菜の時代』NHK出版（2006）
◉稲垣栄洋『キャベツにだって花が咲く』光文社新書（2008）
◉藤田智『キュウリのトゲはなぜ消えたか』学研新書（2007）
◉吉田よし子『マメな豆の話』平凡社新書（2000）

◉伊藤章治『ジャガイモの世界史』中公新書（2008）
◉内田洋子『トマトとイタリア人』文春新書（2003）
◉小川敏男『漬けもの博物誌』八坂書房（2010）

8 果物

◉ジャン＝リュック・エニグ（小林茂ほか訳）『果物と野菜の文化誌』大修館書店（1999）
◉梅谷献二、梶浦一郎『果物はどうして創られたか』筑摩書房（1994）
◉小林章『果物と日本人』NHKブックス（1986）
◉有岡利幸『梅干』法政大学出版部（ものと人間の文化史）（2001）
◉今井敬潤『柿の民俗誌』近畿民俗叢書（1990）
◉松山利夫、山本紀夫編『木の実の文化誌』朝日選書（1992）

9 菓子

◉中山圭子『和菓子ものがたり』朝日文庫（2001）
◉辻ミチ子『京の和菓子』中公新書（2005）
◉川端道喜『和菓子の京都』岩波新書（1990）
◉中村孝也『和菓子の系譜』国書刊行会（1990）
◉吉田菊次郎『洋菓子はじめて物語』平凡社新書（2001）
◉吉田菊次郎『お菓子の世界・世界のお菓子』時事通信社（2008）
◉マグロンヌ・トゥーサン＝サマ（吉田春美訳）『お菓子の歴史』河出書房新社（2005）
◉ニナ・バルビエ、エマニュエル・ペレ（北代美和子訳）『名前が語るお菓子の歴史』白水社（1999）
◉堀井和子『粉のお菓子、果物のお菓子』講談社＋α文庫（2008）
◉武田尚子『チョコレートの世界史』中公新書（2010）
◉ソフィー・D・コウ、アイケル・D・コウ（樋口幸子訳）『チョコレートの歴史』河出書房新社（1999）
◉八杉佳穂『チョコレートの文化誌』世界思想社（2004）

◉松平誠『駄菓子屋横町の昭和史』小学館（2005）
◉牛嶋英俊『飴と飴売りの文化史』弦書房（2009）

10　茶とコーヒー

◉角山栄『茶の世界史』中公新書（1980）
◉ビアトリス・ホーネガー（平田紀之訳）『茶の世界史』白水社（2010）
◉村井康彦『茶の文化史』岩波新書（1979）
◉角山榮『茶ともてなしの文化』NTT出版（2005）
◉谷端昭夫『よくわかる茶道の歴史』淡交社（2007）
◉山田新市『江戸のお茶』八坂書房（2007）
◉中村羊一郎『番茶と日本人』吉川弘文館（歴史文化ライブラリー）（1998）
◉W・H・ユーカース（杉本卓訳）『ロマンス・オブ・ティー　緑茶と紅茶の1600年』八坂書房（2007）
◉荒木安正『新訂紅茶の世界』柴田書店（2001）
◉磯淵猛『一杯の紅茶の世界史』文春新書（2005）
◉松下智『アッサム紅茶文化史』雄山閣出版（1999）
◉マーク・ペンダーグラスト（樋口幸子訳）『コーヒーの歴史』河出書房新社（2002）
◉臼井隆一郎『コーヒーが廻り世界史が廻る』中公新書（1992）
◉辻村英之『おいしいコーヒーの経済論』太田出版（2009）
◉林哲夫『喫茶店の時代』編集工房ノア（2002）

11　酒

◉小崎道雄、石毛直道編『醗酵と食の文化』ドメス出版（1986）
◉山本紀夫『酒づくりの民族誌』八坂書房（2008）
◉ジルベール・ガリエ（八木尚子訳）『ワインの文化史』筑摩書房（2004）
◉麻井宇介『比較ワイン文化考』中公新書（1981）
◉城丸悟『物語るワインたち』早川書房（2002）
◉ドン＆ペティ・クラドストラップ（平田紀之訳）『シャンパン歴史物語』白水社（2007）

◉加藤定彦『樽とオークに魅せられて』ＴＢＳブリタニカ（２０００）
◉渡辺純『ビール大全』文春新書（２００１）
◉村上満『ビール世界史紀行』ちくま文庫（２０１０）
◉飯田操『パブとビールのイギリス』平凡社（２００８）
◉永井隆『ビール最終戦争』日経ビジネス人文庫（２００６）
◉土屋守『ウイスキー通』新潮選書（２００７）
◉土屋守『シングルモルトを愉しむ』光文社新書（２００２）
◉坂口謹一郎『日本の酒』岩波文庫（２００７）
◉小泉武夫『日本酒ルネッサンス』中公新書（１９９２）
◉篠田次郎『日本の酒づくり』中公新書（１９８１）
◉藤田千恵子『杜氏という仕事』新潮選書（２００４）
◉田崎真也『本格焼酎を愉しむ』光文社新書（２００１）
◉旅の文化研究所編『落語にみる江戸の酒文化』河出書房新社（１９９８）
◉神崎宣武編『乾杯の文化史』ドメス出版（２００７）
◉青木英夫『酒飲みの文化史』源流社（２００７）
◉海野弘『酒場の文化史』創元ライブラリー（１９９７）

12 台所

◉モリー・ハリスン（小林祐子訳）『台所の文化史』法政大学出版局（りぶらりあ選書）（1993）
◉小菅桂子『にっぽん台所文化史』雄山閣（1998）
◉小泉和子『台所道具いまむかし』平凡社（1994）
◉ジョン・セイモア（小泉和子監訳）『イギリス手づくりの生活誌』東洋書林（2002）
◉沖幸子『ドイツ流美しいキッチンの常識』光文社（知恵の森文庫）（2005）

13 料理

◉中尾佐助『料理の起源』NHKブックス（1972）
◉廣瀬純『美味しい料理の哲学』河出書房新社（2005）
◉ジャン＝クロード・コフマン（保坂幸博、マリーフランス・デルモン訳）『料理をするとはどういうことか――愛と危機』新評論（2006）
◉玉村豊男『料理の四面体』文春文庫（1983）
◉玉村豊男『グルメの食法』中公文庫（1995）
◉辻勲『日本料理』辻学園調理技術専門学校（1998）
◉原田信男『和食と日本文化――日本料理の社会史』小学館（2005）
◉奥村彪生『料理をおいしくする仕掛け』農文協（2006）
◉辻芳樹、木村結子『美食進化論』晶文社（2002）
◉阿川弘之序、中江百合『季節を料理する』グラフ社（2003）
◉杉田浩一、石毛直道編『調理の文化』ドメス出版（1985）
◉岡田哲『とんかつの誕生』講談社選書メチエ（2000）
◉辻嘉一『盛付秘伝』柴田書店（1982）

14　調味料と香辛料
◉河野友美『味の文化史』世界書院（1997）
◉栗原堅三『味と香りの話』岩波新書（1998）
◉ピエール・ラズロ（神田順子訳）『塩の博物誌』東京書籍（2005）
◉伊藤汎監修『砂糖の文化誌』八坂書房（2008）
◉伏木亨編『味覚と嗜好』ドメス出版（2006）
◉鳥取絹子『フランス流美味の探究』平凡社新書（2003）
◉小泉武夫『不味い！』新潮文庫（2006）
◉小泉武夫『日本の味と世界の味』岩波現代文庫（2002）
◉近藤弘『日本人の味覚』中公新書（1976）
◉林玲子、天野雅敏編『日本の味醤油の歴史』吉川弘文館（2005）
◉横塚保『日本の醬油』ライフリサーチプレス（2004）
◉斎藤浩、太田静行編著『隠し味の科学』幸書房（1992）
◉小林貞作『ゴマの来た道』岩波新書（1986）
◉モート・ローゼンブラム（市川恵里訳）『オリーヴ讃歌』河出書房新社（2001）
◉井上宏生『スパイス物語』集英社文庫（2002）
◉山田憲太郎『スパイスの歴史』法政大学出版局（1979）
◉吉田よし子『香辛料の民族学』中公新書（1988）
◉B・S・ドッジ（白幡節子訳）『スパイスストーリー欲望と挑戦と』八坂書房（1994）
◉武政三男『スパイスのサイエンス PART2』文園社（2002）
◉アマール・ナージ（林真理ほか訳）『トウガラシの文化誌』晶文社（1997）
◉山本紀夫『トウガラシ讃歌』八坂書房（2010）
◉リジー・コリンガム（東郷えりか訳）『インドカレー伝』河出書房新社（2006）
◉主婦の友社編『ハーブ図鑑200』主婦の友社（2009）

15　食べる道具

◉一色八郎『箸の文化史』御茶ノ水書房（1990）
◉斎藤たま『箸の民俗誌』論創社（2010）
◉神崎宣武『「うつわ」を食らう』NHKブックス（1996）
◉小泉和子編『桶と樽』法政大学出版部（2000）
◉小泉和子編『ちゃぶ台の昭和』河出書房新社（2002）
◉鈴木延枝『身につけよう！　日本の食の習わし』KKロングセラーズ（2007）
◉室瀬和美『漆の文化』角川選書（2002）
◉矢部良明監修『カラー版　日本やきもの史』美術出版社（1998）
◉谷一尚『ガラスの考古学』同成社（1999）

16　三食

◉石毛直道『食卓文明論』中公叢書（2005）
◉井上忠司、石毛直道編『食事作法の思想』ドメス出版（1990）
◉橋口尚武『食の民俗考古学』同成社（2006）
◉児玉定子『日本の食事様式』中公新書（1980）
◉児玉定子『宮廷柳営豪商町人の食事誌』筑摩書館（1985）
◉秋場龍一『天皇家の食卓』角川ソフィア文庫（2000）
◉向笠千恵子『日本の朝ごはん』新潮文庫（1998）
◉酒井伸雄『日本人のひるめし』中公新書（2001）
◉俎倶楽部編『信長の朝ごはん龍馬のお弁当』毎日新聞社（2002）
◉西村大志編著『夜食の文化誌』青弓社ライブラリー（2010）
◉柳原一成、柳原紀子『ニッポンの縁起食』NHK出版（2007）
◉田村真八郎、石毛直道編『外食の文化』ドメス出版（1993）
◉今柊二『定食学入門』ちくま新書（2010）
◉林順信『江戸東京グルメ歳時記』雄山閣（1998）

◉高田公理編『料理屋のコスモロジー』ドメス出版（2004）
◉友里征耶『グルメの嘘』新潮新書（2009）
◉伊藤洋一『カウンターから日本が見える』新潮新書（2006）
◉中村靖彦『コンビニ、ファミレス、回転寿司』文春新書（1998）

17 日本の食文化小史

◉渡辺実『日本食生活史』吉川弘文館（2007）
◉樋口清之『新版日本食物史』柴田書店（1987）
◉江原絢子ほか『日本食物史』吉川弘文館（2009）
◉安達巌『日本型食生活の歴史』新泉社（2004）
◉原田信男『木の実とハンバーガー』NHKブックス（1995）
◉石川日出志『農耕社会の成立』岩波新書（2010）
◉高木和男『食からみた日本史』芽ばえ社（1997）
◉熊倉功夫『日本料理の歴史』吉川弘文館（歴史文化ライブラリー）（2007）
◉熊倉功夫『日本料理文化史』人文書院（2002）
◉菊地俊夫ほか編『食の世界』二宮書店（2002）
◉塩田丸男『ニッポンの食遺産』小学館（2004）
◉森枝卓士『日本の「伝統」食』角川SSC新書（2008）
◉佐原真『食の考古学』東京大学UP選書（1996）
◉樋泉岳二ほか『食べ物の考古学』学生社（2007）
◉小山修三『縄文探検』中公文庫（1998）
◉佐藤洋一郎『縄文農耕の世界』PHP新書（2000）
◉金関恕監修、大阪府立弥生文化博物館編『卑弥呼の食卓』吉川弘文館（1999）
◉廣野卓『食の万葉集』中公新書（1998）
◉永山久夫『たべもの戦国史』河出文庫（1996）
◉鳥居本幸代『精進料理と日本人』春秋社（2006）
◉串岡慶子『懐石料理の知恵』ちくま新書（1998）
◉江後迪子『大名の暮らしと食』同成社（2002）
◉江後迪子『信長のおもてなし』吉川弘文館（歴史文化

ライブラリー）（2007）
◉原田信男『江戸の食生活』岩波書店（2003）
◉有薗正一郎『近世庶民の日常食』海青社（2007）
◉大久保洋子編『江戸っ子は何を食べていたか』青春出版社（2005）
◉原田信男編著『江戸の料理と食生活』小学館（2004）
◉大久保洋子『江戸のファーストフード』講談社選書メチエ（1998）
◉渡辺善次郎『巨大都市江戸が和食をつくった』農文協（1988）
◉白井貞『食の昭和史』つくばね叢書（2006）
◉矢野敬一『「家庭の味」の戦後民俗誌』青弓社（2007）
◉小菅桂子『にっぽん洋食物語大全』講談社＋α文庫（1994）
◉小菅桂子『カレーライスの誕生』講談社選書メチエ（2002）
◉水野仁輔『カレーライスの謎』角川ＳＳＣ新書（2008）
◉野瀬泰申『眼で食べる日本人　食品サンプルはこうして生まれた』旭屋出版（2002）
◉熊田忠雄『拙者は食えん！　サムライ洋食事始』新潮社（2011）

18　中国の食文化小史

◉周達生『中国の食文化』創元社（1989）
◉王仁湘（鈴木博訳）『図説中国食の文化史』原書房（2007）
◉張競『中華料理の文化史』ちくま新書（1997）
◉勝見洋一『中国料理の迷宮』講談社現代新書（2000）
◉田中静一『一衣帯水』柴田書店（1981）
◉南條竹則『中華文人食物語』集英社新書（2005）
◉南條竹則『中華満喫』新潮選書（2002）
◉青木正児『華国風味』岩波文庫（1984）

◉ウー・ウエン『おいしさのひみつ』朝日出版社（2007）
◉賈蕙萱、石毛直道『食をもって天となす』平凡社（2000）
◉鄭大聲『朝鮮半島の食と酒』中公新書（1998）
◉黄慧性、石毛直道『新版韓国の食』平凡社ライブラリー（1995）

19　西洋の食文化小史

◉ジャン・ボテロ（松島英子訳）『最古の料理』法政大学出版局（りぶらりあ選書）（2003）
◉アントニー・ローリー（池上俊一監修）『美食の歴史』創元社（知の再発見双書）（1996）
◉吉村作治『ファラオの食卓』小学館ライブラリー（1992）
◉パトリック・ファース（目羅公和訳）『古代ローマの食卓』東洋書林（2007）
◉塚田孝雄『シーザーの晩餐』朝日文庫（1996）
◉アンドリュー・ドルビー、サリー・グレインジャー（今川香代子訳）『古代ギリシア・ローマの料理とレシピ』丸善株式会社（2002）
◉石井美樹子『中世の食卓から』ちくま文庫（1997）
◉渡辺怜子『レオナルド・ダ・ヴィンチの食卓』岩波書店（2009）
◉デイヴ・デ・ウイット（須川綾子、富岡由美訳）『ルネサンス料理の饗宴』原書房（2009）
◉関田淳子『ハプスブルク家の食卓』集英社（2002）
◉鈴木謙一『フランス美食の世界』世界文化社（2006）
◉湯浅赳夫『フランス料理を料理する』洋泉社新書（2002）
◉ジェイン・ベスト・クック（原口優子訳）『英国おいしい物語』東京書籍（1994）
◉アネット・ホープ（野中邦子訳）『ロンドン食の歴史物語』白水社（2006）
◉川口マーン惠美『ドイツ料理万歳』平凡社新書

（２００９）
◉南直人『ヨーロッパの舌はどう変わったか』講談社選書メチエ（１９９８）
◉加藤裕子『食べるアメリカ人』大修館書店（２００３）
◉ダナ・R・ガバッチア（伊藤茂訳）『アメリカ食文化』青土社（２００３）
◉島村菜津『スローフードな人生！』新潮文庫（２００３）
◉粉川妙『スロー風土の食卓から』扶桑社（２００８）
◉松本紘宇『ニューヨーク変わりゆく街の食文化』明石書店（２０１１）
◉八木尚子『フランス料理と批評の歴史』中央公論新社（２０１０）
◉マグロンヌ・トゥーサン＝サマ（太田佐絵子訳）『フランス料理の歴史』原書房（２０１１）
◉アルベルト・カパッティ、マッシモ・モンタナーリ（柴野均訳）『食のイタリア文化史』岩波書店（２０１１）

20 これから

◉魚柄仁之助『食べかた上手だった日本人』岩波書店（２００８）
◉榊原英資『知的食生活のすすめ』東洋経済新報社（２００９）
◉辰巳芳子『食の位置づけ』東京書籍（２００８）
◉山本益博『人間味という味が、いちばん美味しい』大和書房（２０１０）

詳細目次

北岡正三郎（きたおか・しょうざぶろう）

1925年，京都生まれ．1947年，京都大学農学部農芸化学科卒業．1959年，農学博士．1962年，京都大学農学部農芸化学科助教授．1964年，島根大学農学部農芸化学科教授．1969年，大阪府立大学農学部農芸化学科教授．1989年，大阪府立大学名誉教授．1989年，日本農芸化学会功績賞．ユーグレナ研究会名誉会長．
著書『入門栄養学』四訂版，培風館，2006年
『食生活論』培風館，1992年
など

物語《ものがたり》 食《しょく》の文化《ぶんか》
中公新書 2117

2011年6月25日発行

著　者　北岡正三郎
発行者　小林敬和

本文印刷　暁印刷
カバー印刷　大熊整美堂
製　本　小泉製本

発行所　中央公論新社
〒104-8320
東京都中央区京橋 2-8-7
電話　販売 03-3563-1431
　　　編集 03-3563-3668
URL http://www.chuko.co.jp/

Published by CHUOKORON-SHINSHA, INC.
Printed in Japan ISBN978-4-12-102117-5 C1276

中公新書

地域・文化・紀行

t2

- 560 文化人類学入門（増補改訂版） 祖父江孝男
- 741 文化人類学15の理論 綾部恒雄編
- 1311 身ぶりとしぐさの人類学 野村雅一
- 1731 ブッシュマンとして生きる 菅原和孝
- 1822 イヌイット 岸上伸啓
- 92 肉食の思想 鯖田豊之
- 1830 鉄道の文学紀行 佐藤喜一
- 1915 カラー版 東海道新幹線歴史散歩 一坂太郎
- 1649 霞ヶ関歴史散歩 宮田章
- 1604 カラー版 近代化遺産を歩く 増田彰久
- 1542 カラー版 地中海都市周遊 陣内秀信・福井憲彦
- 1748 カラー版 ギリシャを巡る 萩野矢慶記
- 1692 カラー版 スイス―花の旅 中塚裕
- 1745 カラー版 遺跡が語るアジア 大村次郷
- 1603 カラー版 トレッキング in ヒマラヤ 向一陽・向晶子

- 2026 ヒマラヤ世界 向一陽
- 1671 カラー版 アフリカを行く 吉野信
- 1969 カラー版 アマゾンの森と川を行く 高野潤
- 2012 カラー版 マチュピチュ―天空の聖殿 高野潤
- 2092 カラー版 パタゴニアを行く 野村哲也
- 1839 カラー版 山歩き12か月 工藤隆雄
- 1869 カラー版 将棋駒の世界 増山雅人
- 1926 自転車入門 河村健吉
- 417 食の文化史 大塚滋
- 1806 京の和菓子 辻ミチ子
- 415 ワインの世界史 古賀守
- 1835 バーのある人生 枝川公一
- 596 茶の世界史 角山栄
- 1930 ジャガイモの世界史 伊藤章治
- 2088 チョコレートの世界史 武田尚子
- 1095 コーヒーが廻り世界史が廻る 臼井隆一郎
- 1974 毒と薬の世界史 船山信次

- 1443 朝鮮半島の食と酒 鄭大聲
- 650 風景学入門 中村良夫
- 1590 風景学・実践篇 中村良夫
- 2117 物語 食の文化 北岡正三郎